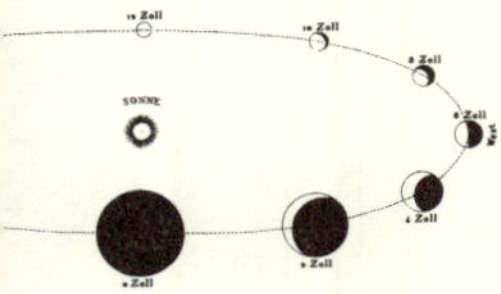

Serica Critique
せりかクリティク

戦後世相の経験史

桜井厚 編
SAKURAI Atsushi

日本が戦後たどってきた社会の大きな変化を人びとの生活経験から生みだされたライフストーリーをもとに解釈し構成した本書は、制度化された支配的文化とは対立や葛藤を引き起こしている切実な問題を扱っており、とりわけ社会の周縁部で偏見や差別にさらされてきた人びとの声に注目しながら、戦後の主流をなしてきた人びとの日常意識のあり方をリフレクシィヴにとらえ返すことをめざしている。戦後60年余りの間に私たちが何を作り上げ、そのために何を犠牲にし、何を忘れてきたのか、そしていま何が問われているのかをあらためて問い直す。

せりか書房

戦後世相の経験史　目次

戦後世相の経験史

序論

歴史経験はいかに語られるか

桜井 厚

歴史的経験の調査

ささやかなフィールドワークの記憶からはじめたい。二〇年以上も前のことだ。私はあるプロジェクトチームの一員として、琵琶湖の環境問題を湖岸のむら人の生活世界から描き出す調査をしていた。訪れた調査地にはむらの中を一本の川が流れており、それに沿って各家が建ち並び、川には各家の食器洗いや洗濯、野菜などの泥をおとす洗い場が備えられていて、水との深い関わりを想像させるような光景が広がっていた。社会学、文化人類学、歴史学の若い研究者からなるチームは、それぞれの立場から琵琶湖の汚染の進行が湖岸住民の水とのつきあいやイメージの変化とどのように関連しているかを調査していた。私は日本経済の高度成長期を通じて、そのむらを流れている河川の水利用の変化を、簡易水道の敷設や河川の護岸工事などの出来事に関するむらの対応に注目しながら、なかでも中心的な役割を果たしたある個人の生活史経験に焦点を合わせて調べていた。

　化学肥料の利用や耕耘機の使用がはじまる前、川の水は洗い流すと同時に飲み水でもあり風呂水や撒水などにも使われてもいた。一九五〇年代ごろまでの話だ。そのころの人びとの水利用には川を汚染しないようなきめ細かなルールがあり、人びとの生活世界が自然と調和するエコロジカルなシステムとして成立しているかのように思われた（鳥越・嘉田 1984）。ところが六〇年代になると、むら内を流れる川の汚染が問題になる。こうした背景から簡易水道敷設というむらの変化を物語るストーリーが語られたのである。かいつまんで説明すると、むら内の二つの集落のうち全面的に川の水に依存していた上流の集落では、川の汚染への危機意識から簡易水道敷設の気運がもりあがり、自力で水源を探す苦労を重ねて簡易水道を完成させた。その後、行政指導によって下流側の集落にも簡易水道敷設が打診されたが、下流側の住民は、当時、ほとんどが井戸水を使っていたこともあって敷設には消極的だった。敷設の費用負担がかかることが消極的な表向きの理由だったが、もうひとつ根強い反対理由があった。計画案が、技術的・経済的な理由で上流側の集落の既存の簡易水道を拡張整備して下流側の集落へ給水することになっていたからである。「上の集落の水ならほしくない」というのだ。ひとつのむらをなしているとはいえ、そこには集落同士の対立や反目が歴史的に伏在していた。

語り方

結局、その計画案は下流側の集落住民が説得に応じ実施にうつされることになる。では、説得に応じ納得したのは、どのような理由からだったのだろうか。簡易水道敷設の顛末を語ってくれた語り手は、それをつぎのような表現で締めくくったのである。「おなじむらのものならおなじ水を飲む」。説得と納得の構図は、汚染という科学的な説明でも経費負担の低減といった技術的・経済的な説明でもなく、「水」に込められた特有な意味にこそあったという語りなのである。この経緯をくわしく述べた論文（桜井 1989）のなかで、私はおおむねつぎのような説明をくわえた。すなわち、「水」と「むら」という二つのカテゴリーはいずれも社会的統合、人と人のつながりを表している。「水」には人間の根源的な〈共生〉感に訴えるなにかがあり、「むら」には人びとの〈連帯〉感を喚起するものがある。この構図は、これらのカテゴリーが人びとの生活世界にまだ生きていることを物語っている。ここでの「水」は、飲料水という〈資源〉へ縮小された意味ではなく連帯性を表す〈社会的〉意味をもったシンボルにほかならない、と。

このとき私は簡易水道の敷設というむらの歴史的な出来事を時系列的に跡づけながら水環境イメージの変化を語り手の生活史の変化と重ねて解釈しようとしていた。しかし、あらためて振り返ってみると、語り手はむらの水環境の大きな変化を象徴的に語るために、こうした経験的な物語を用意したとも考えられるのである。個々の出来事は、語り手にとっては事実として経験されたことであるにちがいない。しかし、下流側の人びとが簡易水道の敷設に同意したのは、むらの役員の説得工作に根負けした結果かもしれず、経費負担の打開策の見通しが立ったからかもしれず、あるいは反対する世帯主に家族員の説得が通じた結果かもしれない。なぜ、このような「水」の神秘的な意味が強調される語りになったのだろうか。

語りの適切性

過去の出来事についての口述による説明は、インタビューの相互行為を基盤に語り手が主導権をとるかたちでおこなわれるのがふつうだ。語り手は聞いてもらいたいように語るのであり、そのためには説明にはそれなりの権威と信頼（authoritative）が求められる。実際に起こったと思われていることだけではなく、語り手は語るに値すると思うような説明の仕方、語り方を駆使する。では、自分の語り方が妥当であることを保証するものはなにか。ひとつは、語り手の社会的地位がしめす権威や権力（authority）であろう。ローカル文化のなかでは、むらのなかで全体の事情に通じている当時の役員なら、むらに起こった出来事にも通じているだろうと、聞き手も信頼をおく。しかし、それ以上に語り方の妥当性を保証するのは、きわめてあいまいな基準にすぎないが、適切性（appropriateness）といわれるものである（Tonkin 1990:26）。それは語りが生まれる場の状況に左右されるものであり、なによりも聞き手がその語りをただちに賛成できないにしても、ひとまず了解できることであり、それなりに話の筋道が一貫していることを意味する。

簡易水道の説得の語りが聞き手に「できすぎの話」に映ったとしても、なお適切性の感覚をもたらしたのはどうしてなのか。むらの中を流れる川に各家の洗い場があることを実際に観察し、しかもかつては水の清浄さを維持するためのルールが厳格に守られていたという語りだけで納得したわけではない。すでに何人もの人から異口同音に聞いた語りがあったからである。環境問題の視点から水を「資源」としか見ていなかった私たちに対して、人びとは当時の川の清浄さを「三尺流れれば水神さんがきれいにしてくれる」という独特の語り方で表現していたのである。川がかつての清浄さを失いつつあったときでも、水の神秘的な力の存在は、お年寄りが川端の水神の祠に手を合わせたり、その年の初物の野菜を祠に献げたりする行為を見聞するにつけ、私たちには十分なリアリティをもって受け止められたからであった。このときの「水」は、それまでの時代を刻印する歴史的なシンボルでもあったのである。「水」の神秘的な意味を強調する語り方によって、歴史的な変化が語り手にとっても聞き手にとっても一挙に了解できたのであった。

あらためて、人びとが過去に遭遇した出来事の経験はいかに語られるのか、を問うてみよう。ライフストーリーのもっとも重要な特質のひとつは、〈過去〉の出来事の経験が〈現在〉のインタビューの場をとおして語られる、ということである。いいかえれば、ライフストーリーは、〈いま - ここ〉のインタビューの相互行為〈hows〉実践をとおして〈あのとき - あそこ〉の物語（whats）として構築される。こうした構築主義的・物語論的観点は、過去を語るとき、あるいは歴史をとらえようとするとき、もはや無視することはできない認識になりつつある。過去はいつでも言語的形態をとおして私たちの前に〈いま - ここ〉において適切性を基準とする「語り方」としてあらわれるのである。

物語論の限界

こうした見方は、いわゆる「言語論的転回」あるいは「ナラティヴ的転回」といったパラダイム転換において、ナショナル・ヒストリーとしての歴史についても「歴史研究は可能か」といわれるような難題を歴史家に突きつけた。それは歴史的出来事の解釈には、あるひとつの解釈が他の解釈よりも真実であることを決定するための客観的、外的な基準、つまり従来の伝統的な歴史学がもっていた基準は存在しないというものだ。歴史叙述とは、結局のところ書き手である歴史家の倫理観や美意識によって基礎づけられたプロットに依存し、「当の歴史の記録自体のなかにはそれの意味を構成するあれやこれやのしかたのうちのいずれを選択すべきかを決めるためのなんらの根拠もみいだされない」（フリーランダー 1994：26）とＨ・ホワイトはいう。一般的に、こうした構築主義的あるいはポストモダニズム的相対主義といわれる主張は、現在から遡及的に過去の物語を構成することに積極的な価値をおいているという意味で、インタビューの相互行為をとおして現在から過去を構成しようとするライフストーリー研究と軌を一にする。この立場によって、過去の事実を再現するために公共性と客観性を重んじる文書資料とは異なって、ライフストーリーはむしろ一人ひとりの個人的経験をもとにした証言がリアリティをもつことや過酷な体験や社会的抑圧のゆえにこれまで語りえなかった歴史の問題の存在を明るみに出すことを可能にしたのである。

九〇年代の「従軍慰安婦問題」に典型的に見られるように、問題の焦点は歴史的出来事についての「過去」の真偽の争いから、だれがどのように歴史叙述をするのか、という「現在」の問いへと変わったのである。もっとも、こうしたポストモダンの歴史観は、歴史修正主義の台頭によるファシズムへの脅威と際限のない相対主義というディレンマをかかえこんでしまった。ポストモダンの歴史観の代表的な論者であるホワイトの「歴史のプロット化」は倫理的次元と認識論的次元から批判された。たとえば、ホロコーストの見方について、倫理的次元への批判はＣ・ギンズブルグから、認識論的批判はＰ・アンダーソンからなされている。ライフストーリー研究も個人的経験をプロット化して物語へと構築するものであるから、参考のために認識論からの批判が物語論のもつ限界をどのように指摘しているかといえば、まず第一にあげられるのは、「証拠によってある種の全体的な限界が設定される」といわれる限界のことである。「事実とみなされているものに対抗してもちだされることがらも、それ自体、証拠のルールの統制に服する」、すなわち、ナラティヴ論的見方は、常にこの証拠という「外的な限界」のなかで機能するというのだ。第二に、「内的な限界」がある。証拠は、ある種のプロット化を排除する。たとえば、ホロコーストは、ロマンスやコメディとして描きえないものだ、という。同一の事件についても他の異なった悲劇的叙述が可能だが、だからといって同一基準では比較できない表現形式やフィクションとなるのではなく、いずれも真実に到達するための試みなのである。「諸科学と同様、歴史学においても、真実の深さは、通例、証拠のどれだけ多くに関与して説明をおこなうか、という広さの関数である。かくて、ナラティヴは、けっして過去にたいして全権を委任されるものではない」（フリードランダー、1994：137）。この批判における「証拠」が投げかける外的／内的限界性に半ば賛成しつつ、なお歴史の「証拠」とは異なるライフストーリーそのものの特質から物語論の限界を見極めておく必要がある。

ポジショナリティ

物語論の限界を見極める前に、その貢献を確認しておこう。構築主義的見方は、ライフストーリー研究ではインタビューの相互行為におけるインタビュアー、叙述者の立場への自覚を促し、またインタビューの場や〈現在〉の時点における物語間の政治性・倫理性の契機を可視化する力となった。私も、調査者のリフレクシビティ（相互反映性）の問題や調査者‐被調査者関係における権力性や倫理の問題に注目することによって、調査者の特権性を否定する立場に立つ。

　ライフストーリー研究は、社会学や文化人類学をはじめとする文化科学においては、もともと調査対象者のリアリティ（主体性）を重視する視座をもつことを強調してきたが、そのリアリティを切り取って構成する調査者については言及されることなく、いかにも語られたことが当事者のリアリティであるかのように記述してきた。口述の収集家（フィールドワーカー、民俗学研究者、口述歴史家）においても、語り手との〈対話性〉にはほとんど注意がはらわれず、聞き手としての研究者は隠されたままであった。研究者は科学的、客観的主体として、主観的な語り手とは区別されてきたのである。

ところが、構築主義的見方によって、リアリティの構築はなによりもインタビューの場、すなわち語り手と聞き手の相互行為をとおして〈いま‐ここ〉でおこなわれることに気づくことになった。語りは、聞き手（直接には、インタビューをする研究者であるが、間接的にはその背後に想定される読者なども含まれる）が聞く耳をもっているかどうかによって左右される。先にあげた「適切性」も、それを基盤としている。そのためには語り手と聞き手である調査者の両者の相互的なやりとりの明示化が求められるであろう。トランスクリプト（書きおこし）の仕方も、こうした考え方によって左右される。それを私は〈対話的構築主義〉とよんでいる。

語りの歴史性

私はインタビューの過程が相互的な物語行為にほかならないと認めているのであるが、にもかかわらず、ライフストーリーをたんにインタビュー当事者によって構築される修辞的な表象へと還元することに全面的に賛成しているわけではない。ライフストーリーの構築主義的な認識に限定をつけるとするなら、語りが位相の異なる二つのリアリティから成立していると規定した点に、その意味を込めている。私は、語りを成立させる二つの位相をインタビューの相互行為から成り立つ語り方の位相と語られた物語の位相にわけた。それぞれを〈ストーリー領域〉と〈物語世界〉と名づけた（桜井 2002）が、それぞれの領域での語りを構築する主体は異なっていることに注意しよう。前者では、研究者と語り手との相互性が主であるのに対し、後者では語り手に物語を構築する主導権がある。もちろん、その物語世界のプロットを作り上げていくのに聞き手の応答は避けられないが、それでも物語を語る基本的な主導権は、過去の経験をもっている語り手の側にある。そのときの語り手は、自らが体験した事実や「ほんとうだ」と信じているリアリティに基づいたライフストーリーを語るのである。人びとの個人的経験の語りは唯一の事実だと考える本質主義の観点を色濃くもっており、研究者がいかに構築主義の観点からインタビューしようと、その事実は揺らぐことはない。

実際、人びとが経験した病気やケガ、そして精神的なショックなどの身体的な外傷やトラウマは、語ろうにも語りえないものとして、ライフストーリーのプロット化を限界づけるものである。また過去に自分が書いた日記や手紙、撮った写真などの個人的記録や自らのことに関わる公的記録文書は、ライフストーリーを構築するさいの語り手の参照項目であり、過去の経験のプロット化を枠づけるものである。いかに語り手が自己をよくみせようと演出したり、聞き手の聞きたいことに合わせようとして、〈いま‐ここ〉に適切なライフストーリーを構築しようとしても〈物語世界〉で展開される物語のプロットは、歴史学で〈証拠〉といわれるものに相当する物質的記憶（例‐個人的記録）、社会文化的記憶（例‐伝承）、心理的記憶（例‐トラウマ）というような一定の限定がつきまとっているのである。〈ストーリー領域〉は、たしかに構築主義的な立場から理解できるにしても、それに基礎づけられた〈物語世界〉は語り手主導によるプロット化の限界に従っているためにインタビューの場から一定程度の自律性をもった物語として、それなりの過去のリアルさをもって成立しているものとして理解できるのである。このように解釈すると、構築主義的な見方が陥る際限のない相対主義にも一定の歯止めがかかるのではないか、と思われる。

ライフストーリーの神話的要素

人が自己の歴史的経験を語るとき、それまでは個々の経験だったものを寄せ集めて解釈したうえで出来事を順序だてて自己の生活史を構成する。こうした自己の生活史の〈物語世界〉にはどこかリアリティとは異なる神話的要素がふくまれている。経験を神話的枠組みで理解するのは、どこの社会でもふつうに見られることだが、個人が自分の歴史を進歩や旅になぞらえて語るような変化の激しい社会では、とりわけこうした枠組みが広く流布している、とフランスの社会学者ペネフはいう。かれが神話的枠組みというのは、たとえば社会の富裕層のなかでは、いかに子ども時代が貧しかったかというところからサクセス・ストーリーの神話が語られるというようなことだ。日本の近代、そして高度経済成長期もまた、そうした物語を多数提供する機会であったはずである。かれによると、そうしたライフストーリーには、多少のバリエーションがあるものの三つの典型的な特質がある（Peneff 1990）。

第一は、ある出来事の「以前」と「以後」の対照で語られることで、それまでとその後とでは方向や力の入れ方が変わることである。「その日から、私は……を決心したんです」などで語られるものだ。第二は、個人史を社会的文脈から切り離して好都合な社会環境を隠す傾向があることだ。とくに大きな経済変動、戦争、独立などの社会的移動に適した時代の幸運のように、より広い経済的条件を忘れがちである。たとえば、小農民の自伝では戦時中、軍やヤミ市などで商品を売ったり、破産した農家からとても安価に土地を購入したために豊かさを手に入れたことにはふれない。したがって、聞き手はこうした特質をふまえてインタビューをおこなうことになる。第三は、仲間や自分の家族からの援助や協力についてはあまりふれたがらないことである。小売り店主や職人が、家族の隠された献身的な働きのおかげで経営者になったにもかかわらず、ライフストーリーのなかではこうした人びとのことを無視するところがある。家族の一部を辛辣に非難したり、遺産相続や結婚やキャリアなどの子どもの選択の自由といったデリケートな質問をさせたがらないところから、語りたくないことや隠したいことの手がかりも見えてくる。

これらはペネフが企業家のライフストーリーの調査から得た事例にすぎない。たしかにサクセス・ストーリーを構成するときには、いわば創成神話のように自己にまつわる起源や存在の意味が象徴的に語られる一定のプロットがあり、そこには力をこめて語られることがある一方で、ありえるはずの何かが語られなかったり隠されたりすることもある。その意味で、ライフストーリーの枠組みにはそれぞれの経験を意味づけ、物語へ創造するある種の神話的要素がつきものなのである。いうまでもなく、私たちは、こうしたプロットの構成をとおして、また語られないことをもふくめて、個人生活史の変化や時代の状況、語り手をとりまく人間関係を読み取ることが必要なのである。

本書の構成と凡例

さて、本書には一二編の論文が収められている。いずれも日本が戦後たどってきた社会の大きな変化を人びとの生活経験のライフストーリーをもとに解釈し構成したものである。ほとんどの論文は制度化された支配的文化とは対立や葛藤を引き起こしている問題を扱っており、とりわけ社会の周縁部で偏見や差別にさらされてきた人びとの声に注目しながら、戦後の主流をなしてきた人びとの日常意識のあり方をリフレクシィヴにとらえ返すことをめざしたものである。

日本における民族や国籍問題、在日外国人労働者が直面している問題、障害者や同性愛者などのマイノリティがある時期に遭遇した制度的出来事への対応、戦争の被害を受けた強制収容経験者や強制収容のハンセン病元患者の経験、被差別部落住民の生活史、戦後の支配的文化に流通する原水爆・原子力イメージ、戦後庶民の自分史活動、かつて教育問題と騒がれいまや常態化している「管理教育」と昨今の「不登校問題」の内実。いずれも、今日もなお大きな社会問題とされているテーマを、当事者や語り手がたどってきた戦後的経験から解き明かしたものである。これらのテーマの時代背景は戦中から戦争直後にまで遡るものもあり、高度経済成長期から七〇年代以降の低成長期に入ってから登場した問題を扱っているものもある。テーマやライフストーリーの語り手は多岐、多様であるが、あくまでも日本の戦後の支配的文化においては隠されたり周縁部におかれてきたものや語りであることは共通している。本書が、戦後六〇年余りの間に私たちが何を作り上げ、そのことによって何を犠牲にし、何を忘れてきたのか、そしていま何が問われているのかを、あらためて問い直す一助になることを願っている。

本文で使われているライフストーリーのトランスクリプト（書きおこし）の凡例を示しておこう。

・インタビュアーは「＊」で表し、語り手はアルファベットや仮名で表示した。

・「（学校から）帰って……」は、（学校から）は発話されていないが著者が文意をわかりやすくするために、補ったものである。

・沈黙は（・・・）で表し、「・」は約一秒程度の時間の長さを表す。

・（　）は、聞きとり不能の個所である。

・／／は、同時発話で、短い発話の場合に語りの文中に挿入して、これによってはさまれた部分は会話の相手が重なって話していることを示す。

・［　］は直前のことばを解説したものである。

・（（電話がかかってくる））は、そのときの状況や状態がわかるように解説したもの。なお、（（略））は、トランスクリプトの省略を示す。

本書は、ほぼ毎月、定期的におこなわれているライフストーリー研究会（略称、ＬＳ研）の成果である。また『ライフストーリーとジェンダー』（二〇〇三年）に継ぐ二冊目の出版となる。先回の出版がＬＳ研の第一期の研究会をもとにしていたと考えれば、今回は第二期の研究会となる。第二期をはじめるにあたって、ライフストーリー研究をとおして戦後の世相あるいは日常意識を問い直すことをおおよそのテーマにすることを決めた。研究例会では、かならずしもそのテーマに関連しなくても報告意欲のある人に報告をお願いしているが、本書の執筆は研究例会でテーマに沿って報告をした人のなかから投稿してもらったものである。「いま‐ここ」で構成される特質をもつライフストーリーを歴史と交差させる試みは、従来の実証主義的な資料の扱いと比べるといくらか複雑な解釈過程を要し、しかも歴史的リアリティをどのように把握し表すことができるのかは、歴史叙述の問題と共通する難題であった。論文によってその理解や記述の工夫もさまざまで、ライフストーリーをとおした戦後の日本世相の一端を伝えることに成功しているのかどうか、いささか心許ないところもある。大方のご叱正とご批判をお願いしたい。

最後に、継続して研究会にも顔を出して報告者を励まし、今回も出版の労をとってくれたせりか書房の編集者、船橋純一郎さんにお礼を申し上げる。出版事情のきびしい折にＬＳ研の二冊目を上梓できたことを感謝している。

文献

フリードランダー, S　1994　『アウシュヴィッツと表象の限界』（上村忠男ほか訳）未来社
Peneff, Jean 1990, "Myths in life stories", in Samuel, Raphael & Paul Thompson eds.(1990)
桜井厚 1989「生活世界と産業主義システム」鳥越皓之編『環境問題の社会理論』御茶の水書房
Samuel, Raphael & Paul Thompson eds. 1990 *The Myths We Live by*, Routledge, London.
Tonkin, Elizabeth 1990 "History and the myth of realism", in Samuel, Raphael & Paul Thompson eds.(1990)
鳥越皓之・嘉田由紀子編 1984『水と人の環境史』御茶の水書房

01 ファンタジー化する原水爆そして原子力イメージ

ゴジラ映画・特撮映画というテクスト

好井裕明

1　ゴジラ映画、二つの終焉

特撮怪獣映画の終焉

二〇〇四年一二月、『ゴジラファイナルウォーズ』（北村龍平監督）が公開された。一九五四年の第一作『ゴジラ』（本多猪四郎監督、特殊技術円谷英二）から五〇年の記念作品であり最終作だ。ゴジラ映画は一九五四年の第一作から一九七五年の『メカゴジラの逆襲』までが第一期、一九八四年一二月に『ゴジラ1984』で復活し、一九九五年一二月の『ゴジラVSデストロイア』までが第二期、一九九九年一二月の『ゴジラ2000ミレニアム』から『ファイナルウォーズ』までが第三期に分けられる。第二期からは一期で登場した怪獣や特殊兵器が現代的にアレンジされリメイクされている。そして『ファイナルウォーズ』では、それまでリメイクされていなかったその他大勢の怪獣たちが一斉に登場しゴジラに片付けられていく。まさに「ゴジラ」映画の総決算とでもいいたそうな作品だった。

確かに『ファイナルウォーズ』は、『マトリックス』を想起させるような映像やCGを駆使したシーンがあり、ストーリーのテンポも速く、従来の特撮映画の技術や語りの文法という次元で異質であり、もはや従来の特撮怪獣映画のジャンルは超えているという印象を受けた。怪獣もいかにも重量感あふれるように、ゆっくりとした動きはせず、走って相手を倒そうとする。スクリーンを見ていて、確かに面白い。

しかし私は映画を楽しみながらも「あぁ、終わったなぁ」と妙な感慨にふけっていた。なぜそう感じたのだろうか。

一つは、すでに述べているが特撮怪獣映画というジャンルの終焉を目の当たりにして、であり、特撮映画をこよなく愛してきた私は正直、悲しかったからだ。一九五六年（昭和三一年）生まれの私は、昭和三〇年から四〇年代、週末の映画館に通い、

第五福竜丸の今

　一九五四年三月一日午前六時四五分（現地時間）。アメリカは南太平洋マーシャル諸島ビキニ環礁で水爆ブラボーの実験をおこなった。当時のアメリカ海軍が「危険区域」に指定していた外側の東へ三〇キロメートルの地点で操業していた第五福竜丸に大量の「死の灰」が降り注ぐことになる。乗組員二三名全員が被災した。第五福竜丸は三月一四日に母港焼津へ戻り、乗組員は診察を受けた。三月一六日「邦人漁夫、ビキニ原爆実験に遭遇―二三名が原子病―一名は東大で重症と診断」（読売新聞朝刊）という衝撃的な報道でこの事件は全世界に知らされることになった。

　その後、第五福竜丸だけでなく他の漁船から水揚げされた魚が放射能に汚染していることがわかった。厚生省公衆衛生局は基準をもうけ全ての魚の汚染度を測定し、基準を超えたものは廃棄処分とした。一九五四年一二月末までの集計で、汚染魚を水揚げした船は八五六隻、廃棄された魚は四八五・七トンにのぼったという。マスコミには国民の不安を代弁するように「原子マグロ」騒ぎを風刺する川柳や漫画が登場した。

　被災した久保山愛吉さん（第五福竜丸の無線長、四〇歳）は、半年後の九月二三日に死亡した。三月の事件以降、原水爆禁止の声は大きく高まり、八月八日、原水爆禁止署名運動全国協議会が結成された。久保山さんの死への悲しみや怒りが運動に拍車をかけ、国民的な原水爆禁止署名運動が展開された。そして翌年（一九五五年）八月六日から広島で第一回原水爆禁止世界大会が開かれたのである。

　第五福竜丸は、事件後しばらくは焼津港に繋留されていた。日本政府は「日米友好関係維持」や「機密保持」の観点から船の処置を模索し、当初は「沈められる危機」にあったという。しかし政府の対応は曲折を重ね、五月一七日に、「学者の要望にそって学術研究のため文部省予算で買い上げる」ことを公表した。一〇月に東京水産大学の所属船となり、翌年練習船「はやぶさ丸」として改装された。一一年後の一九六七年、老朽化した「はやぶさ丸」は廃船処分となり、東京湾のゴミ処分場・第一四号埋立地に繋留・放置された。

　一九六八年に入り、「はやぶさ丸＝第五福竜丸」の放置が問題化されていく。報道機関も廃船処分された船の取材を続け、第五福竜丸の存在が、被災後一四年になり、多くの人々が改めて知ることになった。特に「沈めてよいか第五福竜丸」という題の武藤宏一さんの投書（朝日新聞「声」欄、一九八六年三月一〇日）は大きな反響を呼んだ。

　その後、第五福竜丸の保存運動が進み、最終的には永久保存の建物を建設し、管理や運営を平和協会に委託することなどを条件として、第五福竜丸は東京都に寄贈された。そして一九七六年六月一〇日に『東京都立・第五福竜丸展示館』（http://d5f.org/top.htm）が開館した。いま私たちは第五福竜丸を展示館で見ることができる。

（このコラムは『写真でたどる第五福竜丸　ビキニ水爆実験被災50周年記念』〈財団法人第五福竜丸平和協会、平和のアトリエ発行、二〇〇四〉に記載されている文章をもとにして作成しました）

ほとんどの怪獣映画を見た。東宝チャンピオン祭ばかりではない。大映のガメラシリーズ、大魔神シリーズ、松竹の『宇宙大怪獣ギララ』（一九六七年）、日活の『大巨獣ガッパ』（一九六七年）も興奮して見た記憶がある。当時は、怪獣が登場する「理由」や撃退するための「工夫」やその背後にある「理屈」など、ほとんど気にしてはいなかっただろう。怪獣は中に人が入って動いていることは知っていたし、ミニチュアの街はいかにも模型だと主張しつつ壊されていく。怪獣を攻撃するジェット機から発射されるミサイルがまっすぐ飛ぶようにつるされているピアノ線が画面に見えていても、別にしらけはしなかった。私は目の前に展開する映像や「理屈」「理由」をそのまま享受し、のめりこみ興奮していたのである。

　当時私が暮していた日常とどこかでつながりながらも、ありえない巨大な存在が街を壊し、人びとの暮らしを脅かす。架空の話であり、いわば嘘ばなしだ。しかし架空の嘘ばなしのディテールをできるだけ精密に人間が手作りし、手作りの痕跡が映画のさまざまな部分に残っている。そしてその痕跡があるからこそ、映画を見る私は、特撮怪獣映画から溢れ出る〝人間臭さ〟を楽しみ、人間が作る嘘ばなしに魅了されていたのではないだろうか。『ファイナルウォーズ』には最新の映像技術を駆使したスピードやスリル、アクションはあるものの、こうした〝人間臭さ〟はない。だからこそ「悲しかった」のだろう。

原水爆イメージの終焉

いま一つ、『ファイナルウォーズ』の中で重要な要素が「終焉」を迎えていた。それは特撮怪獣映画という嘘ばなしに刻印されつづけてきた原水爆イメージが消え去ってしまったということである。ゴジラ映画には常に〝なぜ、ゴジラが存在するのか〟の「理由」が語られ、そこに原水爆イメージがくっきりと刻印されていたのである。

　象徴的なシーンがある。

　泉谷しげる扮するマタギと少年そしてミニラが、街を壊しながら前進するゴジラの姿を遠くの丘から眺めているシーンだ。

「ねぇ何でゴジラは街をこわしてるの？」

「お前がうまれるずっとずっと昔な、人間が恐ろしいことしてしまってよぉ、ゴジラを怒らしてしまったんだ。」

「恐ろしいこと？」

「お前にはまだわからんだろうが、とてつもないでかい火をおこして、あらゆるものを焼き尽くしてしまったんだ。そんときの怒りを決してゴジラは忘れないんだ。」

　映画の中で、泉谷しげるはマタギに扮して、ミニラ登場をめぐる重要な役回りをしている。そして先にあげたように少年から問われ、泉谷がゴジラの出てきた原因を語る。そこには「原爆」「原水爆」という言葉はない。「人間が恐ろしいこと」をしたのであり「とてつもなくでかい火をおこして、あらゆるものを焼き尽くしてしまった」のだと。このせりふを聞いて、私は衝撃を受けた。

もうすでにゴジラやその他尋常でない怪獣や荒唐無稽な出来事や嘘ばなしを語るのに「原爆」「原水爆」という具体的な言葉や「理由」が不要となっていることに衝撃を受けたのである。

特撮怪獣映画と原水爆、原水爆実験は切り離しえない。そんな信奉が私の中にある。もっと言えば、原水爆イメージがあるからこそ特撮怪獣映画が成立するのだと。このジャンルのまさに核にあるイメージの「意味」がぼやけ、かすみ、消え去っていこうとする象徴的な場面であるからこそ、私は衝撃を受けたのである。

対照的なゴジラ映画がある。二〇〇一年一二月に公開された金子修介監督の『ゴジラモスラキングギドラ大怪獣総攻撃』だ。金子修介監督は一九五五年（昭和三〇年）東京生まれだ。映画好き少年であった金子氏の怪獣映画体験は、私のそれとほぼ重なるだろう。だからこそ怪獣映画の核には何が必要なのかにこだわりを見せる。この映画では、ゴジラは太平洋戦争で散った無数の兵士たちの怨念という「理由」を用意し、そうした無数の人びとの無念や怒りをゴジラに背負わせている。ゴジラが日本に上陸する場所は焼津漁港だ。ゴジラ映画を見慣れてきた私たちの世代は、「焼津」と聞き、なるほどとうなずくだろう。一九五四年三月、マグロ漁船、第五福竜丸がマーシャル群島ビキニ環礁での水爆実験の死の灰を浴びるという事件が起こる。船員は重い原爆症になり、マグロも放射能汚染される。「原子マグロ」「放射能雨」という言葉が新聞などマスメディアで頻繁に登場し、日本だけでなく魚を輸入していたアメリカでも大騒動となった事件だ。焼津は第五福竜丸の基地だったのである。

映画では突如としてのゴジラの上陸に驚く焼津漁港が描かれている。漁協事務室。そこには「死の灰の記憶　原水爆のない未来を　第五福竜丸の悲劇を絶対忘れてはならない」と書かれたポスターが貼られ、それが一瞬アップされる。焼津市内を蹂躙していくゴジラ。口から放射能の熱線を吐こうとした瞬間。高台にある小学校教室に映像は切り替わる。子どもたちは避難の準備をしているが、そこへ真っ白な閃光が輝く。教員は驚いて窓の外を見るが、遠く離れた焼津市街からキノコ雲が立ち上っている。教員は一瞬「原爆？」とつぶやく。このシーンは象徴的だ。これまでのゴジラ映画でゴジラが吐く熱線で建物は一瞬のうちに破壊され燃え上がるが、キノコ雲が描かれたことはない。この映画では、明らかに金子監督は、第一作『ゴジラ』で原水爆実験の犠牲者、原水爆の申し子としてのゴジラを確認し、ゴジラ映画の核に原水爆イメージがあることを今一度主張したかったのだろう。市街から立ちのぼるキノコ雲の映像は、やはりとってつけたような、意外な印象を受ける。しかし、意外であるがゆえになおさら、ゴジラ映画がその生命として内包していた原水爆イメージがよりくっきりと確認されるのである。

もちろん金子修介監督のこの作品だけではない。ゴジラ映画が復活されるたびに、原水爆イメージをどのように映画の中で扱うのかは、製作側の重要なテーマであり、見る側の思い入れなのである。原水爆実験への恐怖が私たちの日常的な生活感覚のなかで希薄になり、消え去ろうとしている現在。ゴジラを原子炉とみたて、制御しきれずメルトダウンしてしまうかたちでゴジラを葬り去ったこともあった。

『ゴジラファイナルウォーズ』では、ゴジラ映画に根深く絡みついていた原水爆イメージ、核イメージを、それぞれ怪獣がなぜそこに現れるのかという「理由」語りとともに一挙に消し去ったのである。だからこそ、私は「あぁ、終わったなぁ」と悲しかったのだ。

さて、以下は、怪獣特撮映画（怪獣だけでなく怪奇特撮映画やSF特撮映画も含む）における原水爆イメージが、昭和三〇年代から四〇年代を中心にどのように変遷してしまったのかを例証していきたい。これは私のような怪獣映画世代に対して、〝映画を楽しむ〟〝怪獣映画に魅了される〟体験を通して、いわば日常的に原水爆イメージがどのように浸透していったのかを例証する作業でもある。後で少し述べるように、社会問題、社会運動、平和活動としてヒロシマ、ナガサキをめぐり当時、多くのできごとが起こっている。しかし小学生であった私は、当時新聞などをくまなく読んで原水爆の問題を理解していたはずはない。映画を見るという楽しみの空間の中で、また家庭の夕食時、茶の間という空間のなかで、怪獣映画の荒唐無稽なストーリーやテレビ特撮番組で人命救助に向かうかっこいいロケットや大掛かりな科学装備に魅了されながら、そこで特に断りもなく展開していた原水爆イメージ、核イメージを、いわば空気のように吸収していたのである。

2　反原水爆の象徴『ゴジラ』対その他の特撮映画群

一九四五年八月に広島、長崎と二つの原子爆弾が炸裂して以降、一〇年もたたないうちに世界の大国は競って原水爆の開発に狂奔することになる。

一九五二年一〇月には、イギリスが初の原爆実験を行い、米ソに加え、三番目の原爆保有国となる。同年一一月、アメリカで水爆実験が行われ、翌五三年八月にはソ連が水爆実験に成功する。同年一〇月、イギリスが二回目の原爆実験を行い、五四年三月、アメリカ、マーシャル群島で水爆実験を行う。そして、第五福竜丸はこの実験の死の灰をあびたのである。

第五福竜丸事件。この事件が人びとに与えた衝撃、恐怖が、具体的にゴジラという存在を登場させることになる。

反戦・反原水爆メッセージをもつ『ゴジラ』

一九五四年一一月三日。第一作『ゴジラ』が公開される。映画はゴジラをどのように描いているのだろうか。

「かりにこれを大戸島の伝説にしたがって、ゴジラ。ゴジラと呼称します。これはわれわれが大戸島で遭遇したゴジラの頭部でありますが、これから見てもほぼ五〇メートルくらいの大きさの動物であるということが推定されます。それがどうして今回、わが国の近海に現れたか。その点でありますが。おそらく海底の洞窟にでも潜んでいて、彼らだけの生存を全うして、今日まで生きながらえておった。それが、たび重なる水爆実験によって、彼らの生活環境を完全に破壊され、もっとくだいて言えば、あの水爆の被害を受けために、安住の地を追い出されたとみられるのであります。」

ゴジラ（1954年）

古生物学者山根は、『ゴジラ』でこう説明している。ゴジラは明らかに水爆実験の犠牲者であると。そして山根は水爆の放射能を浴びてもなお生きているゴジラの不思議な生命力を調べるべきだと映画では主張し続けるのである。

しかし映画では、ゴジラは水爆実験の犠牲者である一方、原水爆を想起させる破壊の象徴として東京の街を焼き尽くすのである。そして、映画には戦争の記憶（戦後一〇年たっていない頃であり、記憶とはまだ言えないかもしれない）を確認するシーンがいたるところに見られるのである。有名なシーンがある。山手線の中で、新聞記事を見て三人の男女がやりとりするシーンだ。

「政府ゴジラ対策に本腰。災害対策本部設置さる」という新聞の見出しのアップ。山手線で語り合う男女。

女「いやねぇ、原子マグロだ放射能雨だ、そのうえ今度はゴジラときたわ。東京湾へでもあがりこんできたら、どうなるの」

男「まずまっさきに君なんか狙われるくちだねぇ」

女「（男の肩をこづきながら）んー、いやなこった。せっかく長崎の原爆から命拾いしてさ、大切な体なんだもの」

別の男「そろそろ疎開先でも探すとするかな」

女「私にもどこか探しといてよ。」

男「あーあ。また疎開か、まったくいやだなぁ」

当時映画を見ていた人々が何を感じ考えていたのか。この短い男女のやりとりがその内容を凝縮しているといえよう。第五福竜丸事件や相次ぐ原水爆実験でマスコミに「原子マグロ」「放射能雨」という言葉が頻繁に使われる。確かに日常の暮らしにとってなんとも言えない恐怖だろう。しかしだからといって毎日を忙しく通勤する人々にとって、それは恐怖であったとしてもどうしようもできないことであり、次第にわずらわしいできごとの一つになってしまう。そのあたりの実感が女のセリフに象徴されている。

ただ映画では、ゴジラを水爆実験の被害者として登場させただけではない。ゴジラに襲われる人々に「被爆の体験」をさらっと語らせることを通して、見る側にこの映画には原水爆さらには広島・長崎の原爆という体験が根底に流れていることを想起させる。私はなぜ「せっかく長崎の原爆から命拾いしてさ、大切な体なんだもの」と女に語らせているのか。もっと言えば、なぜ「広島の原爆」ではなく「長崎の原爆」なのだろうか、という疑問がわく。当時の人々の認識や実感のなかで、広島と長崎の原爆に対する微妙な違いがあったからこそ、こうしたセリフの違いが生じているのではないだろうか。これは今後調べるべき課題だろう。

ゴジラが東京に上陸し街を焼き尽くし、再び海へ去っていく。一方、芹沢博士は、原水爆を上回る破壊力をもつオキシジェンデストロイヤーを開発していた。それを使ってゴジラを退治せよという友人や恋人の願い。「もしも一度、このオキシジェンデストロイアーを使ったら最後、世界の為政者たちが黙って見ているはずがないんだ。必ずこれを武器として使用するに決まっている。原爆対原爆、水爆対水爆、このうえさらに、この新しい恐怖の武器を人類のうえに加えるということは、科学者として、いや一個の人間として許すわけにはいかない。そうだろう」と語り、新たな兵器の使用を拒む芹沢。「こんなものさえ作らなきゃ」と叫び頭を抱え苦悩する芹沢の姿。そこへ流れてくるテレビのアナウンス、映像が象徴的だ。

「やすらぎよ光よ、即帰りたし。本日全国一斉に行われました平和への祈り。これは東京からお送りするその一こまであります」というテレビからのアナウンス。「しばらくは命こめてうたう乙女たちの歌声をお聞きください。」ゴジラが破壊し尽した街の映像。あたかも被爆直後の映像とかぶさって見える。手当てを受ける被災者をなめていく映像。ラジオの回りに集まり、流れる歌声を聴き、祈りをささげる人々の姿。公会堂か体育館かどこかで乙女たちが大勢整然と並んでうたう姿。そのアップ。歌声は、どこかしらヒロシマの原爆の歌と似通って聞こえる。

確かにゴジラが街を蹂躙し、口から吐く放射能で街が焼き尽くされたのである。しかしこの被災者の映像、救護所の映像、平和への祈りをささげる乙女たちの姿を見、歌声を聞くとき、明らかにそこには原爆投下後、被災した街や人々の姿、あるいは大空襲の後、焼け出された人々の姿が重なって見えてくるのである。

『ゴジラ』は、それ以降のゴジラ映画、怪獣特撮映画あるいは特撮怪奇映画とは異質である。見る側に、戦争の記憶、原爆の記憶を想起させ、当時の原水爆実験への不安を確認するはっきりとした映像をもつ。反戦、反原水爆というメッセージは明快であり、そうしたメッセージをもつという点で現実とつながろうとするフィクションなのである。

怪奇や異常をもたらす「わけ」としての原水爆イメージ

しかし『ゴジラ』以降の作品では、反戦、反原水爆のメッセージは一気に変質をとげていく。原爆が広島や長崎にもたらした惨劇からは一線を画し、荒唐無稽なストーリーに、いわばもっともらしい「わけ」を与えるものとして原水爆イメージが過剰に語られていくのである。もちろん当時原水爆実験が抑制されたり、停止されたわけではない。五〇年代後半の原水爆実験の現実を簡単にまとめておこう。

一九五七年五月にイギリスが初の水爆実験を南太平洋で行う。その後五〇年代後半は米英ソ三国で原水爆実験を繰り返し、核兵器開発を推し進めていくのである。一方日本では五七年八月二七日、「原子の火」、茨城県東海村原子力研究所の米国型原子炉に初めてともり、原子力発電が実用化に向けて動いていく。五九年ごろから米英ソで核実験停止条約が模索され始めるが、何度も決裂、再開を繰り返している。一九六〇年二月にはフランスがサハラ砂漠で初の原爆実験を行い、世界で四番目の核保有国となる。

六二年九月九日、国連放射能影響調査委員会、報告書発表「これまで行われた地上・空中核実験回数＝米一八三回、ソ連一一一回、英国二二回、フランス四回、計三二〇回。いかに少量の放射能でもなんらかの優生学的な悪影響を及ぼす恐れがある」と。六三年一月二二日、米英ソ三国の核実験停止交渉始まる。同年二月八日、米、ネバダで地下核実験再開。同年七月二五日、米英ソ三国、部分的核実験停止条約に合意し仮調印。同年八月五日、米英ソ三国、部分的核実験停止条約に調印。この後、地下核実験が盛んに行われるようになるが、大気圏内核実験も完全に停止されたわけではない。

核実験をめぐる当時の年表を詳細に読み、今さらながら、当時いかに頻繁に原水爆実験が繰り返されていたのかに驚く。もちろんこうした核実験に対する抗議や平和活動は、運動内の分裂など政治的な混乱はあるものの、年をへるごとに確実に高まっている。だが切実な抗議の声などほとんど無視されるかのように、毎年核実験が繰り返されていたことがわかる。慢性化し惰性化していく原水爆への恐怖。核実験を報じる新聞記事を見るたび、「あぁ、またか」と、恐怖は日常の煩雑さに埋没していったのだろう。一方で東海村に原子力の火がともり、原子力の平和利用というメッセージのもと、科学の進歩による暮らしの利便性がうたわれ、原水爆への恐怖が過去のものとして、少しずつ硬化し、細かいひびが入り、人々の日常的な感覚のなかで崩れ去っていく。それは黒沢明が『生きものの記録』（一九五六年）で描いたように、本気で原水爆を恐れ怯え、なんとかして日本を脱出しようとした男が滑稽に、そして異様に見えてしまうほどであったのだろう。

さて『ゴジラ』以降、特撮映画には、どのようなかたちで原水爆が語られているのだろうか。端的に言えば、南太平洋、原水爆実験、死の灰、水爆実験場、放射能汚染、第五福竜丸事件の記憶という言葉が基本トーンとなり、映画自体が展開しようとする異様な状態や怪奇を説明する「わけ」として利用しているのである。いくつか例証しておこう。

放射能で液体化する人間の恐怖

『美女と液体人間』（一九五八年六月二四日封切）という作品がある。この映画は、人間が液体化し、新たな液体人間として、人々を襲うというあり得ない怪奇を描いている。そして人間が液体化する「わけ」が、水爆実験であり、強い放射能なのである。

映画は大きな衝撃音とともに水爆が炸裂する真っ赤な映像で始まり、その後展開する話の「わけ」が、ここにあることを象徴する。直後、「核実験に犠牲か　第二竜神丸消息絶つ　南太平洋で操業中」という新聞記事がアップされる。この記事の映像を見て、見る側は「第二竜神丸」に第五福竜丸事件の記憶を重ねあわせるだろう。

冒頭、雨が降りしきる夜、タクシーにぶつかった男が衣服だけを残して忽然と消えてしまう。残されたかばんには麻薬があり、売人の仲間割れとして捜査が開始される。映画では、放射能による人間の液体化を本気で調べている大学助教授（佐原健二）が登場する。彼は知人である捜査担当の刑事に「三崎という男の前身が知りたかったんだ。ビキニやクリスマス島のほうへでかけたことがあるかどうかね」と語っている。

また、被爆し漂流する第二竜神丸に乗り込み、液体人間に襲われながらも、からくも逃げ出した船員から、そのときの光景を聞く場面がある。彼らに対し、大学助教授は「あの連中、マグロ船に乗った経験はないし、死の灰をあびた覚えもないんだ。たった一度漂流船の中へ入っただけで、あの恐ろしい原爆症だ。この事実は見逃せないよ」と語っているのである。「ビキニ」「クリスマス島」は、先の年表で確認したように水爆実験が行われていた実在の場所である。「死の灰」「原爆症」という言葉とともに、この実在の語りをとおして、見る側には、水爆実験への恐怖が確認されるだろう。そして恐怖が喚起されるからこそ、

美女と液体人間（1958年）

強い放射能を浴びれば人間は液体化するという荒唐無稽な嘘ばなしは、見る側が、なかで、あたかも本当の話のようなリアリティをもってくるのである。

さらに映画では、科学者が登場し、放射能の影響でガマが液体化する実験を、まじめにそして〝科学的に〟見せるのである。

真木博士の実験室。液体化したものを、器に入れ、別のガマがさらに液体化していく様子を、警察幹部も見ている。

幹部Ａ「まるで生きているようだ。」

真木「生きているんですよ」

幹部Ｂ「しかし、この強い放射能を浴びながら」

真木「最初のガマは、放射能の影響によって、まったく新しい液体生物に変化したんです。ガマは液体のえじきになったんです。われわれも最初は、この液体にこんな機能があるとは、知らなかったんです。しかし、今度の実験から推定して、核反応実験の危険海域では、十分この種の生物が発生する可能性があることがわかったわけです。この第二竜神丸の航海日誌からしても、最初甲板にいた六人が犠牲になり、残った乗組員がさらにこの液体のえじきになったと考えられます。」

平田「しかし、それがどうして日本に。しかも東京に現れたのか、なんとしても納得がいきません。」

真木「おっしゃるとおりです。それが今後の大きな研究課題です。ただ恐ろしいことには、この犠牲者の精神活動が少しでも、この液体に残っていれば、東京に現れることぐらい、なんの不思議でもありません。」

刑事Ｂ「液体で、しかも人間の精神活動をもっている、液体人間というわけですな。」

新聞記事のアップ。「液体人間現わる　核爆発による第二人類の発生」の見出し。

「核爆発による第二人類の発生」。この映画が原水爆イメージをどのように「わけ」として利用したのか。この言葉が象徴しているだろう。常識では考えられない怪奇や異常の「わけ」、そうした怪奇や異常が人間へ恐怖をもたらす「わけ」として用いられているのである。そこには『ゴジラ』が持っていた反戦、反原水爆メッセージの痕跡はない。

水爆実験場に凝縮される被爆のファンタジー

『モスラ』（一九六一年七月）という作品がある。私が映画館で見た記憶に残っている最初の怪獣映画だ。巨大蛾モスラの羽ばたきで飛ばされるミニチュアカー。幼虫のモスラがなぎ倒していく家屋やビルのそばにあったバヤリースの看板など断片的な記憶が今も新しい。

この映画でも、モスラや二人の小美人（ザ・ピーナッツが演じていた）の故郷、インファント島は、ロリシカという国の水爆実験場という設定になっている。まず「ロリシカ」という架空の国の設定が興味深い。この映画自体ファンタジーに違いないのだが、どこかで当時の現実を想起させる仕掛けがある。ロリシカとは、ロシアとアメリカから作った造語であろうし、それは水爆実験で核兵器開発競争をしていたソ連とアメリカをさす。さらに映画の後半、モスラに破壊される都市は「ニューカーク」であり、これはまさにニューヨークを思わせる。

映画の冒頭、漁船が巨大台風の渦中にあり遭難する。船は座礁し、ボートで退避する船員たち。彼らはインファント島にたどりつくが、そこは致死量の放射能がある水爆実験場だった。

インファント島上空。ヘリが飛ぶ。操縦するパイロット（佐原健二）「放射能の上を飛ぶというのは、気持ちのいいものじゃないなぁ」と。ヘリは四名の遭難者を発見する。手を振る遭難者たち。

新聞の見出しのアップ「第二玄洋丸生存者還る　気づかわれる原爆症」。

この『モスラ』でも「第二玄洋丸」が登場し、見る側に第五福竜丸事件の記憶が甦るのである。生存していた乗組員は誰一人として原爆症の症状はない。なぜかと問う科学者たち。彼らは「原住民に飲まされた赤いジュースのおかげ」だと。水爆実験場であり無人島であるはずのインファント島に原住民がいたという衝撃の事実から、ファンタジーが展開していくのである。ロリシカと日本の合同調査隊がインファント島に出かけるが、そこで遭遇する小美人とのやりとりが興味深い。

島を調査するうちに、言語学者（小泉博）は小美人に助けられる。翌日小美人と調査隊は遭遇する。小美人は調査隊に何かを語りかける。

隊長（上原謙）「何を言っているのか、意味はわかるかね」

言語学者（小泉博）「ええ、どうも島を荒らさないでほしいと言ってるらしいなぁ。」

新聞記者（フランキー堺）「なるほどねぇ、ああボカスカ水爆実験をやられたんじゃね。」小美人はうなずく。

ロリシカからの調査隊メンバーが「I understand」と。小泉はそれを受けて小美人に対して「もう絶対に、核爆発の実験はやりません」と。小美人はにっこりと微笑み去ろうとする。

当時はこの映画をどのように見ていたのだろうか。今繰り返して見ながら、「もう絶対に核爆発の実験はやりません」という言葉の軽快さに驚いてしまう。実際は、簡単に核実験が終焉を迎えることなどない。ロリシカのメンバーが簡単に「わかった」とうなずいてしまう軽さが印象に残る。この場面の直後、映画では、新聞記者であるフランキー堺に「ねぇ先生、ボク、ロマンかぶれしたわけじゃないけど、こういう島はそっとしておきたいような気がするんですよ」と語らせている。なぜ「そっとしておきたい」のだろうか。

肌を褐色にぬりあげ、上半身裸で石をカチカチと鳴らしながら、小美人の危機を救おうとして迫ってくる原住民たち。当時まさに恣意的に想像された南洋のイメージだ。度重なる水爆実験で死の島となったインファント島で、小美人というあり得ない存在とともにモスラを神として生き延びてきた人々。こうしたファンタジーのなかで、原水爆実験は負のイメージを持ちながらも、確実に見る側のリアリティから離れていく。原水爆がもつ恐怖もインファント島という架空のファンタジーのなかへ囲い込まれ、脱色されていく。確かに「ボカスカ水爆実験はやられて」いる。しかしその被害はすべてインファント島に集約され、被害があるなかで小美人たちは生きている。常識では想像できない不思議な世界だ。しかしその世界が自分たちの日常を「液体人間」のように脅かすことはない。だからこそ「不思議」は不思議のままで「そっとしておきたい」と言わせたのではないだろうか。

『モスラ』では、誘拐された小美人を取り戻し、インファント島に帰るためにモスラがやってくる。その過程でモスラはいわば、仕方なく家屋を押しつぶし、ビルを壊してしまうのである。東京やニューカークに怒りをもって破壊するのではない。まして原水爆実験を繰り返すロリシカに怒りをもって破壊するのでもない。水爆実験場となり破壊され尽くしたインファント島を回復せよと小美人が語るのでもない。ファンタジーのなかで、水爆実験はただ常態化した事実として淡々と語られ、淡々と否定されるのである。

ゴジラの巨大さや怒りに満ちた荒々しさと対照的に、モスラの美しさが印象に残る。

小美人を乗せてモスラがインファント島に戻っていくラスト。原住民たちが踊り祈りをささげる場面。インファント島にある碑文のナレーション「平和こそが永遠に続く繁栄の道である」と。

原水爆イメージは、ファンタジーの中で確実に日常の現実から遊離し、批判的な意味合いは脱色されていくのである。

フランケンシュタインを作り出した八月六日

さて一九四五年八月六日の広島が明瞭な「わけ」として登場

する映画がある。『フランケンシュタイン対地底怪獣バラゴン』（一九六五年八月八日封切）だ。ここでは明瞭に広島の地がフランケンシュタイン怪獣を生み出す源として登場している。第二次大戦末期ドイツがひそかにフランケンシュタインの研究をしていた。その心臓を日本に送るという荒唐無稽な設定。潜水艦を乗り継ぎ、広島の陸軍衛生病院に心臓が届けられる。そこで医師は「弾に当たっても死なない兵士の研究をしているが、もうそれも時期が遅い」と語っている。広島の病院が登場する前に被爆前の産業奨励館のシーンが再現され映されている。ドームの上空をＢ29が飛ぶ姿が映り、病院でのシーン。空襲警報のサイレンがなり、医師が上を見上げた瞬間、直後閃光が走り、建物が崩れ、きのこ雲のシーンが続く。一九四五年八月六日のクレジット。

　まず映画を見る限り、当時の様子を再現できるだけリアルさを見る側に伝えようと思うかもしれない。しかしこの八月六日のシーンは作られたものであり、嘘なのである。実際に産業奨励館のすぐ上空をＢ29が飛ぶわけがないし、原爆投下の時間には空襲警報は解除され、サイレンなど鳴ってはいない。いわば私たちが常識として持っている粗雑な原爆投下イメージに適合するように撮られているといえよう。

　そして一五年後、「広島国際放射線医学研究所」という場所。にこやかな笑顔で病室をまわり、アメリカ人医師が原爆症の人々を治療している姿。実際はそうした治療はなかったのだが、なぜこのような映像を作ったのか。米日の協調を示すつくりごとであろうか。ある少女のベット。少女は刺繍をしており、その医師のために作った刺繍入りのクッションを出し、「長い間おせわになりました」と医師にわたす。研究室へ戻る。映画の主人公の医師（高島忠夫）が「致死量の二倍の放射能をあびた細胞が活動しています」と顕微鏡を見るよう促す。高島はクッションを見て「死にましたか。一一号室の～～さんは」。女性医師（水野久美）が「いいえ、死ぬよりかわいそうですわ。今日死ぬか明日死ぬかと思って生きているんですもの」と。アメリカ人医師が顕微鏡から眼を離し、「まったく残念なことです。われわれの研究、まだまだ彼女を助けることはできません。」高島「ご両親も原爆で亡くなったんですね。」水野、うなずきながら「赤ん坊の時からひとりぼっちで。あの子の一生といったら、なんていったらいいんでしょうね」。アメリカ人医師「広島の犠牲は悲劇中の悲劇です。しかし破壊された細胞組織の再生を研究するチャンスを与えてくれました。われわれは必ず、この悲劇から、永遠の平和と幸福をひきださねばなりません。」といすにすわり考え込む。

　水野のアパート。アメリカ人医師との食事場面。「わたしは広島に落ちた原爆の関係者の一人であったので戦後広島に来たのです。人類を破壊することよりも再生する仕事に自分の生涯をささげたいとも希望しました。しかし、研究すればするほど疑問出てきます。もういちどアメリカへ帰って、はじめからやり直したいと考えているんです。」というアメリカ人医師。そのやりとりの後で、少年のフランケンシュタインが発見される。

秋田油田。事務所。

男「広島で、放射能に強い子どもが生まれたんですってねぇ。」ともう一人の男に茶を差し出す。もう一人の男（土屋嘉男）は、冒頭潜水艦でフランケンシュタインの心臓を広島の病院に届けた軍人の一人だった。

「原爆の洗礼か！　広島　放射能に強い怪童」という見出しの新聞記事のアップ。

土屋（新聞を読みながら）「あぁ、何十万の人間がやられたんだ。一人くらいこういうのが生まれてきてもいいよ。」

男「あなたは終戦のとき、広島の病院で、永久に生きている心臓を見たとか言ってましたよね。」

土屋「ああ、今考えてみりゃ、ばかげた話さ。終戦前後にはわけのわからないことがいっぱいあったからなぁ。」と記事に再び目を落とす。

突如地震がおこり、油田の建物が壊れ、地面が盛り上がり、地底怪獣バラゴンが現れる。

この場面で「何十万人の人間がやられたんだ。一人くらいこういうのが生まれてきてもいいよ」というセリフを被爆した人たちはどのように聞いただろうか。常識的で粗雑な広島の原爆投下イメージ。原爆の悲劇を忘れるなという真摯なメッセージが何度となくマスコミで反復され硬化していくなかで、具体的な人々の痛みや悲しみは脱色されていったのだろう。少年は巨大化していくが、人々に危害を加えるという存在としては描かれていない。心臓がなぜ、どのようにして少年になったのか。その理由や経緯は映画の中でそれ以上語られることはない。だからこそ映画の冒頭に恣意的に「再現」されている原爆投下のシーンが「理由」のすべてとされていくのである。

この映画で使われているヒロシマイメージ、原爆イメージは、尋常でない存在が登場する「理由づけ」にのみ、原爆や放射能が使われていく典型といえるだろう。

他にも例証はしなかったが『空の大怪獣ラドン』（一九五六年一二月二六日封切）、『地球防衛軍』（一九五七年一二月二八日封切）、『マタンゴ』（一九六三年八月一一日封切）などに何らかの形で展開する怪奇や異常現象、宇宙からの侵略の「わけ」として原水爆が使われているのである。

こうした荒唐無稽なストーリーを正当化するための装置としての原水爆イメージは、いわばファンタジーとして見る側に届いてくるものである。『キングコング対ゴジラ』（一九六二年八月一一日封切）、『モスラ対ゴジラ』（一九六四年四月二九日封切）、『三大怪獣　地球最大の決戦』（一九六四一二月二〇日封切）、『怪獣大戦争』（一九六五年一二月一九日封切）など、六〇年代のゴジラ映画ではゴジラが擬人化され大衆的なキャラクターに変貌するなかで、映画自体は、より地に足がつかない脆いファンタジーとして、子供向けの娯楽作品となっていくのである。そして、第一作『ゴジラ』で語られていたヒロシマ、ナガサキへの連続性は、確実に消し去られていくのである。

3　一九六六年――ウルトラQの時代

昭和三〇年代後半――経済成長や科学万能の日常を生きる私

いつ頃、ファンタジーと化した原水爆・原子力イメージが、私の日常に定着したのだろうか。いつ頃から、私は、被爆の現実、原水爆の具体的な危険性や恐怖から無関係で荒唐無稽そして科学万能を礼賛するつくりごとの中でファンタジー化した原水爆イメージを楽しむようになっていたのだろうか。こんな関心から、過去の特撮映画やテレビドラマを詳しく見直していった。最近は多くの作品がＤＶＤ化されており、また当時あたりまえのように使用していた言葉や表現が〝現在では不適切だが、当時の歴史的状況などを考慮して〟そのまま再録されており、当時の時代認識、時代の〝常識〟、障害者問題など人権問題の日常的な様相などを考えるうえで、役に立つ。

　さて、ファンタジーとしての原水爆イメージが、私たちの日常で、そしてお茶の間で完成されていくのが、昭和三〇年代後半から昭和四〇年代前半にかけて（一九六〇～一九六九年）であろう。昭和三九年には、東京オリンピックが開催され、東京―新大阪間に東海道新幹線が開通する。東京から第一号のひかりがやってくる姿を新大阪駅まで友だちと一緒に走って見に行った記憶が鮮明に残っている。世の中は、高度経済成長の右肩上がりの時期であり、科学万能、科学にもとづいた利便性こそ至上という価値が日常の暮らしに急速に浸透していった。公害という言葉はあったと思うが、文明や近代化の負荷としての環境問題などは、この時期姿かたちもなかったのである。小学校から帰り、ランドセルを置くと、すぐに小銭を握りしめ、近くの公園や神崎川（大阪にある淀川の支流）の堤防まで出かけ、夕方まで遊んでいた。駄菓子屋で五円出せば、それなりの菓子や〝あてもん〟（景品くじ）ができた。ガラスのくだに入った真っ赤や緑色したゼリーを買い、チュルッと吸い込んで食べていた。合成甘味料や着色料の規制も今のようなものではなかった。それこそオレンジ色をした粉末オレンジジュースを飲み、真っ赤な色のイチゴアイスを食べていたのだ。

　今から考えれば、身体に、そして環境にマイナスであるさまざまなものを、便利で、おいしくて、きれいで、などというそれこそ経済成長や物質的な豊かさに響きあう価値に取り込まれながら、私は小学生として受容していたのである。一九七〇年には、いま回顧ブームとなっている日本万国博が大阪千里丘陵で開催された。テーマは良く知られた「人類の進歩と調和」であり、期間中入場者数は六四〇〇万人だったという。私は中学一年であり、自宅からは阪急北千里線を使えば一時間もかからず会場に行くことができた。期間中五回も六回も一人で出かけ、朝ゲートが開くとお目当ての企業パビリオンに向けて駆け出していった。普段見られない映像や煙のショー、展示に圧倒され、世界各国からのパビリオン展示を楽しんだ。いま手元にはまだ、そのとき集めた各パビリオンで配っていたピンバッジや記念メダル、色あせにじんだカラースタンプ帳がある。当時は、科学が浸透し、それがもつであろう負荷などを懸念する雰囲気などなく、ただ経済成長し繁栄することこそ是だという信奉が、人々の日常生活の中に息づいていたのだろう。この一〇年は、私自身が小学生から中学生の時期にあたる。特に昭和四五年（一九七〇年）の日本万国博を頂点とすると、そこにいたる数年は、私と同じ世代が、核の平和利用イメージ、安全で効率的で圧倒的な原子力イメージの洗礼を受けていく重要な時期と考えられる。

映画館で、特撮映画を楽しんでいた私。新聞広告で新しい怪獣映画の予告を見れば、父親に連れて行ってくれとせがんだ。中小企業の印刷工場をやっていた父は忙しく、なかなかとりあってくれない。しかし週末になると、映画見に行くぞ、と淡路東宝につれていってくれた。当時は席の入れ替えなどなく、映画の途中でも人は出入りしていた。上映時間にあわせ、急いで空いた席をさがし、座る。前の人の頭でスクリーンが良く見えない。時には満員で立ち見、立っている人の間からスクリーンを見つめたこともあった。当時、私たちは、大阪の東淀川区にある市営住宅に暮していた。最寄の駅は阪急淡路か国鉄の東淀川駅だ。淡路の商店街には、東宝、東映、大映、松竹、日活の直営館があったはずだ。いま名前を覚えているのは、淡路東宝、淡路東映、淡路シネマくらいだ。いずれにせよ、地元の映画館で、私はゴジラを見、ラドン、モスラ、キングギドラ、バラゴン、サンダ、ガイラ、マタンゴ、ガメラ、バルゴン、ギャオス、ガッパ、ギララ、大魔神など特撮映画のスターたちと出会ったのだ。

確かにエイトマン、ビックX、スーパージェッター、宇宙エース、少年忍者風のフジ丸、宇宙パトロールホッパ、ワンダースリー、など当時テレビ放映されていたアニメは見ていた。おそらく小学校の一、二年の頃に家のテレビに〝色がついた〟と思う。ただ小学生の私にとり、アニメを見る時間と週末映画館に出かけ怪獣たちと出会う時間の密度はあまりにも大きな違いがあった。非日常、ハレの時間、空間。そこでさまざまな「理由」が説明されながら、怪獣が登場し、街を破壊し、怪獣同士が闘い、一定時間がたつと闘いの決着がつかないまま、多くは海へ消えていったのだ。私はいつも次の映画はなんだろうかとわくわくしながら映画館をでた。そして週刊や月刊のマンガ雑誌で、次の映画の予告が出るのを心待ちにしていたのだ。ただそれは、やはり、週末の映画館という非日常の空間であり、より限られた娯楽といえる。

『ウルトラQ』の衝撃

しかし、一九六六年になると、怪獣と出会えるときが、お茶の間のテレビをとおして、一気に日常化していくのである。週末の映画館という限定した空間ではない。日常の中で、お茶の間という普段の暮らしの中心となる場に、空想科学特撮というつくりごとが劇的に侵入し、そこで展開される科学イメージやファンタジーとしての原水爆イメージを、私は食事どき、茶碗をもちながら、空気のように吸収していったのである。

一九六六年（昭和四一年）一月にテレビで円谷プロの空想特撮シリーズが始まる。第一弾の『ウルトラQ』が一月二日から放映開始されている。この番組は日曜日の午後七時から三〇分番組枠としてあった「武田アワー」で流されたものであり、それ以前は『隠密剣士』という時代劇ものであった。七月から『ウルトラマン』、一九六七年四月から『キャプテンウルトラ』、一〇月から『ウルトラセブン』、一九六八年一〇月から『怪奇大作戦』と続いた。私はこれら一連の番組に熱狂した。

特に『ウルトラQ』の衝撃は私には大きかったと思う。放送された二八話すべてが、放送開始以前に製作されており、製作する側の意気込みも相当なものがあった。この番組は、『ウルトラマン』『ウルトラセブン』のように、超人ヒーローが正義を背負い、さまざまな怪獣や宇宙人とバトルを見せるという単純な構成ではない。世の中のバランスがなんらかのきっかけで崩れてしまったらどうなるのかと、見る側を「アンバランスゾーン」に誘い込む。石坂浩二の特徴的なナレーション、単調ではあるが一度聞くと耳について離れなくなってしまうテーマとともに、私は毎週日曜日午後七時から三〇分間、ウルトラQの世界へ喜んで迷い込んでいたのである。

怪獣特撮だけではない。過剰な人口対策のために人間のスケールを八分の一にしたらどうなるのか。カメを育て甲羅が九九センチになったら竜宮城に連れて行ってくれると信じている少年のファンタジー。人間が巨大に変身してしまったらどうなるのか。宇宙開発の結果、迷惑している他の惑星から届いた「贈り物」とはどんなものなのか。東京にすべてのエネルギーを吸収してしまう風船のような生命体が出現したらどうなるのか。それは結局、太陽という巨大なエネルギーを見つけ、太陽に向けて飛び去っていく。人間の嫉妬が怪獣を生み出してしまうとすれば、どうなるのか。小銭を蓄えることに懸命になっている少年がお金を食う怪獣（カネゴン）になってしまい、反省してなんとかもとの人間の姿にもどり家に帰ってみるとおとうさん、おかあさんがカネゴンになり笑っていたという寓話。もし肉体と精神が分離して、精神が肉体をコントロールするようになったらどうなってしまうのか、などなど。三〇分という短い時間枠の中で、『ウルトラQ』は、空想、ファンタジー、寓話、怪奇、怪獣特撮の世界をこれでもかと堪能させてくれたのである。平均視聴率が三〇％を超えており、当時いかに熱狂して私のような子どもたちが見ていたのかがわかる。

いまDVDとして当時の作品をすべて見ることができるが、完成度がとても高いドラマもあり、まったく色あせていないのである。子ども時代に熱中していたテレビ番組を使い、世代分けをすることがある。たとえば〝仮面ライダー世代〟というように。しかし私は仮面ライダーにはほとんど思い入れはないし、実際熱中して見た記憶はない。一九七一年四月三日に仮面ライダー第一作が放送開始されているが、中学二年であった私は、すでにテレビでの特撮物からは卒業し、『スタートレック宇宙大作戦』のファンになっていたのである。やはり私は〝ウルトラQの世代〟なのである。

その証拠に、『ウルトラマン』になると、私の印象や記憶が薄らいでいく。ウルトラマンという正義のヒーロー対怪獣のバトルが毎週繰り返されるワンパターンに、次第に飽きてきたのかもしれない。『ウルトラマン』でいえば、実相時昭雄監督の作品群——それはウルトラマンが怪獣を倒すことに苦悩したり、別に地球を侵略するつもりできたのではない怪獣がウルトラマンと闘うことを嫌がったりして、時間内にスペシウム光線で怪獣が破壊されないいくつかの作品だが——が印象に残っている。

あっけらかんと語られ使われる原爆

ところで『ウルトラQ』や『ウルトラマン』のすべてにファンタジーとしての原子力イメージが充満していたわけではない。ただ作品の中で、どのように描かれ語られているのかについて、少しだけ例証しておきたい。

『ウルトラQ』第六話「育てよ！カメ」（一九六六年二月六日放送）。

少年はカメを育てている。九九センチになれば竜宮城に連れて行ってくれると。カメは大きく育ち、少年はカメの背に乗って何もない白い霞がただよう世界へたどり着く。竜宮城はどこだと少年はさがしていると、ブランコに乗った女の子（乙姫）が現れ、少年をからかう。竜宮城は「ここよ」と。

「ちきしょう、全然ぶち壊しだ、頭にきたなぁ」と少年。ポケットにある小瓶を見つけ「おい、これは地球じゃ原爆なんだぞ！　こんな竜宮なんか一発で蒸発しちゃうんだぞ」と。手を叩いて、うれしそうに喜ぶ女の子（乙姫）。

「ほんとに原爆なんだぞ」。小瓶を足元に投げる少年。瞬間白煙があがり、服はボロボロ、顔は真っ黒、髪の毛が逆立った、コミカルな姿に変わる少年。

「んー、おもしれえじゃないか、信用するだろ」。自分が爆発で変わってしまったことを少し自虐的に語る少年。「オレの言ったことホントだろう」。

ロケットにまたがり、笑いながら去ろうとする女の子（乙姫）。カメに乗り少年は追いかけていく。

自分が想像していたような竜宮城はなく、なにもない白い霞の世界。突然現れた女の子はここが竜宮で、自分が乙姫だという。女の子にからかわれ頭にくる少年。自分も女の子をからかい、いたずらのつもりで「原爆」である小瓶を投げる。小瓶は本当に爆発し、少年はボロボロになってしまう。でもなぜ、「原爆」なのだろうか。この名を言えば、たいていの子どもは驚くだろう。でもそれはあくまで「からかい」の世界の中であり、いたずらの領域のなかの「原爆」なのだ。映像にはキノコ雲もないし、ただ白煙が一瞬画面を覆うだけだ。「爆弾だぞ」でいいかもしれない。でも「原爆」という言葉が使われている。いま私はDVDを見直し、被爆の悲惨や圧倒的な破壊という事実から、完璧に遊離したファンタジーとしての原爆の語りを見つけ、驚いている。しかし当時の記憶のどこを探しても、このような場面があったという記憶はない。おそらくは、まったくあたりまえのように、映像を見て、楽しんでいたのだろう。

また『ウルトラマン』にも、象徴的な作品がある。

『ウルトラマン』第二回「侵略者を撃て」（一九六六年七月二四日放送）。

有名なバルタン星人が登場する回だ。科学センターから怪電波が発信されており、科学特捜隊アラシ隊員が調べにいく。すでにバルタン星人が占拠し、アラシも光線で固まってしまう。防衛会議が開かれ、対策が議論されるシーン。

村松隊長は、彼らと話し合い、何を望んでいるかがわかれば、それを与えて去ってもらうことを提案する。軍の幹部たちは、それを聞き一笑にふそうとする。

幹部A「宇宙船のありかさえわかれば、直ちに核ミサイル〝ハゲタカ〟を撃ち込むんだが」

隊長「〝ハゲタカ〟で破壊できるという確信がおありですか。もし最終兵器の〝ハゲタカ〟が通用しなかったら、そのときはどうするんですか?」

幹部B「〝ハゲタカ〟は大丈夫だよ」

（会議は紛糾したが、結局村松隊長の案が採用され、まずは宇宙人と話し合うことになる）。

科学センターを取り囲む防衛軍。「万一のときに備えて、最新兵器〝ハゲタカ〟の発射準備が進められていた」。石坂浩二のナレーションがかぶさる。

兵士の一人「（センターに入ろうとするハヤタ隊員に肩をポンと叩きながら）私の合図一つで、いつでも〝ハゲタカ〟が飛び出しますから、安心してかかってください」と。

「彼らの星バルタンは、ある発狂した科学者の核実験がもとで爆発してしまったのである。宇宙旅行中であった彼らは帰る場所を失い、仕方なく彼らの生存できる天体を求めて地球の近くまで来たのだ。あいにく宇宙船の重力バランスが狂い、修理するために立ち寄ったというのであった」（石坂浩二のナレーション)。

この後、実はバルタン星人は宇宙船内に二〇億いて、地球を侵略する目的であることがわかり、話し合いは決裂する。

巨大化するバルタン星人。「〝ハゲタカ〟発射!」と二発のミサイルがバルタン星人に撃ち込まれる。一瞬倒れこむが、ミサイルはまったく効かない。

この後、ハヤタ隊員がウルトラマンに変身し、バルタン星人を退治するのであるが、いわばあっけらかんと「核ミサイル」を使用すると主張する防衛軍幹部、いとも簡単に発射されてしまう「核ミサイル」の描き方に驚いてしまう。核兵器を使用すれば、どのような影響が生じるのか。占拠されている科学センターには、バルタン星人の光線で固まってしまっている職員が多数残っているはずなのに、一切無視して撃ち込まれる「核ミサイル」。先にあげた『ウルトラQ』と同様、「核ミサイル」が爆発しても、キノコ雲状のものは出ないし、ただ単に火薬が爆発するだけだ。「最終兵器」と語られながらも、それを使用する決断にいたる苦悩もないし重みもない。核兵器、原水爆は、とくにそれを語ろうとするときのこだわりや重みなどが一切消え去っており、単なる絵空事の一部として〝軽妙に〟利用されていくのである。

このような感じで、原水爆、原子力、核イメージは、子ども向けの空想科学特撮テレビシリーズで、ファンタジーとして、あるいはファンタジー以下として語られ、描かれ、消費されていたのである。

ところで一九六六年四月からはNHKで『サンダーバード』が放映されている。私はこの番組も熱狂した。いつもギリギリのところで人命救助されるスリルを楽しみ、救助するために使用される巨大なロケットや数々の装備を見て、わくわくした。市販されたプラモデルはほとんど全て集めたはずだ。今DVDの映像を見れば、ドラマのゆっくりとしたリズムを確認し、〝え、こんなゆっくりとした流れに熱狂していたのか〟と逆に驚いてしまう。『サンダーバード』の根底には、いわば地球より重い人間の生命というメッセージは明快だ。しかし同時に、登場するメカを動かしている原子力への無垢なる信奉がはりついている。ファンタジーとしての原子力の平和利用や原子力エネルギー礼賛というイメージを読み解くうえで『サンダーバード』は必須の番組なのである。これについては別の機会で例証してみたい。

原水爆の火は消えない。これからは使う人間の良心の問題だな

さて、特撮怪獣映画に戻ってみよう。先に述べたようにゴジラ映画は子ども向けに変貌をとげていく。そのなかでゴジラが擬人化しコミカルになるだけではない。映画の設定が現実から切り離され、架空の世界となっていくのである。

『ゴジラ・モスラ・エビラ　南海の大決闘』(一九六六年一二月一七日封切)という作品がある。南海の孤島に漂着する主人公四名の男性。そこでは赤い竹という秘密組織が核爆弾のもとにな

る重水を製造していた。島の周辺にはエビラという巨大なエビがおり、エビラが嫌いな黄色い液体を作るために、彼らはインファント島の住民を誘拐し強制労働させていたのだ。主人公たちは、インファント島の住民を救い出し、工場を破壊しようとする。どういうわけか島の洞窟で眠っていたゴジラを彼らが起こし、ゴジラはエビラと対決するのである。その対決も岩をゴジラが投げ、大きなはさみでエビラが打ち返すなど、こっけいな闘いなのである。

ラストシーンが、印象的だ。

インファント島住民を救い出すモスラ。モスラが運ぶかごに乗っている人々。ゴジラが飛び去っていくモスラをみている。孤島に残されるゴジラ。

女（水野久美）「ゴジラ、かわいそうですね。」

みんなで「逃げろー！　海さ逃げるだー」とゴジラに叫ぶ。

男（宝田明）「やつも別に悪気があったわけじゃないからな」

男A「そうさ、悪気どころか、かえって俺たちの味方になったよ。」

みんなで「逃げろー！」

（声が届いたのか、ゴジラはひと叫びして、断崖から海へジャンプ。直後、工場は大爆発を起こし、島が崩れ沈んでいく。島から立ち上る黒い雲。ただし画面から切れており、はっきりときのこ雲とは見ることができない）。

男（宝田明）「これであの島も地図から消えたわけだ。」

男A「しかし、原水爆の火は消えない。これからは使う人間の良心の問題だな。」

男（宝田明）「なんだか説教されているみたいだな。まぁ、いいってこと。俺もこれから足洗って出直すさ（金庫破りをやめるということ）」男たちは顔を見合わせて微笑む。

男B「あ、ゴジラだ」

女（水野）「助かったんだわ。」

（海を泳いで去っていくゴジラ。黒煙が昇り続ける島。ただし画面からは雲の上部が切れており見えない。インファント島をめざして飛ぶモスラの姿。終のタイトル）

「しかし、原水爆の火は消えない。これからは使う人間の良心の問題だな」というセリフは、突如として語られるのである。映画のなかで原水爆について語ったり、それをめぐってストーリーが展開することはない。だからこそ余計、異様な印象を受けてしまう。ゴジラ映画では、どこかで原水爆に対するメッセージを残しておかないと、という要請があったのかもしれない。しかし「なんだか説教されているみたいだな、まぁ、いいってこと」という直後のセリフが語るように、それは〝説教〟なのである。原水爆について何らかの形で繋がっておこうとした以前の作品の語りに比べ、そこに含まれていた中味がすべて放出され、形骸とだけになった原水爆への批判の語りは、やはり〝説教〟であろう。しかし原水爆を「人間の良心」がどのように使うのだろうか。「良心」で使用できる「原水爆」など、どこにあるのだろうか。いま改めて映画を見ながら、そう思う。被爆の現実、原水爆の具体的な危険性や恐怖から関係が切れ、荒唐無稽そして科学万能を礼賛するつくりごとの中でファンタジー化した原水爆イメージが一〇歳の子どもであった私の中で、あたりまえのように息づいていく一九六六年を象徴するゴジラ映画のラストシーンなのである。

4　ファンタジー化する原水爆イメージ、そしてヒロシマは

この論考で、私はいったい何を確かめたかったのだろうか。基本的な問題関心として、ヒロシマ、ナガサキの記憶、原爆の記憶が、私たちの日常において、どのように残り、どのように忘却していっているのかを確かめたいというものがある。毎年八月が来れば、年中行事のように原爆のことがマスメディアで語られ、その日が過ぎれば、なにもなかったかのように原爆のことが語られなくなっていく。

二〇〇五年は被爆六〇年でもあり、多くの優れたドキュメンタリーがテレビで流され、関連した書物も出版された。たとえば、優れたドキュメンタリーを見た瞬間、私たちは六〇年前に起こった出来事は今もなお深く人間の人生に傷を残していることを改めて目の当たりにし、驚き、深く考え込むだろう。そしてしばらくは、原水爆のことが日常のなかに余韻を残す。しかし煩雑な日常をすごすうちに、それは重要ではあるが、社会問題の一つとして整理され、私たちの記憶の棚にしまいこまれてしまう。

これは、いわば、原水爆、核廃絶という社会問題をめぐる常識的で定まった「啓発の回路」のなかで進行する営みであろう。だからいくら優れたドキュメンタリーを見たとしても、私たちが、自ら感じ取った情緒の揺れをいったんこの「啓発の回路」に載せてしまえば、それは、回路からあふれ出して、普段の日常を侵食していくことはまずないのである。

毎年のように、原爆の記憶が忘却されていくことが指摘され、なんとかすべきという主張が叫ばれる。その一方で、年中行事としての原爆関連の出来事が毎年定型化されて反復されている。もちろん、その出来事に具体的に関わり、意味をこめて生きている人々にとって、それは〝定型化〟され、ただ反復されるものなどでは決してないだろう。しかし多くの人々にとり、それはやはり「啓発の回路」の中での〝定型〟であり、定型であるからこそ、安定した意味をもつ出来事の反復なのである。

なぜ毎年決まりきったように原爆の記憶の風化が叫ばれるのか。風化の具体的なありようを解読するには、まず硬直した「啓発の回路」を詳細に調べることが必要だろうし、その回路の中で描かれ、語られる原爆をめぐる言説の問題性を明らかにして、その言説自体を回路の外へと開いていく必要があろう。た

とえばいま私はヒロシマをめぐるテレビドキュメンタリーの詳細な解読を試みようとしているが、これは「啓発の回路」の中を調べる作業の一つだと考えている。

しかし、ヒロシマのイメージ、原水爆のイメージは、こうした「啓発の回路」の中だけで生きているものだろうか。そうではないだろう。子どもたちが熱中するアニメのなかで描かれる原水爆イメージ、原子力イメージ、さらにはこれが原爆や水爆が炸裂した瞬間、わきあがる雲であるということなど、理解しないまま、理解する必要もないままに、とりあえずとんでもないエネルギーの爆発だということだけがわかり、「かっこいいな」とあたりまえのように承認してしまうものが多くあるのだ。

数年前、広島の私学に勤めていた頃、ゼミの学生たちは「ドラゴンボール」の最終回映像をもってきて、場面一つ一つに熱中して見ていた。彼らにとって「ドラゴンボール」は夢中になったアニメであり、子ども時代を生きてきたことの証といえるだろう。あの「ドラゴンボール」のアニメで主人公が敵と対決するたびに、これでもかと過剰に描かれる技が炸裂する瞬間の爆発シーンは、水爆実験での映像とほぼ重なってしまうのである。確かめたことはないが、この爆発シーンが水爆実験映像のアナロジーであることを了解しながらアニメを楽しんでいた学生はどれほどいるだろうか。おそらくは、そんなことは気にしないで、まさにかっこよく炸裂するシーン、相手がダメージを受けるシーンを楽しんでいたはずだ。

「啓発の回路」ではないところで、より普段の日常で、現実とのつながりを意識することなく、その意味で絵空事であり、絵空事であるが故に、過剰で粗雑な原水爆イメージが、どのようにして、私たちの暮らしのなかで息づいているのだろうか。

私は、「啓発の回路」内、あるいは「回路」自体を分析したいと思う。同時に、より日常的で常識的なイメージとして原水爆や核、そしてヒロシマやナガサキのイメージが絵空事として、どのように語られ、あたりまえのように増殖しているのか。そのことを詳細に解読したいと思うのである。

この論稿では、私にとって、そして私と同じ映画や特撮ドラマを見て育った世代にとってリアルな世界での絵空事のありようを確かめようとした。私をいまも魅了し続けている特撮怪獣映画のシーンでどのように原水爆が語られ表象されてきたのか、その変遷を例証しようとしたのである。当時、映画を見て、私がどのように感じ考えたのか。それを語るのではない。心から映画を楽しんでいた私の中に、ファンタジーと化した原水爆イメージがいかに自然に入り込んでしまっていたのかを、具体的なシーンという〝モノ〟を通して、語りたいと考えたのである。つまり、この論稿は、「啓発の回路」の外で生きていたファンタジーとしての原水爆イメージの〝モノ〟語りの例証なのである。

『昭和歌謡大全集』(篠原哲雄監督、二〇〇四年)という映画がある。若者がナイフで特に理由もなくおばさんの喉を切り裂くことから、おばさんグループ対若者グループが昭和のヒット歌謡にのせて、包丁、銃、ロケット砲とエスカレートしながら報復の殺人を重ねていき、ついには……というバイオレンス映画だ。不条理なファンタジーとしてはなかなか面白い。しかし、なんとも後味が悪い映画の終わり方にがっくりとしたのである。生き残った若者が小型原爆を作り、チャーターしたヘリからおばさんたちが暮らしている街に投下し、原爆が炸裂し、キノコ雲が立ち上り、一瞬のうちに報復殺人にケリをつけるというラストなのだ。小型原爆をつくるシーンを見ながら、私は『太陽を盗んだ男』（長谷川和男監督、一九七九年）を思い出していた。この映画でも主人公の男性教師が原爆を作る過程が克明に描かれていく。ただ二つの映画のシーンはあまりにも対照的だ。単身原子力発電所に忍び込みプルトニウムを盗み出し、アパートの自室を実験室に変え、原爆を製造していく過程を克明に描いていく後者。もちろん荒唐無稽なストーリーである。しかしそこには原爆を製造する過程で放射能に汚染されていく主人公の姿がともに描かれ、荒唐無稽ななかにもどこかでヒロシマの記憶とつながり、被爆体験の意味が映像に重みを与え、映像の軽快さやリズムがより鮮明に見る側に伝わってくる。しかし前者は、ヒロシマの記憶など微塵も感じさせることはない。今の若者は元々ヒロシマの記憶なんかないので、感じさせないほうがあたりまえなのだろうか。材料調達や資金稼ぎなどという過程も一切見せることなく、ただ淡々と簡単に倉庫で原爆が作られていく。

　ヒロシマの記憶から一切切り離された原爆表象。被爆の現実から見事に乖離した原爆をめぐる言説。こうしたものが、いまの世の中にあふれ出している。なぜ、どのようにしてヒロシマと原爆表象・言説が切り離されてきたのか。それを読み解く作業は、とても重要だ。たとえば『昭和歌謡大全集』は、ヒロシマと原爆表象・言説、さらにはヒロシマと現代（いま）が切り離されつつある端的な例証といえよう。

　ファンタジーとしての原水爆イメージはあってもいいと思う。しかし、それがいまのように全く被爆の現実、実際に人間や環境を消滅させた現実の凄惨さと、どこかで、なんらかのかたちで繋がっていないかぎり、それは「啓発の回路」を侵食することはないだろう。「啓発の回路」を侵食する力をひめたファンタジーをいかにしたら創造できるのだろうか。そのことを模索するためにも、日常に、より粗雑な形で、しかし深く静かに浸透している絵空事としての原水爆イメージの詳細な解読をすすめる必要がある。

参考文献

イオン編さん 1993『ゴジラ画報——東宝幻想映画半世紀の歩み』竹書房
小林晋一郎 2003『バルタン星人はなぜ美しいか——形態学的怪獣

論〈ウルトラ〉編』朝日ソノラマ
桜井　均 2005『テレビは戦争をどう描いてきたか――映像と記憶のアーカイブス』岩波書店
品田冬樹 2005『ずっと怪獣が好きだった――造型師が語るゴジラの五〇年』岩波書店
新藤兼人 2005『新藤兼人・原爆を撮る』新日本出版社
竹内　博 2001『元祖怪獣少年の日本特撮映画研究四十年』実業之日本社
――・山本眞吾編 2001『円谷英二の映像世界〔完全・増補版〕』実業之日本社
田中友幸・有川貞昌・中野昭慶・川北紘一 1993『ゴジラ・デイズ――ゴジラ映画四〇年史』集英社（本書二三頁『ゴジラ』一九五四年のポスターの出典）
中国新聞社編 1986『年表　ヒロシマ40年の記録』未来社
中国新聞社編 1995『検証ヒロシマ1945―1995』中国新聞社
中条一雄 2001『原爆は本当に八時一五分に落ちたのか』三五館
徳山喜雄 2005『原爆と写真』御茶の水書房
蜂谷道彦 2003『ヒロシマ日記』法政大学出版局
濱谷正晴 2005『原爆体験――六七四四人・死と生の証言』岩波書店
松重美人 2003『なみだのファインダー――広島原爆被災カメラマン松重美人の1945・8・6の記録』ぎょうせい
ミック・ブロデリック編著 1999『ヒバクシャ・シネマ――日本映画における広島・長崎と核のイメージ』現代書館
ヤマダ・マサミ 1998『ウルトラQ伝説』アスペクト
東宝DVD『美女と液体人間』（TDV15057D）パンフレット（本書二七頁のポスターの出典）

【特撮怪獣映画（特撮怪奇映画）年表】

一九五四年（昭和二九年）
『ゴジラ』（本多猪四郎監督・東宝）
一九五五年（昭和三〇年）
『ゴジラの逆襲』（小田基義監督・東宝）
一九五六年（昭和三一年）
『空の大怪獣ラドン』（本多猪四郎監督・東宝）
『宇宙人東京に現わる』（島耕二監督・大映）
一九五七年（昭和三二年）
『地球防衛軍』（本多猪四郎監督・東宝）
一九五八年（昭和三三年）
『美女と液体人間』（本多猪四郎監督・東宝）
『大怪獣バラン』（本多猪四郎監督・東宝）
一九五九年（昭和三四年）
『宇宙大戦争』（本多猪四郎監督・東宝）
一九六〇年（昭和三五年）
『電送人間』（福田純監督・東宝）
『ガス人間第一号』（本多猪四郎監督・東宝）
一九六一年（昭和三六年）
『モスラ』（本多猪四郎監督・東宝）
『世界大戦争』（松林宗恵監督・東宝）
一九六二年（昭和三七年）
『妖星ゴラス』（本多猪四郎監督・東宝）
『キングコング対ゴジラ』（本多猪四郎監督・東宝）
一九六三年（昭和三八年）
『マタンゴ』（本多猪四郎監督・東宝）

『海底軍艦』（本多猪四郎監督・東宝）

一九六四年（昭和三九年）

『モスラ対ゴジラ』（本多猪四郎監督・東宝）

『宇宙大怪獣ドゴラ』（本多猪四郎監督・東宝）

『三大怪獣地球最大の決戦』（本多猪四郎監督・東宝）

一九六五年（昭和四〇年）

『フランケンシュタイン対地底怪獣』（本多猪四郎監督・東宝）

『大怪獣ガメラ』（湯浅憲明監督・大映）

『怪獣大戦争』（本多猪四郎監督・東宝）

一九六六年（昭和四一年）

『大怪獣決闘　ガメラ対バルゴン』（湯浅憲明監督・大映）

『大魔神』（安田公義監督・大映）

『フランケンシュタインの怪獣　サンダ対ガイラ』（本多猪四郎監督・東宝）

『大忍術映画　ワタリ』（船床定男監督・東映）

『大魔神怒る』（三隅研次監督・大映）

『ゴジラ・エビラ・モスラ　南海の大決闘』（福田純監督・東宝）

『怪竜大決戦』（山内鉄也監督・東映）

『大魔神逆襲』（森一生監督・大映）

一九六七年（昭和四二年）

『宇宙大怪獣ギララ』（二本松嘉端監督・松竹）

『大怪獣空中戦　ガメラ対ギャオス』（湯浅憲明監督・大映）

『大巨獣ガッパ』（野口晴康監督・日活）

『キングコングの逆襲』（本多猪四郎監督・東宝）

『長編怪獣映画　ウルトラマン』（円谷一監督・東宝）

『怪獣島の決戦　ゴジラの息子』（福田純監督・東宝）

一九六八年（昭和四三年）

『ガメラ対宇宙怪獣バイラス』（湯浅憲明監督・大映）

『妖怪百物語』（安田公義監督・大映）

『怪獣総進撃』（本多猪四郎監督・東宝）

『吸血鬼ゴケミドロ』（佐藤肇監督・松竹）

『昆虫大戦争』（二本松嘉端監督・松竹）

『妖怪大戦争』（黒田義之監督・大映）

一九六九年（昭和四四年）

『ガメラ対大悪獣ギロン』（湯浅憲明監督・大映）

『緯度0大作戦』（本多猪四郎監督・東宝）

『ゴジラ・ミニラ・ガバラ　オール怪獣大進撃』（本多猪四郎監督・東宝）

一九七〇年（昭和四五年）

『ガメラ対大魔獣ジャイガー』（湯浅憲明監督・大映）

一九七一年（昭和四六年）

『ガメラ対深海怪獣ジグラ』（湯浅憲明監督・大映）

『ゴジラ対ヘドラ』（坂野義光監督・東宝）

一九七二年（昭和四七年）

『地球攻撃命令　ゴジラ対ガイガン』（福田純監督・東宝）

一九七三年（昭和四八年）

『ゴジラ対メガロ』（福田純監督・東宝）

『日本沈没』（森谷司郎監督・東宝）

一九七四年（昭和四九年）

『ゴジラ対メカゴジラ』（福田純監督・東宝）

一九七五年（昭和五〇年）

『メカゴジラの逆襲』（福田純監督・東宝）

02 制度としての国籍、生きられた国籍

佐々木てる

この調査によってプライバシーがもれることがないとありましたが、この郵便物の宛名に帰化前の名前が使用され、送られてくること自体がもうすでにプライバシーの侵害であり、当方もかなりショックを受けています。プライバシーを考えておいでしたら、せめて通称名又は帰化後の氏名をつかって頂きたかったと思います。（韓国・女性・三十五歳）

帰化しているにもかかわらず、前の本名、韓国名で郵便がきた。新しい住所で日本人として生活をしているのに韓国名で郵便がきて、びっくりした。どういうつもりで昔の名前で送ってきたのか知りたい。他の人にも同じように帰化前の名前で送っているのですか？　誰もがびっくりして気分を害していると思う。研究するなら、もっとその前にやり方を考えろ。（韓国・女性・三十四歳）

私はとても不愉快な思いをしています。なぜなら、私が帰化したことを誰一人知らないからです。誰も、私が日本人じゃないことを知らないからです。帰化前の名前で送られてきたので、もし間違って郵便配達されたら、近所の人に知られることもありえるのです。そのことがきっかけになって、差別をうけることもありえるのです。

もしそんなことになったらどうなさるのですか？

私みたいに、帰化したことを、知られたくない人も、たくさんいると思います。○○にのっているからと言って何も考えないで送らないでください。誰でも知られたくないことはあると思います。私たちの気持ちも考えてください。

はじめに――「調査体験から」

私が大学に行くと、研究室秘書のYさんが青ざめていた。聞

戦後日本の在日コリアンと日本国籍取得

1 出発点

一九五二年四月二十八日、法務府の民事局長通達により旧植民地出身者の日本国籍が一斉に「喪失」されることとなった。以後、現在にいたるまで在日コリアンは「外国人」として、様々な制度の壁にぶつかることになる。当時日本国籍を必要とした者は、帰化制度に従い日本国籍を取得することになった。帰化制度（一九五二年）が施行されると同時に国籍を取得した人は二八二名であった。在日コリアンの多くは「朝鮮戦争」、「北朝鮮帰還事業」を通じ、帰国か、日本に残るかで揺れ動いていた。そして一九六五年日韓協定を通じて協定永住権が保障されると、在日コリアンの多くが日本に定住するようになっていった。

2 在日コリアンと帰化

協定永住権が付与され、在日コリアンの日本社会への定着度はました。しかし彼らの日本国籍取得に対する嫌悪感は非常に強かった。特に朝鮮半島から渡ってきた一世は「朝鮮人」としての意識が強く、「なぜ頭をさげてまで日本人なる必要があるか」という考えがあった。また少数ではあるが「自分は日本人なのに、いつのまに日本国籍を剥奪されたのだ」と主張する人も存在した。いずれにせよ、「帰化とは差別からの回避であり、逃げだ」という考えが主流であった。結果、日本国籍を取得した在日コリアンは、日本社会からも在日社会からも疎外されるという状態が生じた。

一九七〇年、八〇年代を通じ、在日コリアンの社会保障制度が徐々に整備されてきた。また日本で生まれた第二世代が成長してくる。彼らの多くは家では「朝鮮人」としての教育を受け、外では日本社会に生きてきた。つまり両文化の狭間に立たされていた。彼らの持つ両義性は、実生活と国籍の矛盾、さらには二重のアイデンティティという問題を引き起こす。このような問題の一つの解として日本国籍取得者の民族名をとりもどす運動も登場する。また、日本人との婚姻率の上昇という背景もあり、在日コリアンの血統を持つ日本国籍保持者は社会的事実となっていった。

3 近年の傾向

一九九一年「特別永住権」の保障によって在日コリアンに対する社会保障はほぼ整備される。また第三世代が成長し、着実に日本社会の主要な構成員となってくる。三世の多くは自分の血統、民族的背景は「歴史」として学ぶことが多い。また視点も「アジア人」「地球市民」とグローバル化しつつある。そうしたなか、日本国籍取得者は一九九〇年代に入り増加し、一九九五年以降は年間約一万人近くが日本国籍を取得するようになる。その結果、日本国籍取得も一つの選択肢として徐々に認識されつつある。現在在日コリアン社会は三つの方向性を向いているといえる。一つは本国志向、二つ目は永住市民（外国人）志向、そして（日本国籍を取得する）コリア系日本人志向である。いずれにせよ「国籍」とは全ての選択肢において象徴的な役割を持っている。世界が国民国家単位で統治されている限り、国籍とはその重要性を保ち続けるであろう。

返信されてきた調査票

くところによると「苦情の電話が朝からすごい」らしい。その内容は、二日前に送った調査票の宛名が旧名（民族名）で書かれていたことに対するクレームであった[1]。幸い一番連絡が多かったのは初日で、その後三日間で計十二件の苦情で済んだ。しかし、返信してくださった調査票の自由解答欄には、旧名で送られてきた調査票に対するクレームが幾つかあった。それが冒頭の文章である。もちろん、調査に賛同する内容のものも多数あり、全体からみれば「表立った」苦情は僅かなものであった。

しかしながら、気分を害した人は潜在的にはもっと多数いたと考えられるし、重大な人権侵害を侵したという想いは今も残っている。また、その調査は大学の調査実習とも兼ねており、私は当時調査の取りまとめ役であった。そのためこの問題に対する実質的な責任は、調査に関わっただれより重いものだと思っている[2]。

ではなぜ、このような問題を引き起こしてしまったのか。ここ何年かその解を心のどこかで模索していたように思える。その結果、最近少しだけ思いつくことがある。それは個人的な資質の問題もあるが、そういった認識不足を作り出した「時代の被拘束性」や自分自身が関心に縛られている「関心の被拘束性」の問題である。そのような点に気づきはじめたのは、やはり現実に出自をずっと隠し続け、日本国籍を取得した人のライフストーリーを聞いてからであった。本稿ではまず自分の調査での失敗経験（認識不足）を、私のリアルな時代である一九九〇年代への認識から捉えなおす。そして次に、その認識とは何が間違っていたのかを、ある国籍取得者のライフストーリーを紹介しつつ、明らかにしていくことにする。

1　「今は昔」？

先行研究で何を学んだのか

通常どんな調査を行うにしても、事前に研究対象に関する勉強をするものである。当時の調査も例外なく、帰化制度に関する政府刊行物、国籍取得者の手記、在日コリアン[3]の意識調査に関する文献等といったものを収集し、ゼミで検討した。帰化制度、国籍取得に関する先行研究は主に、一九九〇年までのものが大半であった。まず代表的な著作として、金英達氏の『在日朝鮮人の帰化』(1990)が指摘できる。その内容は、日本の国籍制度がいかに在日コリアンに対し「日本人化」を求めてきたものであったかを立証しているものであった。特に、引用されていた政府刊行物には、日本が「単一民族」であるということを明記している箇所があった。次に在日朝鮮人社会・教育研究所『帰化』(1989)では、在日コリアン社会の中でも、日本国籍を取得することが「タブー視」されていることが指摘されていた。実はこれはかなりの驚きで、日本国籍を取得した在日コリアンが、同胞社会からも疎外された存在であることは知らなかった。例えば、民族名をとりもどす会編『民族名をとりもどした日本籍朝鮮人』(1990)では、日本国籍を取得した後に民族名を法的に取り戻した人の運動の経緯が書かれていた。そこでは日本国籍を取得した後は、同胞の運動への参加も拒否され、「スパイ」という疑いもかけられたことなどが書かれていた。つまり日本国籍取得者は日本社会からは「外国人」としてみられ、同胞社会からは「日本人」としてあつかわれる、いわば二重の疎外におかれているという印象を持った。

　こういった先行研究から、当時多くの知見を得た覚えがあるが、同時にそれは「昔のこと」のように感じたのも事実であった。というのも、これらの先行研究はすべて一九八〇年代後半に書かれたものであり、日本国籍取得者の調査を行った年(二〇〇〇年)から、約十年以上時間差があったからである。特に一九八五年以降は日本も国際化に向かい、新来外国人(ニューカマー)の到来を迎えていた。私が最初に出会った「外国人(労働者)問題」には在日コリアンは対象に含まれておらず、むしろ日系ブラジル人、フィリピン人、華僑などがその分析対象として注目を集めていた。また「内なる国際化」や国際交流が叫ばれ、「外国人」というカテゴリーはあくまで、一九八五年以降に来日した人々を想起させていた。例えば、移民研究やエスニック研究では、盛んに「多文化共生」といったことが指摘され、新来外国人の定住化が研究対象として注目をあつめている。いわば多民族、多文化を通じた、文化的・社会的な変容の承認と可能性が探求されている。このような現象面を見る視点の背景には、思想的な潮流・流行が存在している。例えば一九九〇年代後半では、国内の文化的な多様性をいかに承認するかという問題は、ポスト・コロニアル研究、カルチュラル・スタディーズなどと親和性があった。そして、そこで登場する主要なアクターは、ディアスポラやクレオールといった、文化的多様性を内包した人々であり、国境を越えて生きていく人々が中心に描かれていた。

　「開放」された文化的な主体がクローズアップされるとともに、在日コリアンの社会的地位やイメージが変化しているのも事実である。例えば、制度的な側面でいえば、一九九〇年には指紋押捺撤廃、一九九一には懸案となっていた三世以降の法的地位の安定化、つまり「特別永住者」の資格付与がなされた。また在日コリアンの政治的な権利を求める運動が各地方自治体で活発に展開され、「永住市民（デニズン）」（ハンマー／近藤 1999）としての地位が確立しつつある。さらに一九九〇年代は毎年一万人近くの在日コリアンが日本国籍を取得し、日本人との「国際結婚」も約九割に達している。つまり在日コリアンは社会的、文化的な意味でも日本社会との混交が進んでいるのである。その他アイデンティティの側面では、「在日系宣言」（夫 2004）や「在日韓国人の終焉」（鄭 2001）といった言葉が出てくるように、その生き方、考え方も多様化している。特に在日三世、四世のアイデンティティは、これまでの在日コリアンのイメージでは捉えられないものとなっている。もはや「民族として団結」といった言葉が、時代遅れのように感じてしまう雰囲気が充満しているような感じさえある。

時代に拘束されていること

一九九〇年代から研究を志した私にとっては、在日コリアンと「日本人」の溝はかなり埋まっており、彼らはまさに日本社会の一員だという感覚が強いといえる。時代背景、もしくは「時代の拘束性」のためか、漠然とではあるが「帰化タブー」といった言説は、現在は存在しないのでは、と感じていたのも事実であった。つまり、今回の根本的な認識不足、勘違いとは、先行研究で語られている世界は「今は昔」、という意識で捉えられていたことにある。先行研究で読んだものは「民族闘争」の物語であり、いわば運動の結果、在日コリアンの社会的解放を促した成功物語として捉えていたのだと思う。

　このような認識が芽生えた理由として、教育や勉強レベルで学んだことと、現実を知ることの違いを指摘できるだろう。例えば、近年の人権教育は目覚しいものがある。私自身は関東出身だが、特に関西地区出身者の多くは同和問題を中心に人権教育をしっかりと受けてきたという話も聞く。「差別はいけない」といったフレーズは小学生でも知っており、社会の一般常識ともいえるだろう。しかしながら、この視点はあくまで差別できる立場にいる側のものともいえる。もちろん「学ぶこと」自体は悪くないが、それは「差別され、排除されるのでは」と常に感じて生きてきた人の恐れ、立場の理解とは、やはり別の水準のものであろう。「相手の立場にたって」と言うことは容易いし、言われれば当たり前のように感じる。しかしながら、私自身の実感から言えば、この水準の違いを理解するのはかなり困難のような気がしている。実際、調査には大学学生中心ではあるが四十名以上が関わっており、当然「差別はいけない」「相手の立場」などということは考えていたわけである。また、ほぼ同年代の知り合いも同様の調査を行って苦情を受けている。その知り合いと後に話し共感したのは、「出自を隠そうとしている人がこんなにいるなんて、これが日本社会に対する彼らの見方で、現状なんだ」という感想であった。教育や勉強、さらには研究で学んだことと、現実とのギャップはやはり大きいものがある。

さて、二〇〇〇年に行った質問票調査の後、日本国籍取得者への聞き取りを二十人近く実施した。その中で、出自を隠しているという人にも何人か出会っている。紙幅の都合を考慮し、本稿では一人の事例を紹介し、私自身の認識の変化を記していくことにする。

2 制度としての国籍、生きられた国籍

私が坂本昇さん（名前はすべて仮名）に会ったのは二〇〇一年十月二十九日であった。最初に会って、ものの五分もしないうちに突然、涙を流し、声を詰まらせて話をしていたのが強烈な印象として今も残っている。聞き取りの場所は坂本さんのご自宅で、形式は一対一で、約四時間ほどおこなった。途中坂本さんの妻が仕事から帰ってきたが、挨拶をしてすぐにまた外出した。多少気を使っているようにも見えたが、用事があったようだ。坂本さんは一九三三年生まれ、私とは三十五歳も年が離れている。彼からみればかなり年下といえる私の前で、涙を流し訴えたかったことはなんであったのか。

坂本さんが国籍を取得したのは一九九九年で、帰化申請から許可までは約一年かかっている。これは国籍取得者の間では平均的である。[4] 家族構成は妻と子ども四人（全て男子）である。住まいは神戸近郊の市営住宅。妻、長男、四男はもともと日本国籍で、本人と子ども二人が今回日本国籍を取得した。なぜ家族内で子どもの国籍が違ったか、その理由は後に述べるが出生時の国籍法の規定に起因している。日本国籍取得時の理由は、「子どもの就職を考えて」であった。また坂本という名前は、婚姻した妻の姓である。それまでの通称名は秋元昇、民族名は陳徳在であった。そして坂本さんは、自分が「在日」であることをずっと隠してきたと語っている。

「日本国民」として生まれて――「朝鮮人とか韓国人とか言われる……、かなわんかったです」

次の会話は聞き取り開始直後のものである。聞き手の私は、まったくといってほど情報がなかった状態であった。話し始めると同時に涙した坂本さんを前に、困惑しつつ、呆然としていた自分を今でも思い出す。

S：……考えながら生活してきたというのが……。一番なんですかね、僕一番苦労したのは、世間でなんかあると、自分らのお父さんのこと、よう言われとったですから。ただそれだけですわ（涙）。それがなかったらやっぱり……。韓国人ということを喋ると自然と涙がでます。その（他の）苦労とか生活のなにがどうっちゅうことは、あんまり考えたことない

んですけど。やっぱり韓国人、親とか兄弟のこと言われると、もう自然と涙が出ます（涙）。そのほかはあんまり、表に出したことないから、そうでもない。

＊：ほとんど自分が、ご出身が韓国だということはお話したことは？

Ｓ：ないですね。あの大使館とか、民団なんかに行くということも少なかったですね。ここに、手紙、葉書なんかがようくるんですけどね。今はもう帰化したから来んようになったですけれど、前は毎月ですね。なんとなく、韓国人と親とかそれなりのこと言われると一番かなわんかったですね。

＊：なにかこう、周りで、周りの人にお嫁さんのこと？とかご兄弟のことを、なんかこう言われたりとか、そういう？

Ｓ：うーん。まあ言われて話ができんのがつらかったです。だから自然とこう、涙がでるっちゅうかな。自分たちは何でこんな悲しい立場に置かされないかんかな、と思う。そのほかはあんまりこう。この家内とか、子供の目の前でも、あんまり涙は出らんですけれども。（中略）僕は別に、（差別されたとか）何がどうっちゅうことはあんまり。ただ、なに言われるのも一番かなわんかった（のは韓国人と言われること）、だけであって……。

　こうして坂本さんへの聞き取りは始まった。この涙のわけに関しては、まとめで考察している。坂本さんの生活史を振り返っていくことにしよう。

　坂本さんは一九三三年（昭和八年）に熊本県に「日本国民」として生まれた。両親は当時、外地戸籍を持った「日本国民」であった。つまり在日コリアン一世である。父親は「軍事関係、飛行場を作る」ために日本へ連れて来られたらしい。その後、どのような経緯かはわからないが、山奥で「隠れるように炭焼き」の仕事をし、「生活ができるようになった」ので妻（母親）を日本に呼んだ。坂本さんは五人兄弟のうちの三男であった。長男、次男は朝鮮半島で生まれた。戦後、母親、兄二人、五男は朝鮮半島に帰っていったという。つまり父親、本人、そして四男の三人が日本に残った。

　父親とはあまり会話した記憶がなく、「もう怖いってイメージ」だけであった。「朝から酒飲んで」、「お袋なんかに怒鳴り」、近所でもうわさになっていた。そのような経緯もあって、母親は子どもをつれて朝鮮半島に帰っていったという。父親は、彼が二十歳を過ぎた頃、病気で亡くなった。また母親に関する記憶はほとんどなく、だいぶ前に韓国で亡くなったらしい。

　幼いころの記憶は小学校三年生くらいからしかなく、その前のことは思い出せない。その頃はすでに、熊本県から宮崎県に移り住んでいた。「学業のレベルは高い」方で、「ガキ大将」だった。「四年、五年、六年ってなったときは、もう自然と（周りが）いうこと聞いてくれる」ようになっていた。そのため学校でも「級長」になっていた。ただ、何かにつけ「チョウセンジン」と言われることに対しては悔しい思いをしていた。

S：（略）まあ、僕もこういう環境で。昔はあんまりこう、なんつうかね、「チョウセンジン」って言われて。差別は僕は受けてないんですね。（中略）たまたまその、級長いうとおかしいけど、昔の、今のあの、学級の何しよったですからね。ただその、（級長に）なるということに対しては、みんな他の者が、「なんやチョウセンジンが」って、こういう言葉がどっか……。「チョウセンジン」とか韓国人とか言われる……、かなわんかったです……。まあ、今、今でもやっぱり悲しいですね（涙）。

小学校卒業後は学校に通わず、働きはじめた。中学へ通いたかったが、父親に「いってもしょうがない」、「いじめられる」、「どうしょうもなくなったときに、もう自立、飯食えるようにしたほうがいい」といいと説得された。特に母親が本国に帰ってからは弟の世話や、食事の支度などもこなしていた。

＊：結局中学校には？
S：行かんかったですね。そいで、昔は小学校か、高等小学校二年ちゅうのが。あれは今みたいに、小学校集まって中学校になるのと一緒で、あっちもちょっと遠いとこいけばいいのね。／／＊：高等小学校。／／S：高等小学校。そこ、なんでかもう一年の夏やから、ちょうど終戦。なんかその頃は、学校はもうぜんぜん行かんかったとちゃうかな……。／／＊：当時の生活は、学校に行かないで……。／／ S：親父の商売と、結局終戦になるまでは学校いきよったんかなあ？終戦になるまでは、やっぱりその高等小学校ていうか、学校に行ったとおもいます。で、終戦になってから、もう学校はいかんがったですね。
＊：当時の学校教育とかはいかがでしたか？ 当時ですと、天皇陛下万歳とか、そういった教育だっとおもいますけど。教育勅語とか……。
S：教育勅語なんかも、暗記させられたし。ま、そういうことには一つも抵抗なかったですわ。別にできんかったからどうだっちゅうことはない。そんなのはもう、結局ないですもん。学業のレベルいうのは高いほうやったから。もう、何でもやりたいほうだいやってましたね。学業で、その、どうやったいうことは、全然ないですよね。だから、なんかあると、……ね……（沈黙、涙）。……だから、仕事、こっちに来ても、学生時代の思い出があるから。なんかあるともう、なんかしら違和感感じて。

国籍上は明らかに「日本国民」ではあり、学校教育も「日本人」として受けてきた。そして、そういった教育に対する違和感も当時はなかった。それどころか、成績もよく、クラスの中心的な存在であった。つまり日常生活では「日本人（国民）」として生きたのである。しかし時として「チョウセンジン」と名指される。それに対し、なにも言い返すことができないという経験が心に「しこり」となって残り続けている。もちろん坂本さんは自分が「日本国民」もしくは、「日本人」だと主張しているわけではない。しかし「チョウセンジン」と言われることの理不尽さは、形式的には日本人と同じ地位を持ちつつも、現実には差別されるという、いわば制度と現実の裂け目として捉えることができる。坂本さんにとってそのさけ目は広く、そして深いため容易に飛び越すことはできない。聞き取りの最中に何度か言葉を詰まらせ涙を流したが、それはそのさけ目を認識した瞬間であったような気がする。

　その後坂本さんは父親の仕事である「古物商」を手伝いつつ、十五歳くらいには経済的に「独立」していた。また弟も学校には通わずに、「自転車のテッチン工」で収入を得ていたという。そして「十九か二十の頃」に神戸へ一人で出て、本格的な独立生活をはじめることになった。

神戸で働く――「韓国人というハンデ」があったのでがんばってきた

　神戸に来た頃は、日雇いの仕事ばかりだった。特に荷役の仕事がいちばん「手っ取り早かった」。なぜ神戸を選んだかは、よく覚えていない。ただ神戸にくれば「仕事にありつけて、飯が食える」と思っていた。

　神戸は戦前から朝鮮人部落が多く有名であった。一九二〇年代初めから朝鮮人人口は増え始め、一九二三年朝鮮総督府の「朝鮮人渡航制限撤廃」でさらに増加し、一九二六年頃には一四〇〇〇名を越す朝鮮人が長田区に集中していた（金 1979：146）。一九三六年、神戸市社会課によって行われた『朝鮮人の生活状態調査』によれば、三、九二一世帯、約一万六千人が居住しており、土工を中心として生活を営んでいたと記されている。また生活は厳しく、ほとんどが借家（九五・五一％）で「……無教育に依る道徳的観念の低級さ、更に……尚社会悪発生の巣窟の如く見られ、鮮人問題対策の急を痛感せしめる」と書かれている。終戦間際の神戸の朝鮮人の様子は「無学の朝鮮人の多数が、土木工業現場での労働や港湾での沖仲士、あるいは西神戸のゴム工場とか、東神戸の製鉄所などでの雑役に従事していた」（同：147）。

　坂本さんはおそらく、学歴のない多くの朝鮮人が神戸で働いていることを噂で聞きつけ、熊本を後にしたのであろう。最初に泊まったところが、偶然に「韓国人」の家だった。その人から、仕事をまわしてもらったと語る。

　S：なんか行ってすぐ泊まったところがですね、韓国人の人やったんですよ。それもあとになってわかったんですわ。その時は知らんかったんですわ。その人がなんか仕事いうてきて、「この前の仕事いったらどうや」とか。そいで徹夜の仕事で、またいいお金くれよったんですわ。で、だんだんこうそこで（働くようになって）、今の東出町いうて、川崎重工の前に公園があるんですが、あそこで（住むようになって）。まあ、雰囲気はその朝鮮の部落やなあっていうのは感じとったんです。

仕事をしながら周囲の状況を徐々に理解してきたという。坂本さん自身は、在日コリアンであることを隠していたつもりであった。しかし外国人登録証の更新の際に、家の人に知られた。

S：あのとき登録証いうのは持ってて、それであれ、何年かに一回切り替えないかんようになってましてね。それでもう、一回か二回は自分だけで区役所に行って、内緒で。で、そうする間に、なんか、その家の人がわかってですね。その「登録なんかしてんのか」とか聞かれて。やっぱ僕も態度がそんなんやったんかなと思いますけど、別にそういうなに（態度）はしてなかったけど、「ちゃんと登録してんのか」って、聞いとったな。

このことを契機に、「民団」のことを知ることとなった。それまでは、民団がどこにあるのかも知らなかったらしい。「それまでは全然。僕もまあ、言わんかったし」。ただし外国人登録の更新には「ちゃんと行っていた」と語る。「でないと罰せられるけえ、刑務所はいらないかんということで。なんか、ましてや、あんた向こうに帰らないかん、送り返されるということで。そういう気持ちあったから、切り替えだけはちゃんとしとったんです」。

坂本さんが十八（一九五二年）の頃、国籍の一斉剥奪が行われた。それと同時に、外国人登録がはじまりその義務を怠った場合は、最悪本国へ強制送還になっていた。実際、外国人登録義務を怠ったものは裁判にかけられていた。そして最悪の場合、九州長崎の大村収容所[5]に収監され、強制送還されたという話は有名である。坂本さん自身は、国籍が剥奪されたことに関して、怒りといったものはみせていなかった。ただ、外国人登録の義務を怠ると「刑務所に入れられる」と実感していたのは伝わってきた。

その後徐々に仕事ぶりが認められて、下請けの仕事をもらい「人の段取り」も行っていた。しかし職場でも自分の出自を語ることは決してしなかったと語る。

＊：それはやっぱり小さい頃問題が。
S：そうやなあ、別に自分自身はあんまり朝鮮人や、どうっていう反感もたれたこともあんまりないんやけど、なんとな

くそういう……。自分の気持ちで。でもやっぱり（朝鮮人であることを隠して）仕事することはつらかったですね。どこか。子供うちはけんかしたら、何しとっても、そいですみよったですけど。大人になってからはやっぱり何かあったら、もうなんじゃってする、いうてましたからね。

＊：言ってくるんですか？　陰で何か？

S：言うてくるし、仕事がすぐおんなじように。あ、あいつは違う、朝鮮人ちゃうかなと思うたら、すぐもう「来んでもいいわ」ちゅうようなことを目の前で言われようたことあったからな。だから僕も絶対それは言わんなとおもっとったんやけど。

＊：そうなんですか。二回の職場でも、もうまったく。

S：うん、全然知られてないし、知らした覚えもないし。それよりも逆に、「あれに頼んだら、何でも、夜中でも徹夜でも仕事をしてくれる」っていう何があったからな。だからそれだけ、なんちゅうかな、逆にそういうことで反感もたれることがあったな。

＊：なるほど、しっかり働きすぎて。

自分で看板をあげることも考えたが、戸籍謄本のことなど考えるとできなかった。その後、長年の無理がたたり徐々に足の調子が悪くなっていく。特に「家を建てる」といった、建築現場での仕事が厳しくなっていった。そのため約三十年以上続けた「土木関係の仕事」を辞めざるをえなくなった。「当然、退職金はでなかった」という。ビル清掃員の送り迎えの職に就いたが、現在また足の調子を悪くしており、仕事には就いていない。来年（二〇〇二年）の誕生日から年金がもらえることになっている。

家族の国籍――「子どもの国籍が違った」

坂本さんが結婚したのは、語りから推測すると一九八〇年頃である。一九八〇年代は、「国際人権規約」（一九七九年）と「難民条約」（一九八二年）の批准に伴い、在日外国人に対する社会保障制度が整備されてきた時代である。特に指紋押捺拒否の運動、民族名をとりもどす運動等、在日コリアンの社会運動も活発化し、彼らの権利、更に言えば「存在」そのものが公的に認められはじめた時代である。そのような時代の流れが、一九九一年の「特別永住者」の在留資格へ結実していく。ただ、坂本さん自身は「社会制度についてはほとんど関知してこなかった」と述べている。現在は各種の社会保障制度を認識し、活用しているがそれは「妻がすべてちゃんとやってくれて」いるおかげである。

例えば、婚姻届からはじまり、国民健康保険、生命保険、年金の手続き、特に日本国籍を取得してからは、名前の切り替えなどこなしてもらった。坂本さんによれば、妻は「キリスト教徒（エホバの証人）」で、その影響からか、どこに行っても「みんなおおぴらに」言ってやってきてくれる。「隠すほうがおかしい」という。日本国籍取得に関しても、妻の勧めがあったことが大きい。子どもたちにも、生い立ちは話したことはない。とにかく「仕事をして、飯をくわせて」きた。それ以外は妻に任せていた。

＊：今の奥様とお知り合いになられたのはお見合いですか？

S：いや、偶然知り合って。神戸で喫茶店入ったときに、若い子が、今のお母さんや。それで知り合って、何、別に意気投合したわけでもないけど、まあ自然の成り行きで。まあおかげで、ほんでもなあ、うちの家内はようしてくれるけど。向こうの親兄弟はあんまりかんばしいないね。

（中略）

＊：（奥様は）もともと日本国籍の方？

S：はい、そうですね。あっちの、尾道の。……うちの家内はですね、女の兄弟が五人と、男、長男がひとり。男が一人で、あそこも多産系ね。

＊：ご結婚なされたのは、何年くらいですかね？

S：婚姻届けだしたのはいつかなあ。うち、お母さんやったんだけど、そのことはちょっとわからん。

＊：ああ、わかんないですか。

S：なにか、宗教の関係でですね、婚姻届出して、ちゃんと正式な夫婦やないと、なにか認められんとかなんとかいうことで、この「エホバの証人」っちゅう。

＊：あ、なるほど、そっちの系の方なんですか。

S：「エホバの証人」であるから、もう絶対、その入籍、婚姻届けだしてちゃんとしとかんとなんか「クリスチャンになれん」とかいうことで。「お父さん、一緒の籍入れてくれ」言うことで、まあ入籍、それまでは一緒に何年か暮らしとったですけどね。

坂本さんの語りの中で、子どもの国籍が違う話が語られた。この時、私自身は子どもの国籍が違うことを、あまり想定していなかった。

S：長男坊が生まれたのは。二十三か四かな。あれが生まれたときはまだ僕は入籍してないわな。入籍しとったら、この子も韓国籍になるはずやからな。今はどっちもとって良い、一番下の子はどっちとってもいいようになっとったから、その日本の国籍とったんです。

＊：一九八五年に、確か変わったはずですよね……

S：……で一番目は、僕は入籍してなかったから、日本籍。お母さんの籍に入っとったから、その長男は。で次男と三男は入籍してからやから、韓国籍になっとったやからね。

＊：あ、次男と三男は韓国籍になったんですか。

S：僕は入籍しとったから。子供は自然と親の籍に入るよう

アメリカ合衆国と日本のパスポート

になっとったんちゃうかな。／／＊：あ、そっか。／／Ｓ：で、最近、いつごろかな、あの一番下の子が、生まれた頃は、どっちを選択しても良いって言う話になって。／／＊：日本の籍に。／／Ｓ：日本の籍に。

ここは会話自体がかみ合っていないが、その点はまとめで考察することにして、まず事実関係を整理しておく。坂本さんは日本国籍を取得するまで「韓国籍」、妻は「日本国籍」、長男は「日本国籍」、次男、三男は「韓国籍」、四男は「日本国籍」であった。このようなことが起こった背景には日本の国籍制度の変遷がある。日本は明治期の国籍法成立から一九八五年の国籍法の改正まで、「父系優先血統主義」を採用していた。これは子どもが生まれた場合、父親の国籍のみを取得できるという原則である。つまり母親が日本人であっても、父親が外国籍者であった場合は、子どもは日本国籍を取得できないのである。この原則からいえば、坂本さんの長男は「韓国籍」であった。しかし、長男は婚姻前に生まれたので、母親の国籍を受け継ぎ「日本国籍」となった。次に次男、三男は婚姻後に生まれたので、「韓国籍」になったわけである。[6]

ところが一九八四年に法改正（施行八五年）がおこなわれ、国籍取得の原理が「父系優先血統主義」から「両系血統主義」へと変更された。そのため日本人の母親から生まれた子は「自動的に（強制的に）」、日本国籍が付与されることになった。つまり四男は「日本国籍」となったわけである。また四男は、韓国が「血統主義」を採用しているため、韓国国籍も同時に取得することができ、二重国籍になったといえる。ちなみに私自身は両親は日本人であるが、アメリカ合衆国で出生したため、合衆国のパスポートを持っていた。ただし日本では二十一歳時に国籍の選択をする必要がある。

また名前に関しては、法律上長男と四男は坂本（妻の氏）で、次男と三男は陳（夫の氏）であった。結局、一九九九年に坂本さんと、次男、三男はあわせて日本国籍を取得することになるが、それまでは二人の子どもは外国人登録を行っていた。つまり家族の意志とはほとんど無関係に、その時々の制度の規定によって家族の国籍がばらばらになったわけである（そもそも坂本さんは、生まれた時は日本国籍であったわけである）。坂本さんは自分の経験を鑑み、次男、三男が就職で苦労する前に日本国籍を取得しようと思い立った。

国籍を取得する――「ちょっと楽になった」

日本国籍を取得する理由としては「子どものため」であった。とにかく子どもが就職してから、「チョウセンジン」だと名指されることが「かなわん」と思った。妻は出自に関しても「そんなことないから言うたらいいで」と言うらしい。そしてつらいのであれば、日本国籍を取得したらどうかと、十年以上前から勧められていた。国籍を取得してから少し心情も変化したようだ。

S：とにかく人のことは言いたくもないし、また自分のことにもあんまり関心され（持たれ）たくなかったし。そういう生活してきたから。まあ、今は、ちょっと喋れるようになったんですよ、これ。今までは、近所の人におはようございます、いうくらいやったから。

＊：最近少し喋れるようになった、という理由、ていうのもおかしいですけれど。

S：やっぱり国籍を取得してからちゃいますかねえ。

＊：やっぱ、そういった意味では大きかったんですかねえ？

日本国籍を取得してから過去を振り返ると、もう少し早く国籍を取得してもよかったと感じることもある。とにかく、自分の出自をひた隠しにしていたことが伝わってくる。特に「家内」にも隠していたという語りが象徴的だった。

S：家内の言うこと（聞いて）、もうちっと早かれしとったら。まあ、ちょっとは子供に対しての接し方も違ったやろうかなあ。今言うたように、僕は子供に、韓国籍いうことを一切いうたことないし、知られたくもない。免許証なんかも見せたことないんです。で免許証の切り替えいうのは、三年ごとか、行くのにも、うちの家内にも、あんまりわかるまでは。入籍するまでは、全然。

＊：じゃあ、奥様にも、入籍するまで（言わなかったの）ですか。いつぐらいに、わかったんですかね。

S：ま、入籍……、子供が生まれる頃。その代わり、うちの家内はしっとったらしいけどね。

＊：さすがに。

S：でないとですね、その家のこととか、自分の子とか、自分の生い立ちのこと一言も話さんちゅうひとはおらんちゅうわけですよ。

＊：なるほどね、それはそうですよね。

S：「たとえ一つでも自分の話があるはずや」いうて、それを……。

＊：きっと何か。

S：だからそういうのは、早うから（気づいていた）。そいで、僕が寝てる間に免許証見たことがあるんやて。で、もう知っとるけど、僕が言わんかぎりは、何も。まあ今になって、言うてますわ。この前、免許証切り替え行くときにわかったかなあ。で子供達に。お母さんあけっぴらでなあ。とにかく正直に、今でも、何でも正直に子供達には言うてる。

坂本さんが国籍を取得したのは、一九九九年である。この年の日本国籍取得者数は一万五九人。一九九五年以降は毎年約一万人が国籍を取得している。一九九〇年代後半は在日コリアンの日本国籍取得者数が飛躍的に増加した時期であった。また、一九九八年には民統連（民族差別と闘う連絡協議会）で「在日コリアンのこれからの生き方」について討論が交わされ、そこではいままでの「帰化タブー」も見直す議論が出されていた。

もちろん坂本さんからそういった活動に関する語りはない。単に国籍取得の理由を「子どもがいなかったら帰化してなかった」と述べている。しかし、時代の雰囲気は伝わってきていたのかも知れない。坂本さんの語りからは、妻は様々な面で彼を支えてきたと同時に、時代の伝搬者の役割も果たしていたように思える。先にも述べたが「妻はあけっぴら」で、今の時代はもう出自を隠す必要はないと常々言っているらしい。そういった影響、さらには国籍を取得したことで、少しずつ自分のことを話せるようになってきたようである。

また坂本さんにとって民族的な意識はほとんどなかった。「韓国」というのは、自分の中の小さな固まり、しこりといったようなものであったようだ。

＊：人によっては、民族的な誇りとかあると思いますが……。そういうのは。

S：そうですねえ……。

＊：ご自分にとって、韓国というのは、どういう国なんですかねえ？　単なる外国……とはちょっと違う？

S：（略）とにかく今までは、家族、家庭を守るのに一生懸命でそんなことなんか考えたことがないですね。皆それぞれいろんな生き方があるんやろうけど。

僕はその、いまだに免許証のあれ（名前の書き換え）は、まだになってますな。もう役所の書類はみんな、坂本になってますけど。免許証だけが、まだ陳になって。せやから、まだ帰化したいうその何（実感）はまだ。人にはまだ見せられんことがあるから。選挙なんか行くと、坂本で選挙事務所から来るようになったから、おおっぴらに選挙行ってきたいうことはいえますけど。免許証も（誕生日が）二月の十七日ですから、来年（二〇〇三年）の、年初めにはもう名前が変わるから。それになって初めて、まあ帰化されたんやなあという。日本人になったんやなあという。だから、今の韓国がどうや言われてもぴんとこんですね。

＊：何か、心の中にあるものですか？　そこにある、国とし

ての韓国、じゃなくて、何か。心のなかに、韓国籍というか。

S：そうやねえ、小さい塊みたいなのしか僕はないですね。

＊：何か、しこりでもあったりするんですかね

S：そんなかんじの。一つの国が、国籍がどうじゃいうのは。第一僕はもう、ただの国籍が韓国であって、僕自身は一つのなにもないし。

（中略）

＊：帰化して、少ししこりは？

S：ちょっと楽になった。楽になったいうだけで、どう変化したかいうことは。

坂本さんにとって、これまで重要であったのはただ必死に生きることであった。その時に、「韓国籍」や「日本国籍」といった意識はあまり問題にならない。つまり考える余裕もなかったのである。在日コリアンの戦後の歴史は、権利獲得の闘争史と考えることができる。しかし、その先頭に立っている人々の背景には、圧倒的多数のサイレント・マジョリティが存在する。坂本さんもその一人だといえる。国籍、民族より生きていくことが重要だった。ただ日本国籍を取得した後、少し心のしこりがとれたことも事実であった。

3 聞き取りを振り返って

今回、この論文のために私はテープを聞き直したが、現時点から当時のこと振り返ると、多少気づいたことがある。そういった点も含め、あの時坂本さんが訴えたかったことは何だったのか、そしてそれを聴いていた私は何を考えていたのか振り返ってみる。

会話のズレ

まず、テープを聞き直すと何カ所か会話がかみあっていない部分があった。これは、その時々によって様々な理由があるのだが一つ例をあげて、その理由を考察してみる。

まず、子ども国籍に関しての会話を振り返ってみたい。この会話を聞き直すと、どうも私は、知識と想像力の落差に直面しているようである。つまり私は知識として一九八五年に国籍法が改正されたことは知っていた。しかしながら、その結果として兄弟の国籍が変わることなどはあまり想定していなかったといえる。聞き取りの最中は、いったいどういうことが起こったのかと、私自身かなり混乱していたと思う。当然、本文中の制度史の解釈はあとから調べ直し、整理したものである。その結果、兄弟の国籍取得の違いは法制度の規定により必然的に生み出されたものだと解釈できた。しかしそれはあくまで、後から

の解釈である。

　では会話の不自然さはどこからくるのか。まず決定的に違うのは、坂本さん自身は子どもの国籍が、兄弟の間で違うことについてあまり違和感を覚えていないのに対し、調査者である私はそこで立ち止まっていることである。そのため坂本さんは過去の記憶を遡り順番に話を進めようとしているのに対し、聞き手としての私は制度のことを考え出していたのである。坂本さんは「生きられた国籍」の文脈で話をしているのに対し、私は「制度としての国籍」の話を考えている。つまり坂本さんにとっては、制度以前は非常にリアルな話であるが、私にとって制度の混乱の話に聞こえているのである。このように国籍が違うということに（過剰に）違和感を覚えた理由の一つとして、研究上の関心が「国籍制度」にあったからといえる。つまり最初から私は、坂本さんを「帰化した人」として見ていたのであり、そのため研究関心に非常に拘束されていたわけである。

　当時の私は、博士論文の資料収集のためといった、情報収集の意識が強かったような気がしている。しかしそのスタンスで見る限り、多くのものが観えてこないのも事実である。例えば、なぜ坂本さんが涙を流したのかという問いがそこにある。

涙のわけ

　今から思えば坂本さん自身、出自をずっと語らないようにしてきた背景にあるものを、なかなか語れなかったのだと思う。では彼が本当に語りたかったことは何であったのか。

　坂本さんの制度としての国籍は「日本国籍」「朝鮮」「韓国籍」「日本国籍」と変化してきた。しかし坂本さんはそういった制度的な身分の変化にはあまり関心をもって来なかった。同時にまた彼にとってはどのような国籍を生きてきたかは自己表現されなかった。つまり生きられた国籍は彼にとって、「韓国人」でも「日本人」でも、「朝鮮人」でもなかったのである。積極的に「○○人」と表現することはできない。むしろ逆に、「日本人」ではない、「韓国人」でもないという否定型で成立していたと考えられる。そして小学校時代に「チョウセンジン」と名指されたことの違和感、悔しさに直面したことや、差別される人を目撃したことが、さらに出自を語りづらくさせていったのである。こうして考えていくと、坂本さんは国籍を生きることができなかったといえる。聞き取りの最初から最後まで聞き直しても、「自分は○○人」という表現はない。坂本さんの中には自身のアイデンティティとして、在日韓国・朝鮮人や、在日コリアンというイメージがない。逆説的に言えば、この国籍を生きてこられなかったという事実こそが、彼にとっての「生きられた国籍」の問題であった。

　坂本さんにとって「制度としての国籍」は常に現実とは別の次元の問題であった。坂本さんにとって現実的な「生きられた国籍」の問題は、自己の存在自体を他者から認められたい（一生懸命生きてきたこと）と同時に、存在を成立させているアイデンティティは知られたくない、もしくは特定できない（出自を隠してきた）という葛藤の問題であった。そして国籍を取得した今、ようやく坂本さんは国籍を生きるきっかけを得たのかもしれない。

こうして考えると、坂本さんが本当に語りたかったことは、生きてきた事実そのものだったような気がする。坂本さんは自分自身を表現することを、これまでずっと抑えてきたのである。今回の聞き取りの機会とは、つまり生きてきたということを表現する機会だったのではないか。彼の口から何度か表現される「ただがんばって生きてきた」「一生懸命がんばってきた」という言葉の重みはそうしたところから来ている。そして本当は国籍を生きてゆきたいという渇望が涙を流させた気がする。

おそらく坂本さんに対しては、十年前（一九八〇年代）には聞き取りはできなかったような気がする。国籍を取得した後だったからこそ話してもらえたと感じている。つまり「制度としての国籍」の変化が「生きられた国籍」を表現する契機となったのである。今の私は坂本さんにとって、「制度としての国籍」と「生きられた国籍」がシンクロする、その瞬間に立ち会っていたのだと感じている。坂本さんにとって国籍の問題は継続してきたものでもあり、同時に新しく始まった問題だともいえる。

まとめ——認識の変化

本稿の出発点は、調査での失敗の背景にある認識不足の問題を、聞き取りの経験を振り返りつつ明らかにしていくことであった。最後にまとめとして時代状況と研究関心の被拘束性、そして特に調査を通じて感じた調査対象者の内的時間の継続性について述べておく。

まず自分自身が拘束されていることへの気づきであるが、これは第一に「時代の被拘束性」というものであった。一九九〇年代に研究をはじめた私にとって、在日コリアンが抑圧され、その状況に闘いを挑んできた人や、じっと耐えてきた人の歴史は、私にとってはそれほどリアルなものではなかった。もちろん誰もが、そういった時代状況の制約のもとで思想を形成していくが、違う時代を生き抜きその中で思想を形成してきた人々への配慮は忘れてはならない。そのことにまず気づかされた。

次に聞き取りでのやりとりを振り返って、感じたことは「関心の被拘束性」であった。聞き取りに行く際に、ある目的意識を持っていくのは当然である。しかし、それにとらわれすぎるということはよくある。私自身、当時は博士論文執筆のためという目的があり、かなり即物的な解答を求めていたように感じる。関心にこだわりすぎると、聞いていても、聴いていない状況が生まれてしまう。特に質問票調査というものは、たいてい知りたい関心事がはっきりしている。そのため、人の生の文脈はとりあえず不問とするのが常である。そういった場合、あまりに研究者の関心が先走ると、調査すること自体が人権侵害になるおそれもある。このような意味でも「関心の被拘束性」は私にとって、今後の調査における課題として認識された。

　最後に上記のような二つの被拘束性だけではなく、より重要であったのは対象者の内的時間の継続性への気づきであった。有名な言葉で「水俣はまだ終わっていない」というものがある。つまり通常外部者からは、最高裁での判決がくだり、制度が改革された時点で社会運動の目的は達成され、問題は「終わった」ように感じる。しかしながら、当事者にとってはそれで問題がすべて解決するわけではなく、心の解放はその後の永い時間をかけて行われていくのである。今回の事例で言えば、日本国籍を取得したことですぐに何かが変化したわけでも、これまでの苦労が報われたわけでもない。また、制度に関しては〇年〇月〇日施行となればその日から変わるが、生活や気持はすぐに変化するはずもない。つまりあたりまえのことではあるが、その人の存在、内的な時間は継続しているのである。そのことに実感として気づいた時、先行研究では点としか見えなかったものが、少しずつではあるが線となって見えるようになってきたのである。

　もちろんこれらことは、今回の事例だけでなく多くの人に聞き取りを行った結果考えてきたことである。そして現在私が聞き取り調査において必要としていることは、具体的事実のみを抽出することではなく、生きていることの継続性、「存在の継続性」を聴くこと、観ることだといえる。それを今回の事例でいえば、「制度としての国籍」への認識と「生きられた国籍」への認識の違いであり、両者がシンクロする瞬間を捉えることの重要性への認識だと言えるだろう。

注

1　ここでは日常的に使用している場合が多い日本的な氏名（通名）に対し、本名（外国人登録上の氏名）を民族名（例えば、金、陳、李といった氏）と呼んでいる。ただし、最近では民族名を積極的に名乗る人も少なくない。日本名を使用する理由としては、昔から使用していたことや、差別を回避するためなど幾つか理由は指摘できる。また帰化行政は、一九九〇年初頭頃まで日本国籍取得に際し、日本的氏名に名前を変えるよう指導していたが、現在は行われていない。

2　本稿は、調査で生じた問題に対する責任を、時代の問題を理由に回避しようとしているのではない。どのような認識の素地が旧名で手紙を送ることに対し抵抗を持たせなかったのかを述べていくものである。つまり自らの失敗を社会学的に捉えなおす作業といえる。

3　在日コリアンという表記は、在留資格で規定されている「特別永住」者のことをさしている。もちろん、なんらかの理由で「特別永住」資格を剥奪された人もいるが、その人達も含んで考えている。また当時の資料や文脈、語り手の用語をそのまま使用する時は「在日朝鮮人」「在日韓国・朝鮮人」など使用している。

4　国籍取得者の帰化手続きにかかる期間は、半年以内が約二六%、半年～一年が約二〇%、一年～一年半が約三二%、それ以上が約二二%となっている。（前掲、駒井・佐々木編）。

5　大村収容所は、正しくは「大村入国者収容所」といわれ、長崎県大村市古賀島にあった。一般には韓国、ないし北朝鮮から正規の旅券を所持しないで入国した者を、本国に送還するために、一時的に送還船を待つ場所であった。しかし実際は、在日コリアンを強制退去させるために使用されていたとされている。「日本のアウシュヴィッツ」といわれるくらい実態はひどく、刑務所よりも環境は悪かったらしい。詳しくは、朴（1978）参照。

6　坂本家の家族の国籍は次のようになっている。

続柄	名前の変更	出生年	国籍の変遷
父親	陳・秋元→坂本	一九三三年	日本→空白（朝鮮?）→韓国→日本（帰化）
母親	坂本	一九四八年	日本
長男	坂本	一九七七年	日本
次男	陳→坂本	一九八一年	韓国→日本（帰化）
三男	陳→坂本	一九八四年	韓国→日本（帰化）
四男	坂本	一九八六年	日本・韓国（二重国籍）

通常「父系優先血統主義」では、子どもの「父が知れない場合」と「父が国籍を有していない場合」に、その子供は日本国籍を取得することになる。「父が知れない場合」とは要するに婚外子のケースである。坂本家の場合は、「父親は知れ」ていたが、おそらく子どもの将来を考えて、あえて認知届けをださなかったのであろう。そのため長男は「日本国籍」になったと考えられる。

ついで、戸籍上の問題であるが、坂本夫婦は法律上婚姻関係を結んだため、正式な夫婦となった。しかし夫が外国人であるため戸籍の夫欄には坂本さんの名前は記載されず、「身分事項」の欄に結婚した旨が記される。そして、その後生まれた子供二人は、母親の戸籍の「身分事項」の欄に夫と並び記されることになる。その後国籍法がかわったため、四男は再び母親の戸籍に子どもとして記載されることになる。つまり、同じ子どもであるが、戸籍上の扱いが変わってくるのである。（なおこの件に関しては二〇〇五年三月七日、つくば市役所の戸籍課の人に確認をとった。忙しい中対応してくださった方に、この場を借りて感謝の意を表したい）。

参考文献

夫徳柱 2004「私の『在日系日本人』宣言」『論座』、朝日新聞社、一九八―二〇三頁

金英達氏 1990『在日朝鮮人の帰化』明石書店

金慶海 1979『在日朝鮮人民族教育の原点』田畑書店

金泰泳 1999『アイデンティティ・ポリティクスを超えて　在日朝鮮人のエスニシティ』世界思想社

駒井洋・佐々木てる編 2001『日本国籍取得者の研究』筑波大学社会学研究室

神戸市社会課 1936『朝鮮人の生活状態調査』

民族名をとりもどす会編 1990『民族名をとりもどした日本籍朝鮮人』明石書店

朴ミリ・フォン・ユミ・キョンギ 1978『パパをかえして！〃大村〃の壁に泣く幼い在日朝鮮人兄妹の悲痛な祈り』風媒社

トーマス・ハンマー／近藤敦編訳 1999『永住市民と国民国家』明石書店

鄭大均 2001『在日韓国人の終焉』文藝春秋

在日朝鮮人社会・教育研究所 1989『帰化』晩聲社

03

「デカセギ」の十五年

日系性を生きる道

酒井アルベルト

1　問題の所在

現象としてのデカセギ

日本社会はここ十五年余りという比較的短い期間で様々な変化を見てきたが、その中で最も記すべき出来事の一つはいわゆるニューカマー（新来）外国人の増加であろう。そしてとりわけ目立ったのは、ブラジル、ペルー、アルゼンチンをはじめとする南米諸国の出身者の急増である。数的データから見れば、日本在住の南米出身の登録外国人数は一九八五年（約三千六百人）と二〇〇三年（約三十五万人）とのあいだに百倍近くの増加を示しており（総務省統計局2005）、日本における第三のマイノリティ・グループをなすに至っている。

この流入に対するマジョリティ（日本人）社会の反応は、接触の度合いや個人的な態度によってもちろん様々であるが、特に彼ら（以下、「彼女ら」も含む）との関わりが薄い場合はいくつかのイメージが今でも根強く流布していると言える。まず一つは出稼ぎ労働者としてのイメージである。故郷から離れて、製造業などで日本の労働者が就労したがらない仕事（いわば3K労働）に従事せざるを得ない事態に陥った「かわいそう」な存在とみなされながら、同時にその理由によって敬遠されることもある。

また、南米出身者の多くは「日系人」（すなわちかつて南米へ移住した日本人の子孫）であるのがもう一つの特徴である。しかし、大洋の彼方から歴史を超えてやってきた「日本人」に一種の親近感を覚えた人もいれば、日本人らしい容貌をしていても性格などの面では彼らは「やっぱりガイジン」であることを確信した人も多くいるため、外国人に対するネガティブなイメージが付与されることは少なくない。

他方で、学問の世界は南米から日本への動きを一つの「現象」

「デカセギ」の意味の変遷

　本稿はデカセギの起点を一九九〇年の改正入管法施行に置いているが、中南米とりわけブラジルから日本への文字通りの「出稼ぎ」渡航は少なくともその五年前からみることができる。デカセギ「前史」とも呼びうるこの期間に渡ってきた人びとは、主に日本国籍を有するいわば「日系一世」の男性だった。その当時使われていた「デカセギ」という単語は、「故郷を離れて遠くへ働きに行く」という本来の日本語の意味に由来しており、母国の日系社会は概してその動きを否定的に評価していたのである。

　それに対して、現在ではその負の意味合いが薄まったといえる。故郷を離れること、そしてブルーカラーとして労働するという意味に変わりはないが、今の「デカセギ」は国籍、階級、エスニシティ、ジェンダーなどを横断する一種のアイデンティティを表すようになったといえる（ちなみに、ローマ字表記はdekassegui, decassegui, dekaseguiなど、言語や文脈によっていくつか存在する）。

　その背景には、デカセギの経験と状況の変化が大きく影響している。初期のデカセギはバブル経済期のため、非熟練労働といえども頑張れば毎月五十万円は稼げる時代だった。二、三年で多額の資金を貯蓄して母国で事業を起こす「成功者」のイメージが広がるにつれ、デカセギの肯定論が定着したのだ。

　他方で、改正入管法以降は三世までの日系人とその配偶者たちが自由に就労できることになり、短期間で貯金する目的以外の動機で渡る人たちも増加し、その年齢やバックグラウンドも多様化したのである。また、日本人の子孫を受け入れる政策には明らかに血統主義に基づいた日本の国民概念が影響しているものの、非日系人である配偶者、混血の日系人、さらに「偽日系人」も含まれることになり、「日系性」を相対的に見直す必要が生じた。

　さらに、一九九二年以降は景気の低迷に伴い多くのデカセギ者は挫折を経験するようになる。賃金の低下や雇用条件の悪化などによって、最初に予定されていた目標の達成が困難になり、多くの場合は滞日期間を延長せざるを得ない状況になった。しかも、不況期の下請け工場は柔軟に調整できる労働力としてデカセギ者を求め続けたため、彼らのあいだでは「使い捨て」扱いされている感覚が広がったといえよう。

　以上をまとめると、一方では社会的経済的に便益を得る手段としてのデカセギの正当化、他方では日本滞在の長期化、人びとのバックグラウンドの多様化、そしてエスニシティに対する相対化によって、ラテンアメリカ出身の労働者は自ら「デカセギ」を集団概念として使うようになったのである。

　最後に特記すべき点は、母国語（ポルトガル語やスペイン語）を使ういわゆるエスニック・メディアや、デカセギ経験から生まれた音楽や文学など様々な文化的表現もこの言葉の普及に大きく寄与したことである。

として捉え、経済・法律・社会・文化などの側面から構造的にその現象の「原因」や「実態」を解明しようと試みてきた。[1] そのような研究が「日系人労働者」の流入に対する理解に貢献しているのは疑いのないことである。しかし、「現象」を経験している当事者がどのようにその経験を語っているのかについてはあまり言及されていない。研究者はフィールドワークを行う際に当事者と出会っているはずであるにも拘わらず、研究報告でその出会いが反映されることは稀である。[2] 移住の諸プロセスを客体化することは調査上有用な作業ではあるものの、そのプロセスは当事者の人生の経験であることを見落としてはならないのだ。

本稿の目的は、在日アルゼンチン人のサイトウ氏（仮名）のライフ・ヒストリーを通じて日本への移住プロセスに「現実味を加える（"giving flesh and bones"）」（Plummer 2001：248）作業を行いつつ、日本における「日系人」という身分について考察することである。

デカセギのストーリー

二〇〇四年三月に産業雇用安定センターが出版した『日本で働く日系人のためのガイドブック』の日本語併用のスペイン語版には次の序文が記されている。

> もともと日本では外国人労働者の就労は認められていませんでしたが、一九八〇年代後半からの日本の経済発展、および少子高齢化に伴う労働力不足を補足するために、外国人労働者の就労は必要不可欠な課題となり、結果として、日本にルーツある日系人の人々を優先して入国を許可するという政策がとられるようになりました。（略）そして現在、経済が停滞した厳しい状況の中でも、第一次、第二次産業及びサービス産業等第三次産業の土台を支える労働力として、日系人の存在は日本社会において必要不可欠なものとなっています。（略）当初、日系人は単に収入を得るための出稼ぎという目的の他に、日本は自分達の祖国であるという特別の思い入れをもって入国しました。（略）また、事業主の側でも、日系人は日本人の子孫として、日本人の同様な考え方、行動様式をもっているものと過大な期待を抱いていました。
>
> しかし、時間がたつにつれ、日本と南米各国との社会構造、思考方法、生活慣行の相違から、労使双方についてさまざまな問題が生じてきたのです。
>
> 多くの日系人にとって、日本の現実は、両親や祖父母から聞かされていたことなどから、自分の思い描いていた日本の姿とは相当乖離しており、厳しい就労状況もあって、日本社会への適応ができずに、悩み、期待を裏切られて、帰国を余儀なくされた人もいます。（10-12）

この文章は、在日日系人労働者の移住の顛末を凝縮して説明していう通念的な物語である。すなわちデカセギ経験のモデル・ストーリーとして考えることができる。日本は非熟練労働者の受け入れを公認していないにも拘わらず、一九九〇年六月に「出入国管理及び難民認定法」の改定と法務省告示第百三十二号が施行されたことによって三世までの日本人の子孫とその家族が活動制限の無い在留資格を得ることが可能になり、結果として数多くの南米出身の日系人が人手不足に悩まされていた日本の製造業——主にその下請けの中小企業の工場——の労働力になったのである。南米から日本への出稼ぎの萌芽は八〇年代後半に見ることができるが、改定入管法は散発的だった流れを増幅し、決定的に「現象」的な規模を与えたのである。[3] したがって、行政機関が日系人に向けて出版したものという点では、上記の文章に特に大きな意味がある。なぜなら、「日系人の人々を優先して入国を許可する」ことに労働力不足を補うための理由があったことを認めることになるからだ。

このように日本の労働力として「選別」された（福田 2002）三世までの南米出身者をとりあえず本稿で「日系人」と呼ぶことにする。[4] 簡単に言ってしまえば、政府の受け入れ政策にのって労働しに来た人々である。配偶者もいるため血縁上「非日系」と言われる者も含まれるし、様々な国の出身者を一括りにすることにもなるが、「日系人」の概念を統一した人間類型として見なすためではなく、本稿が扱っている特定の文脈においての制度的な意味合いを強調するためである。また、日本にデカセギに来る当事者の経験を「デカセギ」[5] と呼ぶことにする。そういう意味で「デカセギ者」は「日系人」を指すことになるが、後者の制度的なカテゴリーと違って前者はあくまでも個人の経験を表そうとしている。「遺伝子的」に日本人の血を引いている意味での「日系人」の場合は、その特徴（例えば「日本人の子孫」）を明記する。

もう一方で、日系人が日本で抱えてきた問題は「文化」の相違に起因するものだという見解も広くモデル・ストーリーの一部分として見ることができる。引用文のように、日本人の子孫であるから日本社会に適応しやすいだろうという双方の「期待」が「裏切られた」ことが日系人の悲劇として語られることが多い。さらに、「厳しい労働状況」とは初期の頃に顕著だった劣悪な労働条件（今でも未解決な部分がある）のことであると推測できるが、日系人像につきまとうもう一つの特徴にも言及しているといえよう。それは、特に日系ブラジル人の中では母国で中産階級に属していた者が多くいるため、日本で製造工程の技能職に就くことは「職種のミスマッチ」（佐野 1996：40）が生じることになる。

このような物語は行政や学問による一方的な解釈ではなく、多くの当事者がこのようにデカセギを経験していると言える。しかし、「日本で働く」という側面と、「日本と母国の差異」という側面以外に、デカセギはいかなる経験なのか。モデル・ストーリーの語りは決して誤ったストーリーではないが、逆に、見えにくい側面に注意を払いながらサイトウ氏のライフ・ヒストリーを見ていくことにする。

2　母国の語り

サイトウ氏の生い立ち

サイトウ氏のデカセギのストーリーは代表的なものではない。まずは「属性」の面からそう言える。ほとんどのデカセギ者はブラジル出身であるのに対し、彼の出身国はアルゼンチンである[6]。来日した一九九一年には既に五〇歳になっていたが、それもデカセギ者の平均を大きく上回る年齢である。後述するが、彼の語りに現れる考え方や価値観にもモデル・ストーリーに回収されない部分がたくさんある。しかし、他のデカセギ者と同様、「日系人」という立場におかれて日本に労働者として来た。まずは生い立ちを簡単にまとめよう。

サイトウ氏はブエノスアイレスの郊外にある労働者の町J地区で生まれ育った。日本の東北出身の父親は、二〇世紀初期の日本からアルゼンチンの移住の流れとは別に、個人で世界中を回ったそうである。貨物船舶の乗組員として様々な国を遍歴した後、ある日スペインに寄港し、嫁になった女性とそこで出会った。結婚後、夫婦は当時発展の一途をたどりつつあったアルゼンチンに着き、ブエノスアイレスに定住した。サイトウ氏から見れば、父親は孤独な人で、あまり友達がいなく、余暇は家族と時を過ごすことが好きだったと言う。また、アルゼンチン日系人の大方と違って沖縄出身者ではなかったためか[7]、ブエノスアイレスの日系人社会との付き合いが薄かったようである。

サイトウ氏の幼児・少年期は、周りの「普通の子」のように家族に囲まれて育った。学校に通いながら余暇の時は友達とサッカーをして日々を過ごし、思春期に入るとロックンロール・ダンスに熱中した。十五歳頃から、イタリア人経営の小さな工場や馬の飼育場など職を転々とし、二十三歳の時にフィアット社の下請け製造会社に工員として入社した。

一九六八年に結婚し、ちょうどその頃から工場での就労と理髪学校での勉学が両立するようになった。二年後に自分の床屋を開き、五年のあいだ二つの仕事を掛け持ちした。それにしてもどの仕事も怠ることなく、会社での評判は高かった。数年後にやがて床屋の収入が工場の給料を上回るようになったものの、「二つの給料をもらって生活することに慣れちゃって、どっちも辞められなかった」と語っている。しかし、一九七五年に会社が人員の再編成を行うことを発表し、それを契機にサイトウ氏自ら解雇を申し出た。むろん、退職金を狙っての行為だった。しかし、最初は会社側がそれを拒み、裁判まで起こしたという。

その後、床屋に専念し、商売を拡大することに挑んだ。八〇年代には床屋や美容院だけで三店舗を経営していて、従業員は五人いた。スポーツセンターも営むことになり、武道の先生が三人とダンスの先生が一人働いていた。さらに、友人の共同出資でチュロスの製造所をも設立した。しかし、この成功の中でもサイトウ氏は自分を労働者として見なしていたと述べている。具体的に、彼は「労働者」たるものを次のように定義している。

> S：しかし、その当時でも私は自分が商人だとは思っていなかった。私は労働者だった。真の商人と言うのは、私が思うには金なしで商売する人だよ。金ある人は私にとって商人ではない。労働者だ。金を色々なものに投資しても、結局労働する者。でも、本物の商人というのは一銭もなくてもビジネスができる。空白の小切手を使ったり、不渡り小切手を出したり、ぺらぺら色んな人に語りかけてね。

ここまでのサイトウ氏の人生は、一見その後の移民の体験とは直接結びついていないようであるが、経験を語る上では重要な背景である。というのは、後述のストーリーでも見られるように、彼の労働に対する考えが一貫して語りの中核をなしているからだ。しかし、労働者というのは実態的な概念であってサイトウ氏は本質的に労働者であるから労働者特有の価値観に基づいた経験をしている、という主張ではないことを予め断っておきたい。ラクラウとムフが示したように、「労働者階級」の主体性は多様な諸位置を統一する言説として構築されたのであれば（Laclau & Mouffe 1985=2000：184）、ストーリー領域における「労働者」は語りを構成するシンボルとして考えることもできるだろう。八〇年代にサイトウ氏は「客観的」に中産階層に上昇したと言えるほどの富を集めたにも拘わらず、労働するか否かを基準にして彼は労働者としてのアイデンティティを表明しているのだ。

アルゼンチンの崩壊

移住の一つのプッシュ要因として、母国での経済危機が典型的に挙げられる。南米大陸の場合も、経済状況の悪化は八〇年代後半からどの国においても通底するのである。サイトウ氏の勝訴は、その当時のアルゼンチンは安定した国だったとは言えなくても、多少の社会的保証がまだ維持されていたことを反映している。その後のアルゼンチン情勢を端的に説明すれば、経済的には市場の自由化と激しい投機が超インフレと多額な対外債務を生じさせた一方、社会的には労働条件の柔軟化と組合活動の弱体化が進められていた。それは、一九七六年からの軍事独裁政権の暗黒時代はもとより、民主主義の到来でも状況は悪化する一途であった。

八〇年代の前半は、アルゼンチンの通貨とドルとの為替レートを固定する対策によって、幻想のような景気の短期バブルを迎えた。しかし、そのシステムは長く耐えることができず、一九八六年にはドルが暴騰し、アルゼンチンは月間三桁のハイパー・インフレ率に直面した。

サイトウ氏もほとんどの店舗を売却せざるを得なくなり、第一号店の床屋だけを営む状態に戻った。それにしても、サイトウ氏本人は生活はできていたので心配していなかったと言う。彼にとっての真の悲劇は、子供たちの将来に展望がなかったことである。社会保障が崩壊していたため、不景気の中で失業率が上昇した問題だけではなく、国民の多くは仕事の収入のみでは生活できないという悲惨な状況が生じた。[8]

その状況の中で、毎日食事することができて履物を「今日は無理なら明日」買うことができたサイトウ氏は、むしろ幸運の側にいると考えていた。それに対して、農場を経営していた娘夫婦はその給料で食費をまかなうことしかできず、青果店で働き始めた長男は職場までの交通費相当の給料しか支給されていなかった。軍事政権の時代から、（政治亡命を兼ねての）他国への移住という現象は、アルゼンチンでは既に日常茶飯事だったが、八〇年代後半からは脱走に近かった。そして、人々にとって一番手っ取り早いのは、スペイン、イタリア、イスラエルなど、血縁上の理由でビザの取得がしやすい「祖国」へ行くことであった。

一九八九年のある日、サイトウ氏は他の日本人子孫の友人から、日本政府が日系人を受け入れる政策を予定していること（前述の改定入管法）、そして出稼ぎを斡旋する業者が既に存在していることを聞いた。ほとんどのデカセギ者にとっては、このような斡旋業者が日本への窓口になっている。特に初めての渡日の場合は、書類手続きの仲介や渡航費の立替というメリットがあるため、今でもこのルートに頼るのが普通である。日本に着くと人材派遣会社や業務請負業者（以下、総じて「派遣会社」）と契約を結び、間接雇用として工場へ送り出されるのが大半を占めている。バブルがはじけてから人手不足はさほど著しくないと考えられるが、このシステムによって雇い主にとっても正社員削減や生産の増減に合わせた労働力調整というプラスの面がある。特にコストダウンに敏感な下請けの中小企業にとっては、労働力を自由に増やしたり手放したりできることが競争のキーになっている（丹野 1999）。

日本に行く理由

サイトウ氏はその頃ブエノスアイレスで日系人の採用を行っていた一つの斡旋会社を訪れた。まず従業員の人に次のように話したという。「日本に行かせてくれ。今は一ペソも払えない、コーヒーすらおごることができない。でも向こうに行かせてくれたら何でも払ってやるよ。私は労働で払う」。また、日本に行く決意についてこのように説明している。

S：子供五人が生活できるような場所を求めていた。子供のために、人間の尊厳にふさわしい生活水準を得ることができるような場所を。（略）労働者になるのなら、それは運命が決めるものでしょ。他のことをできる人なら、アルゼンチンにいてもどこにいても大丈夫だろうけど、彼らは労働の道を歩みそうだったから、少なくとも労働者として落ち着いた生活を送れるような場所でね。家族を養って、子供に教育を与えることができること。それだけだよ、労働者はそれ以上望めない！　息子に理髪の職を教えようとしたけど、彼は好きじゃなかった。私はアルゼンチンでそれしかできないけど、工員になりたいのなら無理やり理髪師にならせるわけにはいかないでしょ。でもアルゼンチンでは貧乏な工員にしかなれなかった。

イシ（1997）が記述したブラジル人デカセギ者像は、母国では高学歴でミドルクラスであった者であり、その地位を維持（獲得）することのできる賃金を求める労働者である。したがって、文化的差異より、労働者へ「下降」することから発生した階級的アイデンティティの葛藤のほうが重要な悩みだと述べている。子供が労働者として生活できるような場所を求めに来日した、というサイトウ氏の動機はデカセギのもう一つの側面を呈している。その後の展開がどう語られているかを見ていくと、デカセギ自体を一つの目的としてではなく、多様で無数な目的を束ねる手段として理解したほうが良かろう。

手続き（1）――苗字

移住のプロセスは書類の手続きから始まる。そして、与えられた就労のチャンスというのは、換言すればそのチャンスの対象になる条件を満たさなければならないことを意味する。日系人の場合は、まず日本人の子孫であることを証明する必要がある。戸籍謄本など日本人と血縁関係があること、またはそのような人と結婚していることを証明できるような書類を揃えなければならない。また、日本にいる親族（身元保証人）からの手紙も必要である。

サイトウ氏はその手続きの時に初めて自分の出生証明書を目前にした。すると、彼が生まれてから使ってきていた「サイトウ」とは異なる苗字が記載されていることが発覚したのだ。そこには、祖母の独身の時の苗字「ワタナベ」が表記されていた。母親に問いただすと、サイトウ氏が生まれる時に、アルゼンチンと日本の姓名表記の違いによって役所で混乱が起き、誤ってワタナベという苗字で記録されたことを知ったのだ。しかし、その他の書類は全て本来の「サイトウ」として届け出を済ませて特に問題がなかったため、出生届の件を放置しているうちに、両親は次第にその「ささいな」事件を忘れてしまっていた。だが、生まれた時の苗字と父親の苗字が一致しないため書類上彼の「日系性」は証明されておらず、斡旋業者から採用手続きを中止すると言われた。

サイトウ氏は法廷で出生届の名義変更を求めたものの、最初はまず却下された。出世時にワタナベだったのなら変える必要がないと裁判官が判断し、サイトウ氏の願いに耳を貸さなかった。無論、これは納得できるような結果ではなかったが、訴訟するための資金がなかったため、さじを投げる寸前だったようである。しかし、床屋の顧客の中に弁護士会のメンバーがいることを思い出し、その人に相談した。その後の流れをこう語っている。

S：それから、あの弁護士会を通して控訴して（・）／／
＊：はい／／あの裁判官に訴訟の再審請求をした。なぜかというと（・）私はこのままではいられなかったから！　ワタナベは出生届上でしか存在しなくて、サイトウは出生届はなかったけど、結婚していて、学校にも通ったし、学校の預金口座も持っていたし（・・）高等学校まで通ったんだ。

このストーリーを聞くと、「移住の手続き」についての話であることを忘れてしまうことがある。確かに最終的な目的は日本に渡る条件を揃えることであるが、一回手続きに踏み切ると、そのプロセス自体に独自の力学があるようにも見える。それに巻き込まれたサイトウ氏は、斡旋業者―役所―法廷を往来している中で、常に「日本」や「生活の改善」を意識して行動しているとは考えがたい。もともとは親の記入ミスであったものの、法的に架空の人物「ワタナベ氏」が存在するという滑稽な状況や、それを裁判官が認めることなど、一つひとつの問題を解決していかなければならないのだ。さらに、長男は最初から書面上「サイトウ」であったため、サイトウ氏自身より先に日系人と認定されていたのも皮肉極まりない。

手続き（II）——顔

最終的にその同じ裁判官に記載氏名の変更を認めてもらい、ようやく書類が揃ったと思いきや、新たな問題が起きた。今度は、斡旋業者から「十分日本人の顔をしていない」ため、派遣先の工場では働けないと告げられた。サイトウ氏は、その時の呆気と憤慨の入り混じった気持ちについてこのように語った。

S：外国人の顔だから採用されないと言われた時、本当に絶望した。「お前らくたばれ！」と思ったね（・・）もう取り返しがつかないでしょ？　あんなに長いあいだ、あっちこっち、あっちこっち書類の手続きをした末に日本人の顔していないからと言われるなんて（・）日本人の顔していないかも知れないけど、子孫であることには変わりないでしょ？／／
＊：うん／／それなのに、もう（日本に）来るのが不可能になっていた。つまり、あの人（斡旋会社の従業員）は私の日本に来る機会を奪ったのさ。あの工場では無理なら他の工場を探してくれれば良かったのに、あの野郎は何もしなかった。

このように、外見が日本人に似ている者を採用すること、言い換えれば人種上の採用差別はその当時頻繁に行われていたことだったようである（丹野 1999：37）。サイトウ氏に起きたようなトラブルを避けるために、書類問題のケースが少ないブラジル人の採用を優先する工場が多いとよく指摘されるが、異質なものを排除する思想も確かにあった。それについて、ある工場の責任者がこう述べていた。「パキスタンやイランの人と比べると、日系人がいたほうが職場の調和が乱れない」（Ishi 1994：37）。しかし、サイトウ氏の怒りは日本の制度や慣習にではなく、特に斡旋会社の従業員に向けられている。なぜなら、法律上サイトウ氏は日本に行く条件を満たしていたにも拘わらず、「実際に」行くことは結局その従業員個人の判断次第だからである。

　その時はあまりのショックで日本に行くことを完全に断念しようと思っていたサイトウ氏だったが、「怯まないで他の斡旋会社と話してみたらどうだ」と長男が提案した。長男のほうには以前から他の工場で働く可能性があったため、彼が先に日本に働きに行き、その後機会が訪れた時に家族全員が渡ればいいと考えたのである。息子の前向きな気持ちに励まされたサイトウ氏はその提案に同意し、まずは長男が渡日することになった。そのあいだサイトウ氏はいくつかの斡旋業者と連絡をとっていたが、半年後に来た念願の連絡は結局最初の会社からだった。

　S：ある日、突然（最初の）斡旋会社から自宅に電話が来て、「あなたの末っ子の息子たち（双子）はどんな感じですか？」と聞かれた。「十四歳です」と返事したら、「体はどうですか？　大きいですか？」、と。私は、「まあ、年齢にしては結構身体は大きいと思いますけど、十四歳ですよ」。「写真を持ってきて下さい」と言われて、同じ日に息子たちと一緒に事務所へ行った。それで、ある工場に写真を送ってみると約束してくれたんだ。

　そして、数日後にようやくY県の工場に採用されたとの通知が来た。長男以外、家族全員が同時に日本に渡ることになった。サイトウ氏とその妻、息子三人、娘夫婦と孫二人、そしてサイトウ氏の兄とその妻、計十一名。一九九一年の冬のことだった。彼は次のように感想をつぶやいた。

　S：全てを思い出すことはできないけど、実際に起きたことだ。色々あったなあ。最後の頃は長男と一緒に、毎回中心街に行ったり来たり（・）気が狂いそうだった。他の人ならここまでやっていなかっただろうね。こんなことで二年間は長い期間だよ。

　では、ここまでのストーリーの重要点を次のようにまとめることができる。

　1　この渡日の手続きは「移住の過程」の一部であると同時

に、日系性に直面させるようなプロセスでもあること。無論、前述したように各個人のバックグラウンドや以前からあった日系人としての経験や定義は様々であり、書類手続きは通常サイトウ氏のように災難に満ちたものではない。逆に、そのプロセスの結果として、「私は日系人でよかった」と期待を膨らませることになるかもしれない。しかし、それが書類でしか証明しえないものである以上、大なり小なり「日系」の恣意性を余儀なく自覚させるものであろう。

2　しかし、書類だけではなく、顔立ちや外見（つまり、法的には定められないもの）に基づく日系性という側面もある。日本へ渡るための条件としてのこの日系性は、単に日本人の子孫であることだけで保証されるものではない。この側面は、手続きの段階で恐らく「純粋な」日系人は経験しないものだと推測できるが、多くの人びとは経験しているといえよう。

3　また、「結局制度は個人の実践に委ねるものだ」ということにサイトウ氏が自覚的であることが重要である。名前の変更と最後の「顔」の語りからも分かるように、裁判官や斡旋業者らとのあいだで（時には協約の形で、時には敵対関係の中で）法や制度が実践されていくのだ。

最終的に十四歳の子供たちの「たくましさ」が家族全員の労働力としての価値を上げることになり、そのお陰で皆ようやく日本へ渡ることが出来たということは、「デカセギ」が人間を商品化していくプロセスの生々しい描写として捉えがちだが、サイトウ氏は決してそれを否定的に捉えているわけではない。むしろ、「デカセギ」は一つのチャンスである。しかし、その法的なルールにしたがっても約束された見返りがないこと、不誠実な相手の思うがままに振り回される状況がその時期の第一の不満であった。

3　日本の語り

恐怖（一）

前述したように日系人労働者はまず観光ビザで入国し、航空券などの諸費用は斡旋業者が立て替えるのが通常の流れである。そうすると採用が決まれば直ちに日本へ渡ることが可能になるメリットがある。もっとも、当時のほとんどの先駆者たちにとっては未知の世界への旅立ちのようなものだった。サイトウ氏が語った家族一行の日本入りの思い出は、そういった冒険じみた経験と同時にその時代の比較的「自由」な雰囲気を感じさせる。

S：ここで何が必要になるのか知らなかったからね。先に来ていた長男のためにアルゼンチンのチーズやサラミも持ってきたし。その当時は全然気付かなかったけど、荷物を検査されていたら（・）「こんなキッチンセットを持ち込んで、一体どういう観光客なんだ?」（と言われていただろう）ははは。
＊：ははは。
S：想像できる?　そのまま帰されていたかもね。
＊：ええ。
（略）
S：どっちみち、あんなキッチンセットを贈る観光客っていないよね。ピザ焼き器は一個じゃなくて十二個だよ!
＊：ははは。

成田空港のロビーに到着した時、あるペルー人女性がサイトウ家を待っていた。その人物は、デカセギ語として定着している「タントウシャ」だった。基本的に二種類のタントウシャがいる。通常はかつて工場現場で働いていた者で、請負業者の従業員として通訳や生活の支援の仕事を務めるケース。そして、普段は工場現場で働きながら、追加の小遣い稼ぎ（そして仕事の息抜き）として随時新人の送迎の仕事をする人。今回のペルー人は後者に当たる。その出会いについて、サイトウ氏はこう語った。

S：工場の社長の代表として（ペルー人女性が）来て、スペイン語を一言も話せない運転手が一緒にいた。「あなたたちアルゼンチンの家族ですか」などと挨拶した後、当時四歳と五歳だった孫娘たちを見て、いきなり「お気の毒に」と言い出したんだよ。独り言のような感じでね。「かわいそうな子供たち、なんてことを」。こうやって、私に直接話していたわけではないけど、声を出して言っていた。//＊：ええ?//そこで私はもう癪に障ってきて、何想像したか分かる?「カパンガ」って聞いたことがあるかな?

カパンガとは、南米諸国では耕地の支配人・用心棒を指す単語である。主にアルゼンチン、ブラジル、パラグアイの文脈では、十九世紀から二〇世紀初頭までに農産労働者として働いていた新来ヨーロッパ移民の逃亡を警戒し、その労働者らを奴隷扱いしていた。すなわち、名目上では雇われている事実上の奴隷のことである。現在でもブラジルで似たようなケースが発覚され、タントウシャの発言があまりにも強烈であったため、未知の世界である日本にもありうる話だとサイトウ氏は恐れた。

S：奴隷にされると思い始めたんだよ、「一体孫がどうしたんだ?」とね。カパンガ野郎が（・・）家族一同がそこにいたんだから、逃げられる方法がないか考え出した。あの人は「お気の毒に」と言い続けていて、本当に怖かったよ。完全に恐怖に駆られていた。
＊：ええ。
S：急いで、私はその女性に何のことなのか聞いてみた。そしたら、向こうは「ええ、雪が膝まで」とか、「鉄だらけ、鉄

だらけ」と言い出した。それでまた「お気の毒に」、「かわいそうな子供たち」。どうすればいいのか私は悩んだ。ワゴン車に乗るか、それとも乗らないで運転手にそのまま帰れと言うか。

＊：もちろん。

S：で、ワゴン車に全員乗った時に、私は「一体どういう仕事なのですか？」と聞いてみた。それで彼女は「鉄鋼業です、溶接工。鉄だらけ!!」と答えた。当たり前だろ！　プラスチックとかがあるわけないでしょ？「一体この人どうしたんだ？」と思ったけど、その時点で、ようやく彼女の真相が分かったんだ。アホっていうか、単なる馬鹿だったんだよ。

＊：ええ。

S：ずっとワゴン車で会話を聞いていた兄貴がその後言ってたんだけど、私が少しでも降りる身振りをしていたら彼も一緒に飛び降りるつもりだったと。ペルー人が話していたことに対して彼もすごく怯えていたから。

＊：でしょうね。

S：でも、「妻としか来てない君が怯えていたのなら、家族全員を連れてきた俺の気持ちを想像しろよ！」と私が答えた。狂気になっていたよ。

このストーリーが物語っている「誤解」の原因は何だったのか。まず、明らかに浮上するのは労働に対しての価値観の食い違いであろう。サイトウ氏の家族が「鉄鋼業で働く」ということは、あのペルー人女性にとって「かわいそう」な事態だった。単なる仕事に対する評価の度合いの差ではなく、互いに対立しているアイデンティティまでが日本の玄関口成田空港で衝突したのだ。彼女が上記のような発言をした理由を、サイトウ氏はこう解釈している。

S：彼女は騙されて（日本に）来たのかも知れないんだよね。それで何を期待していたのか知らないけど（・）まあ、だから変な思い込みしちゃって現実からかけ離れたことを想像しちゃう種類の人間なんだよ。それでここに来て、鉄鋼工場で働く羽目になって、鉱滓を処理したり、棒や鉄の掃除をしたりね。彼女はペルーで教師だったらしいんだけど、想像してごらん、ここに来て自分の品格をさげるようなひどい仕事をやっていたから、その鬱憤を私に晴らしたんだ。

＊：なるほど。それは彼女の（・・）挫折だったということですね。

S：そう（・）なんだろう、彼女のボケだよ、単なる馬鹿のボケ。

＊：ええ。

S：でも、私の心境はといえば、本当に一九世紀にいて家族全員がカパンガの奴隷になっていた感じだった。

ペルーの女性は母国で教師の仕事をしていたようで、日本で「過酷」な労働をさせられるとは想像していなかったのだとサイトウ氏は解釈していた。他方では、同じ仕事に対してサイトウ氏は恥も不満も感じなかった。むしろ、鉄鋼業の現場を恥として捉えるのがその女性の愚かさを表していることであった。なぜなら、それこそが「デカセギ」の意味で、彼女は「現実からかけ離れたこと」を期待していたからだ。興味深いことに、サイトウ氏は前述したモデル・ストーリーに近い、一般的に認識されている日系人労働者像（元々地位が高く、日本では「厳しい就労状況」に置かれた者）を使って彼女を描写している。そして、それを覆してむしろ「勘違い」していたように解釈した。その時奴隷にされると思ったサイトウ氏は、車でY県に着くまでの移動を地獄のように感じたであろう。

> S：目的地に着いた時に日本人が迎えに来てくれて、なんと（社長の）オクサンだったんだよ。//＊：うん// 何て優しい人だったんだろう！　そう、その時ようやく肩の荷が一気に下りた。//＊：ははは// でもそこに着くまで、あのペルー人とね、信じられないほど凄まじかったよ

同じステータス・異なるステータス

このように、サイトウ氏はモデル・ストーリーが描く日系人像と距離を置いて移住の経験を語っている。ここでまず確認できるのは、文化の違いではなく、むしろ仕事や地位に関するアイデンティティの相違から生じる対立があること、そしてその差異化は日本に来る以前からあったことである。例えば、ブラジルにおいては非日系人に対する日系人の偏見や、北部出身者に対して南部出身の人が抱く差別意識などがそのまま日本へ移植されたとイシが述べている（イシ 1994：47）。他方、ペルーの場合も日系・非日系の区別が甚だしく強いとされている。日本にデカセギに来たペルー人男性の自伝でも、その「生粋の日系人」と「混血」または「非日系人」の区別に関する場面が描かれている。

> 新居に移ってから一週間後、家の手伝いをするよう（シルバに）注意した。すると、彼は心に積もっていた怒りをぶつけた。「あなたたち二世は、人種差別者だ！」。その時、シルバは混血、つまり「アイノコ」としての身分を苦にしていたことが私に分かった。すなわち、複雑な劣等感を抱いていることを隠せなかったのだ。（略）しかし、我々「正当な子孫」と容姿の悪い「アイノコ」たちも、同じステータスである、つまり単なる外国人だ（Higa 1994：144）。

タケナカ（2003：227）が引用するペルーの日系人コミュニティ新聞プレンサ・ニッケイでは、在日ペルー人デカセギ労働者を次のように分類している。それは、正真の日系人（nikkei ver-

浜松市のブラジル食品店の前でカラオケやバーベキューを楽しむ男性たち（撮影：Ricardo Yamamoto）

daderos）、混血日系人（nikkei mestizos）、「チチャ」と呼ばれる偽造日系人（nikkei falsos）、そして不法人（ilegales）である。つまり、デカセギを認定する基準が日系性であるがゆえに、その「遺伝子的」な度合いによって日本に滞在する権利が序列化されたのである。日本人の子孫であれば日本で働く権利が皆平等に与えられるように見えるため、こうした緊張感は表に出ないことが多い。しかし、自伝の引用のように、このような緊張感の中で日々生きていくと、どんな瑣末な摩擦でも露骨な対立を生じさせる可能性を潜めているのだ。

日本で生活すること

ブラジル人を対象にした先行研究ではデカセギ日系人の生活実態が描かれているため、それに関してここでは詳しく記述しない。それより、サイトウ氏によるその生活の評価を見ることにする。まず際立つのは、日本を全面的に肯定する彼の姿勢である。その気持ちの基底にあるのは、日本の穏やかさであると語っている。

S：二人の孫を除けば、十一人中、九人が突然仕事を得た。完全に人生が変わったことでしょ。

＊：そうですね。

S：子供たちが自分の金を持つことができるのは、父親にとって最高の喜びだよ。その後の人生は自分たちで決めなければいけないけど、少なくとも仕事がないとね。それに日本という場所は穏やかで、悲劇も危険もなく（・）親にとってそれは最高の喜びであるし、私はそれを求めていたのだ。だから、自分は運が悪いとは思わないな。商売をするためには運が悪いかもしれないけどね、成功しないから、ははは。でも家族と生活する面では、幸運な人だと言えるね。ブラジル人が言うように、幸運な「カーラ」（＝奴）。」

最初は三年間貯金してから帰国するか、またはその後スペインに移るということも検討していたようであるが、最終的に日本に定住することを決意した。最近の統計でも半分以上のブラジル人はいずれ帰国することを希望している、というデータとは対照的である（樋口2005：261）。さらに、日本の現状ないし日本に来たことについて、サイトウ氏は終始一貫高い満足度を示しており、日系人労働者の中でしばしば問題視される事柄に対しても、あまり困っていないようである。一般的に「日系人問題」と呼ばれているそのような事柄の例を取り上げながらサイトウ氏の対応を見ていこう。

まずは派遣会社や斡旋会社などの「仲介業者」とのトラブルが、労働問題の中で一番に日系人を悩ませてきたことであり（国際協力事業団1993）、パスポートの取り上げ、賃金のピンハネ、渡航費の罰金化などが頻繁に起こっていた。現在はかなり待遇が改善されたようであるが、搾取的な側面が完全に払拭されたわけではない。しかし、高額な返済債務は重大な問題でありながらも、サイトウ氏はそれを問題にするどころか、生活水準の向上の証として見なしている。「ここに着いたら（費用返済に）月に十万円払っていた。月に千ドルだよ。アルゼンチンではコーヒーもおごることが出来なかったのに。紛れも無く、私にとって桁違いの変化だった。私と子供たちのために救済のようだったよ」。

日本にいる日系人ないしその他の外国人がよく口にするもう一つの不満は、日本人からの差別である。サイトウ氏自身は日常的にそれをあまり感じていないものの、兄は多少差別を受けたと言う。それは兄が二重国籍を持っていることに起因すると述べている。

S：でも彼は日本語を一言も話せないから、日本人にいじめられてたんだよ。何でパスポート持っているのに日本語話せないかを日本人は理解できないらしくて。

＊：いじめってどういうことですか？

S：いじめというか（・）扱いがね、分かる？　扱い方のこと。

＊：他の従業員から？

S：いや、違う。上司とか、派遣会社のボスとかだったらしい。

＊：そうですか？

S：そう。

＊：あなたには、そのようなことはなかったんですね。

S：私は違う。っていうか、あったとしても言葉が分からないから気にしないさ、へへへ。

＊：ははは。

また、「適応」などの問題もないようである。日本語はあまり話せなくても、「生活するためには片言で十分」であり、回りに他のアルゼンチン人がいなくても大丈夫だと語っている。このように楽観的な見方を持っているサイトウ氏であるが、彼の唯一の絶望は、最初の工場から与えられた住まいの便所である。「アルゼンチンの辺鄙な田舎にもない」ようなその汲取り式の便所を思い出すと、「これで先進国だなんて、神よ勘弁して下さい」、と嘆きをぶつける。

繰り返し述べてきたように、労働者として選定された日系人たちは、それぞれ異なる国や背景を持っている。しかし、彼らは同じ職場、同じ住宅地、そして同じ余暇の場で出会い、ある意味では「強制的共生」のような状況に置かれている、という点はあまり強調されていない。「文化」や「階層」の相違から生まれる「葛藤」のようなものがあることを否定はできないが、同時に、工場のラインやブラジル料理店では豊かな「多文化的」環境が生まれるのも事実である。

サイトウ家も九四年からそのような環境を実感するようになった。それは、長男が一人で住んでいたX市に家族全員が移り、既に存在していた大きなブラジル人コミュニティとの出会いである。女性が「人と話す時に口を手で隠す」Y県と比べて、「路上の看板までローマ字で書いてある」X市の外国人受け入れ体制に驚いたと言う。その背景にあるのは、日常生活における「国際化」の程度の差だけではなく、各自治体の外国人受け入れへの取り組みの格差である。

サイトウ家は現在ほとんどブラジル人としか付き合いがなく、充実したブラジル人向けのビジネスやメディアとの接触によって、余暇や食事の面では彼らの日常生活に「ブラジル的」な要素を取り入れているように見える。スペイン語で行われたインタビュー中に、サイトウ氏はポルトガル語の単語を頻繁に使っていたことも、そのブラジル文化との交流を物語っているといえよう。

恐怖（II）

しかし、このように形式上ブラジル人コミュニティに吸収されつつあるような状況はとても興味深い現象ではあるが、その下にある人間関係を理解するためには、はたして所与の「文化」を尺度にする必要はあるのか。インタビュー終了間際に、サイトウ氏は違う視点を示唆した。それは、かつてサイトウ氏が自宅に椅子と鏡を用意し、南米出身者向けに理髪の副業を始めようと思っていたが、公営住宅であるためそれを諦めたというストーリーから始まる。

S：結局市役所とのトラブルに繋がりそうだったし、ビザに関して悲劇を招きたくなかったからやめた。いつもそれが怖かったんだよ。

＊：そうですか。

S：もちろん。なぜかというと、私は全てのものを努力して勝ち取ってきたからだ。そんなに運は良くないし、もしかしたら不運になるかもしれないでしょ。何かが起きてビザを更新できなくなること。いつもそれを恐れていた。今は永住ビザを取得したから大丈夫だけど、一昔前まではなかった。
＊：配偶者等の、日系人ビザとは違って？
Ｓ：いや、日本に永住するためのビザ。永遠と。
＊：そうしたら、今は全然＝
Ｓ：＝そう、全然問題ない。家内も大丈夫。子供たちはまだ書き換えをしていないけど、私は皆やるべきだと思う。今後日本もどうなるか分からないし。ある日突然、入管の人に「君の顔が気に入らないから更新させてやらない」と言われたらどうする？　もちろんそれだけでは済まないけど、弁護士の所に行って訴訟の再審請求をしなければならないでしょ。
＊：え？　でもそれは（・）
Ｓ：起きたことがあるよ！
＊：既に起きたことですか？
Ｓ：そう、ブラジル人に。ビザを更新できないって。「自分は子孫だし、全て揃っているのに、なぜ更新できないの？・」。結局弁護士に行って、更新を申し入れて最終的に大丈夫だったけど、つらい思いをしたよ。強制送還寸前だった。どうしてそんな経験をしなければならないの？　例えば、家族がいたら。君は独りなら全然違うけど、例えば私の子供一人でも送還されたら（・）
＊：そうですね。
Ｓ：一体私はどうすればいいの？　気が狂ってしまう。
＊：人生を台無しにされますね。
Ｓ：もちろん、台無しになる。平穏な生活ができない。

浜松市のブラジル人学校でシンデレラの本を読んでいる生徒たち（撮影：Ricardo Yamamoto）

意識的か無意識のうちかはともかく、この最後のストーリーは今までのトピックを圧縮した形で表出していることが興味深い。アルゼンチンに置き去りにしたはずの「悲劇」や「危険」が蘇り、日本で得た「穏やかな生活が」崩れる恐れがある。自分は運がいいと以前の節で断言していた自信は、このストーリーでは跡形もなく消えた。さらに、十四年前に経験した「顔」の問題と、「再審請求」までが再現する。

しかし、ここで注目したいのは「怖かった」あるいは「恐れていた」という表現である。成田空港で奴隷にされると思って感じた恐怖感と違い、ここでは将来への不安、永住ビザを得るまで常に待ち伏せていた危機感のことだと解釈しても妥当であろう。優遇されているはずの「日系人」カテゴリーは、実際安心できるような立場ではないのだろうか。

4　日系性をめぐる問題

資格

周知のように、一九九〇年以降に次々と施行された入管法改定（一九九七年、一九九九年、二〇〇一年、二〇〇四年、二〇〇五年）は、不法入国の範囲の拡大、不法在留罪の新設、処罰の強化など、日系人といわゆる「先進国」出身者以外の外国人にとって日本への入国と滞在が難しくなった（丹羽 2002）。永住許可の取得条件が緩和されて日系人にとって日本は（少なくとも法的には）出入りしやすい国になるにつれ、その下層に位置するガイジンの不法化プロセスも同時に進行している。裏を返せば「日系人」という資格の貴重さがより明らかになったといえるが、他方ではその資格の恣意性の怖さが浮き彫りにされた。サイトウ氏もそれをよく実感している。彼の妻は（血統的な意味での）非日系人であるため、日本に滞在する彼女の「権利」はサイトウ氏自身に依存しており、例えば「私（サイトウ氏）が死んで家内が永住者ではなかったとしたら、ビザを更新できない」ことになる。前述した滞在資格の序列化が家族の中に持ち込まれると、この問題はもはや他人事ではなくなる。その上、「不法」の領域に入ってしまうため、その解決には正式な手段に頼ることが困難になり、表面に出にくい場合が多々ある。

実際に他の日系人と話をすれば、滞在資格の「揺らぎ」が絡むストーリーを耳にすることがよくある。親が離婚して日本育ちの子供が在留資格を失い強制送還される話や、国籍を得ることができない赤ちゃんが保険に加入できないことなどバリエーションは多いが、大半の人は直接それを経験していなければ、困っている知人は必ずと言っていいほどいる。日系人に限らず、職場や近所でいわゆる「不法」の外国人と仲良くなるのも珍しくないし、突然その友人が警察に捕まって退去強制処分される、というストーリーも少なくない。法的地位の面だけではなく、日常生活の面でも「日系人」は完全に安定を保障するような資格ではないことが分かる。あるいは、自分が今、安定な地位を得たが故に、隣人の不法性がより目立つようになったともいえよう。

模索

紆余曲折を乗り越えて安堵したサイトウ氏の人生の語りは、

彼のデカセギ経験をいきいきとしたライフ・ヒストリーとして提示しており、それを可能とした「日本」を本人は絶賛している。しかし他方では、自分を選定してくれた血縁の原理は根源的な限界を内包しており、その原理が覆って一家に悲劇をもたらすような要因ともなっている。サイトウ氏が辿った十五年の中で、このような日系性の矛盾こそが、彼の生きた日系性の最大の苦難であると理解してよかろう。

International Press　www.ipcdigital.com/es

De los 1.163 latinoamericanos que residen en Ichihara, 645 son peruanos

Goi, comunidad que convive entre nikkei y “peruanos”

Mientras los peruanos celebraban con cajón y guitarra el Día de la canción criolla, en Goi, otro grupo de peruanos se desantendía de la jarana y a través de una "pollada" recolectaba dinero para ayudar a un compatriota caído en desgracia.

Pablo Lores Kanto
CHIBA

新たな連帯を模索しているコミュニティを取り上げたスペイン語新聞の記事（執筆・撮影：Pablo Lores Kanto/International Press Japan）

最後に、近年現れている意識の転換の兆しについて触れておきたい。それは、苦難の範囲が身内の枠を超越し、日系性や労働観によって対立していた者同士もやがて共感し合う傾向が見られるようになったことである。二〇〇四年に日本で発行されているスペイン語新聞『インターナショナル・プレス』に次のような記事があった。千葉県のある外国人コミュニティの中でかつて日系人と非日系人とのあいだに対立が頻発していたが、初めは一緒にサッカーをすることによって、徐々に相互理解を深めることができたという話である（International Press 二〇〇四年十一月六日　A3面）。そして記事の発行当時、強制送還が間近に控えていた仲間に対して、南米出身者のみではなくフィリピン人などを含む全ての外国人コミュニティが団結して募金活動を始めたというのが特筆すべき点である。すなわち、単に「喧嘩が止んだ、仲良くなった」という共感に留まらず、国籍を超えた連帯の実現が模索されているのである。そしてわずかながらも、職場で生まれる労働者同士の連帯感、入管に収容されている外国人の日本人配偶者が経験する苦悩、または様々な領域で活動するNGOの存在など、日本の「ホスト社会」側にもこのような意識転換が浸透しつつある。今もなお外国からの労働力を必要としている日本において、日系性の論理がどのように維持または変化するかが、今後の社会の動向に関わる重要な一要素になるだろう。

注

1　圧倒的に多いブラジル出身者を対象にした研究の中で網羅的なものは渡辺（1995）、佐野（1996）、川村（2000）、梶田・丹野・樋口（2005）などがあり、地域を限定した研究では静岡県浜松市の事例を取り上げた池上（2001）や群馬県の太田市・大泉町に焦点を絞った小内・酒井（2001）がある。他の国籍においては、ペルー人を対象にしたDel Castillo（1999）とTakenaka（2003）やアルゼンチン人を扱うヒガ（2002）を参照。

2　例外として、在日ブラジル人の経験を当事者の立場から紹介しているアンジェロ・イシの諸論文を参照願いたい（Ishi 1997, 1999, 2003a）。また、米国の人類学者らによるブラジル人集住地域の精緻なエスノグラフィーもいくつか存在する（Linger 2001, Roth2002, Tsuda 2003）。

3　入管法改正前後のブラジル人登録者数の推移を見るとそれが明らかである。一九八九年には一万五千人、一九九〇年に五万六千人、そして一九九一年には十一万九千人へと顕著に急増している（法務省『出入国管理統計年報』各版）。

4　法的資格の観点からいうと、もともと日本の国籍を有していた一世の人たちはもとより、二世または日本人の配偶者の場合は「日本人の配偶者等」、三世とその配偶者の場合は「定住者」のいずれかの資格で日本へ渡った三世までの日本人子孫とその配偶者、またはその在留資格をもったことがある人々を指している。このように文脈に対して注意を払う理由は、日本人移民とその子孫全てを含む広義での「日系人」を前提にすると混乱を招きかねないからである。例えば、第二次世界大戦を南米で生きた日本人移民と本稿が扱う日本でのデカセギ者は、両者ともある意味では連続性を有しているかも知れないが、それぞれの経験は明らかに違うものであり、区別して理解しなければならない。

5　デカセギのカタカナ表記は、ポルトガル語やスペイン語でも外来語として定着している単語である理由と、イシ（2003b）が述べたように在日日系人独自の文化ないしアイデンティティを表す単語である理由のもと、単なる「出稼ぎ」と区別する意図を示すものである。

6　二〇〇五年に発表されたデータによると、国籍別の南米出身外国人登録者数は、ブラジル二八万人以上、ペルー約五万五千人、ボリビア五千人余、アルゼンチン約三千七百人、コロンビア三千人弱、その他三千五百人強となる（法務省 2005）。

7　日本人アルゼンチン移住編纂委員会によると、一九四八年と一九七〇年の間では日本人アルゼンチン移民の六六％が沖縄出身者であった（Laumonier 2002：136）。

8　一九七四年のアルゼンチンの「貧困層」は国民の三％だったのが、一九八二年には二五％まで上り、二〇〇一年には人口の半分まで達したと言われている（Sevares 2002）。

参考文献

Del Castillo, Álvaro. 1999 *Los Peruanos en Japón* 現代企画室

福田友子 2002「国家による成員の選別過程――1990年入管法改定と『日系人』を事例として」『社会学論考』23：31-56

ヒガ、マルセロ 2002「アルゼンチンにおける「日本人」の諸相について――日本への「出稼ぎ」移住と移民の子孫のアイデンティティ志向の変遷を中心に」柳田利夫編『ラテンアメリカの日系人――国家とエスニシティ』慶応義塾大学出版会 第七章

法務省 1990, 19901, 1992, 2005『出入国管理統計年報』

池上重弘編著 2001『ブラジル人と国際化する地域社会――居住・教育・医療』明石書店

Ishi, Angelo. 1994 "Quem é quem no tribunal da discriminação?" Chigusa,

Charles Tetsuo (Org.) *A quebra dos mitos:o fenômeno dekassegui através de relatos pessoais,* IPC Produção & Consultoria
——1997「大卒技師が３Ｋ労働者になった時——デカセギ日系ブラジル人の仕事とアイデンティティ」河合隼雄・内橋克人編『仕事の創造』岩波書店
——1999「在日ブラジル人のデカセギ——日本で仕事をする意味」『日本労働社会学年報』 6-68
——2003a "Searching for Home, Wealth, Pride, and 'Class': Japanese Brazilians in the 'Land of Yen'" Lesser, Jeffrey (Ed.) *Searching for Home Abroad. Japanese Brazilians and Transnationalism,* Duke University Press：75-102
——2003b "Making History, Reinterpreting Experiences: The Ethnic Media among Brazilians in Japan" Yamada, Mutsuo (Ed.) *Emigración Latinoamericana：Comparación Interregional entre América del Norte, Europa y Japón* JCAS
梶田孝道・丹野清人・樋口直人 2005『顔の見えない定住化——日系ブラジル人と国家・市場・移民ネットワーク』名古屋大学出版会
川村リリ 2000『日本社会とブラジル人移民——新しい文化の創造をめざして』明石書店
国際協力事業団 1993『日系人本邦就労者実態調査報告書——平成４年度』
丹羽雅雄 2002「入管行政と外国人登録」近藤敦編『外国人の法的地位と人権擁護』明石書店
Laclau, Ernesto & Mouffe, Chantal 1985 *Hegemony and socialist strategy：towards a radical democratic politics,* Verso (山崎カヲル、石澤武訳 2000『ポスト・マルクス主義と政治——：根源的民主主義のために』大村書店)
Laumonier, Isabel 2002 "Japanese Argentine Historical Overview" Kikumura-Yano Akemi (Ed.)*Encyclopedia of Japanese Descendants in the Americas: An Illustrated History of the Nikkei* , Rowman & Littlefield: 72-82 (小原雅代他訳 2002「日系アルゼンチン史概略」『アメリカ大陸日系人百科事典』明石書店 ：114-125)
Linger, Daniel Touro. 2001 *No one home: Brazilian selves remade in Japan,*Stanford University Press
小内透・酒井恵真 2001『日系ブラジル人の定住化と地域社会』御茶の水書房
Plummer, Ken 2001 Documents of life 2: an invitation to a critical humanism, Sage
Roth, Joshua Hotaka 2002 *Brokered homeland: Japanese Brazilian migrants in Japan,*Cornell University Press
佐野哲 1996『ワーカーの国際還流——日系ブラジル人労働需給システム』日本労働研究機構
Sevares, Julio 2002 *Por qué cayó la Argentina. Imposición, crisis y reciclaje del orden neoliberal en la Argentina,* Norma
総務省統計局 2005『日本統計年鑑』
Takenaka, Ayumi 2003 "Paradoxes of ethnicity-based immigration: Peruvian and Japanese-Peruvian. migrants in Japan" Goodman, Roger; Peach, Ceri; and White, Paul (Eds.) *Global Japan: The Experience of Japan's New Immigrants and Overseas Communities,* Routledge
丹野清人 1999「在日ブラジル人の労働市場」『大原社会問題研究所雑誌』487
Tsuda, Takeyuki 2003 *Strangers in the ethnic homeland: Japanese Brazilian return migration in transnational perspective*, Columbia University Press
渡辺雅子編著 1995『共同研究出稼ぎ日系ブラジル人』上、下　明石書店

04 在日朝鮮・韓国人とハンセン病元患者の間で

患者社会のなかの差別の表象

青山陽子

在日朝鮮・韓国人入所者との出会い

ハンセン病療養所にフィールドワークとしてはいって聞き取りもある程度まで終わったころのことである。日本人入所者のインフォーマントの自宅でお茶を飲みながら、何気ない話をする時間があった。園内の世間話や将来の構想のことなど話題は尽きなかった。ひょんなことから療養所自治会が高齢化してなかなか次の人材が育たないことに話がおよんだときである。私は療養所内で信頼され、自治会でも活動している尾川浩（仮名）さんのことが浮かんだ。「尾川さんなんか次の会長さんにどう？」と尋ねた。すると「尾川さんはだめだよ」という意外な答えが返ってきた。「え、どうして？」と聞き返すと「あの人は『朝鮮人』だから」というのである。

そのインフォーマントがとりたてて差別的な思想の持ち主というわけではない。どちらかというと世話好きで人望も厚く、療養所のなかで幅広い人間関係を築いている人だった。私自身も尾川さんが在日朝鮮・韓国人であることは知っていたのだが、その言葉を聞くまで療養所のなかで在日朝鮮・韓国人に対する特別なまなざしがあることには気づかなかった。

どうして『朝鮮人』だとだめなのか、さらに聞いてみると、「たぶん、尾川さんは自分の分をわきまえているからそんな表に出るようなマネはしないよ」というのである。インフォーマントは彼の誠実さや療養所内での功績について、高く評価していた。また、彼が会長になることも個人的には賛成だと語った。しかし、全体で考えるとそれは実現しないというのである。誠実さと実力を兼ね備えていたとしても、『朝鮮人』では自治会の会長になることは難しい。私にとってそのときのインフォーマントとの会話は、療養所内における日本人入所者と在日朝鮮・韓国人入所者の微妙な位置関係を認識する出来事として記憶された。

column

ハンセン病政策の歴史

――八九年間の隔離政策

　ハンセン病が、今日、みなに知られるようになったのは一九九六年のらい予防法廃止および二〇〇一年の裁判によるところがおおきいのではないだろうか。一九九六年までを強制隔離とすると、ハンセン病療養所に暮らす人々の隔離生活は八九年に及ぶ。

　そもそもハンセン病とは、らい菌によるきわめて感染力の低い感染症である。また、一九四〇年代には、治療法も見つかり、現在では完治が可能となった。ハンセン病は、死にいたる病いではないが、かつては不治の病いであったことや顔や手足にひどい変形を引き起こすため人々に恐怖感を引き起こしてきた。

　ハンセン病がはじめて公的な取り締まりの対象になるのは、明治期にさかのぼる。一九〇七年、「癩予防ニ関スル件」（法律第一一号）が制定されたが、この法律は、「浮浪らい患者」の取締を目的としたため、療養所へ入所する費用は、患者本人および患者の扶養義務者の負担が原則だった。

　「癩予防ニ関スル件」は一九三一年に「癩予防法」（法律第五八号）として改正され、「浮浪らい患者」から全国すべての「らい患者」に拡大された。この一九三一年の改正を契機として、「無癩県運動」が一九三五年ごろから盛んになる。発端は、愛知県より「らい」をなくそうとする方面委員を中心とした民間運動だったが、それが岡山県、山口県にも飛び火し、全国へと広がっていった。こうした「無癩県運動」の強化および国立施設の増設、さらに無条件全額国庫負担の制度の整備により、患者収容率は着実に伸びていった。

　終戦後、一九五三年、「癩予防法」は「らい予防法」（法律第二一）改正される。改正にあたって、各療養所の患者自治会は、連合組織として全国国立癩療養所患者協議会（一九五一年発足、略称：全患協。現：全国ハンセン病療養所入所者協議会。略称：全療協）を発足させた。「人間性の回復」を目指したらい予防法闘争が起こったが、「らい予防法」は旧「癩予防法」の思想をそのまま受け継ぐかたちで成立した。その理念は、基本的に感染症からの予防を目的にし、感染源となる患者の「隔離収容」を前提とした内容だった。この法律は、一九九六年に廃止されるまで、改正されることなく続いた。

　らい予防法闘争後、全患協は何回か予防法の改正を求めた運動を展開するが、運動の中心は生活改善を訴える方向に向かっていった。事実、入所者の生活は徐々に改善されてゆき、療養所内の雰囲気は一九五五年くらいから明るい雰囲気になっていった。歳月が経つにつれて、療養所内には電気店や家具屋、花屋、洋服洋品、靴屋や眼鏡屋、パン屋などの出張販売が行われるようになったり、入所者同士で旅行に出かけたりと、「らい予防法」は実質上は死文化していった。国立療養所多磨全生園では、一九七三年にショッピングセンターが竣工し、食料品および日常的な雑貨が購入できるようになった。今日、ハンセン病療養所入所者は、一九九六年の「らい予防法」廃止によって、名実ともに隔離政策から解放され、現在の生活を営んでいる。

疾病に罹患するという事実は客観的に共通であっても、病いを患うという体験は、一人ひとり異なる。個人がその事実をどのように感じ、受けとめ、生きてゆくかということを個人に還元するのではなく、その個人が属する社会や環境、地域性などの社会・歴史的要素を考慮して分析することが必要である。

ハンセン病の病い体験を知るということは、単にハンセン病という疾病概念への理解にとどまらない歴史的な背景が存在する。たとえば、強制隔離は、法定伝染病への国家権力の行使による措置ではあるが、その実行には身近なネットワークから始まる小さな権力が関与している。ハンセン病元患者の病い体験を理解するには、家族や親族、友人、近隣者などの社会的ネットワークのなかでの個人の生のあり方、さらには個人の内的世界への探求の語りを通じてしか、彼ら／彼女らの病い体験を知ることは不可能である[1]（Kleinman, Arthur, 1988＝1996）。

ハンセン病療養所とは、隔離によってつくられた人工的なコミュニティである。ハンセン病療養所に入所すること、それは家族やその他の社会関係との物理的な離別であると同時にこれまでの生活世界からの離別を意味する。個人のレベルからは、ハンセン病とはということの学習が始まり、自己をハンセン病元患者であると規定していく始まりの出来事である。終生療養所の住民として生きてゆくということを引き受けざるをえないほどの長い療養所生活で、培ってきた過去の経験を療養所で通用する様式へと変換し、あらたな経験を獲得することによって、自己の再認識を繰り返す。それはらい予防法が廃止される一九九六年まで続き、ハンセン病療養所入所者の生に深く刻まれてきた。

本稿では、在日朝鮮・韓国人入所者の社会・歴史的背景に配慮しつつ、ハンセン病という病いにかかってハンセン病療養所で生活している國本衛さんの聞き取り[2]と自伝書をもとに分析する。療養所というハンセン病元患者のコミュニティで在日朝鮮・韓国人である彼がどのように自分の所在を同定し、二重のマイノリティ性を生きるということはどういうことなのか、そのリアリティを提示したいと考える。

構成としては、一般社会での生活風景、ハンセン病の発病、療養所への入所、療養所での生活というこれまでの記憶を個人のライフストーリーに基づいて分析していく。

ハンセン病療養所は、ハンセン病に罹患した人びとによる一種平等な生活世界が広がっているように見えるが、そこには消し去ることのできない個人の特性が存在するのも事実である。在日朝鮮・韓国人入所者は、療養所に入所しても、そこでは在日朝鮮・韓国人という民族性がつきまとう。ハンセン病元患者としてある意味、平準化された療養所文化からはずれていく特性をもった人たちである。ハンセン病患者という同一的空間のなかで異質なものをもって生活すること、ハンセン病患者であ

終戦後の全生園音楽団。前列でギターを抱えているのが本人。在日・日本人関係なく楽団に所属。

ると同時に在日朝鮮・韓国人であることにどのように対処してきたのか、その「生きられた経験」を記述したいと考える。

戦前・戦中までの國本衛のライフ・ヒストリー

國本衛は、一九二六年、韓国全羅南道に生まれる。民族名は、李衛（イ・ウィ）。一九三〇年（四歳）に、先に渡日していた茨城県在住の父を頼り、母と一緒に日本に渡る。

國本の父親は、「両班」[3]の出だったという。日本の植民地支配によって両班の財産は収奪され、祖父の代に没落と聞いているらしい。その動乱のなか、國本の父親は、結婚して間もない妻をおいて、関東大震災前に渡日した。父親は日本と朝鮮とをいったりきたりしていたが、そのうち國本が生まれた。父親は裸一貫で、日本に渡り、最初は土方の仕事をしながら各地を転々として、茨城県土浦市三好町に落ち着いた。土浦市では「平山組」として羽振がいいときには「二、三〇人」の在日朝鮮人を使って商売をしていた。一九三四年には、妹「あき子」が誕生する。父親はその後「古物商問屋平山商店」として廃品回収、ついで澱粉工場と業種を変えて商売を続けた。

一九四〇年、日本政府の命令で朝鮮民族は創氏改名をうけることになる。國本の父親は祖国では「李」姓を名乗っていた。渡日後は「平山」姓を商売するにあたって使っていたという。そのときの國本の名前は「政男」といった。そして創氏改名によって父親から「國本衛」と名乗るように告げられた。そのときをもって國本は、「平山政男」「國本衛」「李衛」の三つ名前を持つことになった。

戦時体制下の教育では、日中戦争の拡大で、軍事的な影響を受けるようになった。國本も学校の授業を受けることで、朝鮮人である自分を敏感に感じるようになったという。

國本：あのね、それは、自分はね、優秀な日本人になろうと努力するわけ。一方においてね、朝鮮人だという劣等感をもつわけだ。劣等感を持ちながらこっちはこっちで、自分は一般の日本人に負けない優秀な日本人になろうというそっちの方が大きく広がって、そっちの方に自分、一生懸命努力するわけだ。やがて、自分は大きくなったら、天皇陛下のために尽くさんといかんだろうと、兵隊検査のときは甲種合格にならんと恥ずかしいと。甲種合格になって、戦争時代だから俺も戦地に行って「天皇陛下万歳！」っていって、死ななきゃならないだろうと、そういう風に思いこんでしまうわけね。

そして、発病。第一区府県立全生病院（現在の国立ハンセン病療養所多磨全生園）に、一九四一年五月一日（一四歳）のときに入院する。そして戦後を迎えることになった。

『灯泥（ひどろ）』での出会い
――「文学活動をするなかで目覚めたわけだな」

戦後、一九四九年、園内では文学を志す者たちの間で「詩話会」が戦争で途絶えていた活動を再開した。國本もその会に属して、文学を学ぶようになる。一九五〇年、しばらくして、同じこころざしを目指す有志六名が新しい「詩話会」を起こすが、國本もその会の発起に参加する。自分たちの創作活動を大切にしたいという思いからだった。新しい「詩話会」は同人誌『灯泥』を発表の場とし、プロレタリア詩人・大江満雄[4]の指導を受けるようになる。

当時のハンセン病文学は北条民雄に代表されるような「亡びの美学」を歌ったものが主流だった。しかし、戦後における抗ハンセン病薬・プロミンの登場によって命への希望を持てるようになっていた。「あきらめ」から「希望」へ向かった文学をめざしたいという気持ちの高まりが「詩話会」の発起につながり、こうした文学活動を通じて、國本は民族意識に目覚めていった。

その背景には、「詩話会」と同時期に入会した民族教育を自主的に勉強する「読書会」[5]や花糸潔・民族名：李漢（イ・ハン）との出会いは大きかったようだ。花糸は、一九三九年、集団募集に応じて北海道の三菱美唄炭坑に炭坑作業のため渡日した。一年の契約期間を終えて故郷に戻ったが、翌一九四〇年に、箱根にある土地株式会社の請負仕事（土地の分譲、別荘建設、湖の遊覧経営など）をしている同胞の親方をたよって再び日本へと渡ってきた。そこで働いているとき、花糸はハンセン病を発病し、一九四六年に全生園へ入所してきた。祖国を知り、かつ父親からの強い民族教育を受けていた花糸との議論は、國本に新しい感覚をもたらした。

＊：そういう勉強をされたのはいつなんですか?

K：勉強って、そんな勉強ってことじゃないけど、だんだん身についたんじゃないかな。戦後しばらくは、その、自分は在日だってことを、あんまりいわれたくないって劣等感持っていたから。

＊：むしろこちらで日本人よりも日本人らしく、清く正しく生きていこうと思っていらっしゃった時期があったじゃない? それから戦後になって、気持ちが変わった?

K：それはね、ちょっと、あの、しばらくかかるわけ。こういう考え方間違えだってことは、自分が文学活動をするなかで。自分を正しい［方向に］ね、そこでやっぱり自分の考え方を持つようになったわけだ。自分が民族意識を持つようになって、文学活動をするなかで目覚めたわけだな。

＊：詩話会だとか？

K：特に『灯泥』という同人誌を発行して、やっぱり自分の考え方をはっきりさせたわけだ。

『灯泥』を創刊した仲間と。後列左端が本人。

しかし、一九五三年には結核を再発させて、同人誌活動から遠のいていった。その後、「自律神経失調症」に苦しみ、医師から「頭を使わないように」との忠告もあって、一〇年以上表だった仕事をすることなく、療養所内で当時流行していたバラづくりなどをしながら過ごしていた。

日本人入所者の所得格差へ意見

——「『おまえらにそういう意見をいう資格はない』ってそんなにいわれてね。やっ、びっくりしちゃったんだよね」

一九五九年、国民年金法が制定される。これによって療養所内の患者に格差という意識が芽生える。というのもハンセン病療養所内のなかで障害・老齢福祉年金を受給される入所者とそれを受けられないその他の入所者の間に、当時では最大一五〇〇円ほどの開きがあった。[6]年金受給者に対する軽症者による羨望やねたみなど、入所者のなかに葛藤が生じた。

全患協[7]（正式名称：全国国立癩療養所患者協議会）はその後、障害者認定のハンセン病後遺症への適応を求めて一九七〇年ごろまで活動を続けた。[8]当初、全患協は、年金制度の改善というより、園内作業[9]における賃金を増額することで療養所内の所得格差の是正を図ろうとしていた。しかし、当時、国の施設で作業に対する報酬があったのは、刑務所とハンセン病療養所のみであり、恩恵的な意味合いが払拭できない。園内作業の賃金に対する値上げ交渉には手詰まり感が出始めた。國本は、拠出制障害年金に相当する患者給与金（自用費）の要求へと運動を切り替えたらどうかと自治会関係者に提案したことがあった。

K：……当時の自治会のね、自分が、ま、いくらか親しくしているものにね、そういう意見を言ったらね、「おまえらにそういう意見をいう資格はない」。うん、「そんないう権利はないんだ」ってそんなにいわれてね。やっ、びっくりしちゃったんだよね。「おまえら［在日］にね、そんなことね、いう資格はないんだ。権利はないんだ」って。そういうこと言われて。

このエピソードを語った後に、数秒の沈黙があった。「もう、忘れちゃってたよ。こんなこと」と、面と向かって突きつけられた差別的な言葉を思い出したことに気持ちが揺らいでいる様子だった。

在日朝鮮・韓国人年金問題

國本は、園内作業として『山桜』誌（『多磨』誌の前進）や『多磨』誌の印刷や編集の仕事を、体調の許すときに三、四年ほど続けては休みながら、これまでに「四回ほど」たずさわった。編集の仕事は「一番身についたし」、文学的な作業にかかわれることなどから「好きな仕事」だった。しかし、これまで一番、重役でもあり、記憶に残っているのは、一九七四年から一〇年間つとめた自治会中央委員の役職だった。自治会中央委員の仕事は国に対する園への予算獲得であったり、待遇改善だったりと対外的な交渉の側面が強く、体力と神経を使う仕事だった。特に、國本がついていた期間は、まだ「在日朝鮮・韓国人」、いわゆる外国人に対する年金問題が解決していなかった。

一九五九年に国民年金法が成立してから、一九八二年に国民年金法から国籍条項を撤廃するまで、在日朝鮮・韓国人の年金運動は続けられることになる。國本は、自治会中央委員だった一九七八年、清瀬市・喜望園で開かれた飛鳥田社会党委員長との対話集会の席で外国人年金問題について発言したことがいまもつよく印象に残っている。

「これまでの日本と韓国・朝鮮の歴史的経過を述べながら、ハンセン病療養所における同胞が療養所の基礎を作るために如何に困難な道程を経てきたか、日本の僚友と一緒に武蔵野の原野を開拓し、道路を造成したり、病舎を建てたり、現在の療養所の土台を作ってきたこと、そのために無理がたたってある者は失明したり、ある者は手足を悪化させ、そのあげくその手足を切断する者が出てきたり、それでも外国人ということで年金の受給対象からはずされてしまった。さらには、韓国・朝鮮から、かつての戦時中強制連行され過酷な労働を強いられたために、多くの者が発病し障害者となったこと、それでも年金法による国籍条項によって受給対象にならず排除されたのです。このことをどう受け取っておるのか」。（清瀬・教育ってなんだろう会編『はじめに差別があった「らい予防法」と在日朝鮮・韓国人』一九九五年、現代企画室、三二―三三頁）

國本は「何百人という市民の前でアピール」し、「盛大な拍手」を受けたことに感激し、うれしかった。当時の社会党が党として全力を挙げるという約束をはじめてしてくれたことも満足することだった。同席していた松本馨全生園自治会長も「いい話だった」と励ましてくれたことも今でもよく覚えている。

ハンセン病訴訟の時――「いや、俺、在日だから」

一九九六年、らい予防法は廃止された。その二年後、一九九八年七月、らい予防法違憲・国家賠償請求訴訟が九州で一三名の入所者からおこされた。とりわけ、星塚楽生園（鹿児島）の島比呂志が声を上げ、熊本で裁判が始まった。それから東京、瀬戸内と東にその波は波及し、國本も訴訟と関わりを持つようになる。

K：私の考えていることがわかっている友人から「一緒にやろうじゃないか」と。

＊：谺《こだま》さん?

K：そう。あの、裁判には訴訟を起こすことには賛成したけれども、「俺、いまはでられない」ってこう言ったんだよ。「なぜだ」「なぜでられないんだ」っていうから、「いや、俺、在日だから」って。ね、みんなが大勢たって後からならついて行くと。いまたつと俺が先頭に立つことになるから、在日としてそれはできないと、こういった。

＊：それは、園の中でも在日の人に対する偏見というのがあったということですか?

K：それはね、ないと言えばうそになるわけで、そりゃあ隠然とあるわけだよ。表面的にはああじゃないということになるわけだけども、そりゃ陰ではね、ひどいことといってるわけだし。だからそういう、私に向かってはなんにもないわけだ。直接的にはね。だけども、陰では「朝鮮人」というのがあるわけだから。

國本が自治会中央委員を一〇年間つとめたことは、在日朝鮮・韓国人である自分が認められていることの証と捉えているようだ。

K：そのことは評価してるわけだ。評価してくれてるわけだ。でも、私との人間じゃなくて、今度は同胞［在日朝鮮・韓国人］がだな、当時六〇人ほどいたのかな、自治会やっているころ。いまは、四〇人くらいに減っちゃってるけど、いろんな人がいるわけだよ。確かに悪いことする人もいるわけだ。

それは日本の人でも同じだよ。いいことする人もいるし、悪いことする人もいるし、同じだよ。でも、在日の人がするとそれが目立つわけだ。そうすると「あいつらは」ってこうなるわけだな。ほうすると、一緒くたにされるわけだ、「あいつらだ」って。

國本は、全生園の多くの入所者が原告になった者たちへ批判の態度を示していたという。

「批判というのは、その、こんどはね、俺たち恵まれた生活をしているのはらい予防法のおかげなんだと」。「今さら眠った子を起こすなと。もう終わったと」。谺からは、それからというもの再三電話による説得が続いた。

K：こう返事したら、彼は「在日だからたつべきじゃないか」とこういうわけだ。で、考えちゃった。ずうっと、もう、何ヶ月も悩んで悩んで。ようやく決心したのが年をあけてね。その前に、弁護士はきてるわけだ、ふたりほどな。ほいで、そのときも「在日だからいまは考えさせてほしい」と。

國本が裁判にたつことを決心したのは、年の明けた一九九九年の年の一月だったという。

＊：國本さんは在日だってことでためらっていらっしゃったってことは、年を明けて決心がついたそのきっかけは何だったんですか？

K：それは、自分の考え方は間違ってたと。在日というこだわりは間違ってると。そういうへりくだりはすべきじゃないと。やっぱり、在日、我々はね、植民地化政策によってハンセン病患者というのはたくさん発生したわけだ。韓国で。植民地化政策のなかで、日本のファシズムの体制で収奪があったな。あくなき収奪があって、生活ができない貧乏になって、貧乏人になるということが、病気を発生させる一因でもあるわけだよな。貧困病といわれているから。だから韓国で日本の十倍の発生率があったわけだな、韓国っていうのはな。日本の十倍。というわけは、日本の植民地政策がなければ自分はハンセン病にかからなかったんじゃないかと、自分は思いこんでいるわけだ。だから、そういう犠牲を、二重の犠牲を受けたと思って自分は在日だというこだわりは間違っていると。そういう差別を受けて、収奪を受けて、在日は……。

複雑な祖国意識――「故郷って思いがないわけだ」

國本は、一九四七年「外国人登録令」によって法的に外国人となった。その後、一九五二年、外国人登録法が施行され、外国人登録と登録手帳の携帯の義務が課せられることになる。これらの手続きはすべて施設によって執り行われ、登録手帳は本人に手渡されることなく、施設が管理していた。

K：……いや、それはね、最初は全部朝鮮だったの。登録手続きしたとき。それがある時になってそれが朝鮮と韓国に分かれたわけだ。ほんで、ここでね、一括してね、手続きとったわけだ。自分は申請できなかったの。みんなやったわけだ。ほんでその登録手帳を渡さないわけだよ、われわれに。見せもどうもしなかったんだよ。渡さないわけだよ。本来なら、外録法によれば、本人が持ってないといけないんだけど、本人持たせないんだよ。持たせると本人逃げてしまうとかなんかするからということから持たせないわけだよ。それをもらったのは昭和三八年［一九六三年］ごろだよね。

登録手帳を手にしたとき、自分の名前は朝鮮名「李衛」ではなく、「國本衛」になっていた。國本は、生まれは韓国だが、国籍は朝鮮だという。その理由は「ん〜、ま、そのころはね、俺は北の方がいいと思っていたからね。いまになってくると北でも南でもないやって気持ちになってくるけど、そのころはまだ北っていう意識が強かったね」というものだった。

ところで、國本と家族との関係は今日とても良好である。ハンセン病療養所への入所当初も家族関係は比較的良好だったが、妹の婚約の報告を聞いてから、國本の方から身ひき、以来音信不通だった。その後、一九七〇年代になるとだんだんと療養所の雰囲気が開放的になっていき、突然ではあったが、國本は、妹の消息を知りたいと思いたったという。親戚筋を頼りに妹の所在を突きとめ、自分から電話したことをきっかけに、家族との関係が修復できた。ゆえに、やろうと思えば「李衛」を証明することができたのではないかという質問に、「もう、面倒くさくなってたから」という言葉が返ってきた。[10]

＊：國本さん自身は、故郷とかふるさとというのはどこにおいているんですか？

K：いや、それはね、自分、祖国というのはあるんだろうけれど、あるんだろう。言い方は変なんだけれどもね、どうもね、故郷という概念がないんだよね。それまではずうっと茨城が故郷だと思っていたわけだ。とたんに、日本の敗戦と同時に「おまえは外国人だ」と言われて。……みんなそこで生まれて育ってそこが故郷だとおもっているんだ。ほとんどの人が、私にはそれがないから。気がついたらそこが茨城だったから。その辺がちょっと薄いんだな。ずっと後になってから、自分の国がそこ［朝鮮半島］なんだっていうことになったから。後になって無理矢理そこが故郷なんだってことになったということで。

國本にとって、「茨城は思い出がいっぱいあるところ」だけれど、いまは故郷とは思っていない。懐かしい場所であるが、「みんなが思うような故郷という概念が私にはないんだよね」と語る。國本は、「故郷のある人からくらべると寂しいな」と感じていた。

民族意識

ハンセン病を発病して療養所でくらす在日朝鮮・韓国人の多くは、戦前・戦中に渡日し、日本で発病して療養所に入所している。彼ら／彼女らは、戦後における民族教育の影響を受けることなく、戦時体制における日本の移住朝鮮人総合政策の影響を受けた幼少期、青年期に発病して入所していることから、強い民族意識をもって今日生活しているとは言い難い。しかし本稿で取り上げた國本もその著書や講演においては、強制連行による日本での過酷な生活環境が今日の在日朝鮮・韓国人のハンセン病発病の一因になっていると主張するが、こうした言葉の背景は民族教育によるものと言える。

彼の民族意識の源泉は、文学活動や「読書会」での教育や花糸潔さんとの出会いによっていた。以下は國本が同人誌『灯泥』で発表した詩の一節である。

高粱畑《こうりやんばたけ》で、
愛に飢えた君等の、
悲しい最後の叫びを、
新聞は　テンノウヘイカ萬才と、
報道されたではないか、
君等に歸る祖国がなかつたから、
地獄へ行けと、
神の詔書があつたと云うのか、
最早。

「黎明——第二次大戦に戦没した朝鮮兵に此の一篇を贈る」と題された反戦詩は一九五一年六月第七号の『灯泥』に掲載された。[11]

國本は『灯泥』での執筆活動を「遅れてきた民主主義」という表現で、自らの民族性を意識するようになったという。その後、民族教育を自主的に行う「読書会」に参加する。彼にとって「民族意識というのは自分から学んでいこうという気持ちが強かった。会［読書会］を作ったのは、正しい知識を学びたかったからだ。これまでのあやまった教育の中で、祖国についての歴史を曲げられ自分たちもよく知らなかった。教育を受けた者も一、二人いたが、他は教育を受けていなかったので、朝鮮の歴史とか、共産主義とか、金日成についての正しい知識を学びたかった。お金を出し合って本を買い、回し読みをした」という。

「読書会」には朝鮮総連からの影響も少なからず受けていた。「読書会は朝鮮総連に慰問という形で朝鮮の文化を披露してくれと要請し、歌や映画をもってきてもらうという活動もした。当時は日本人の偏見も強かったので、朝鮮のものなんか観れるかという人もいたが、日本人にも結構喜ばれ、反響は大きかった」。

また、それまで同じ処遇で生活していた入所生活のなかで、在日を強く意識する出来事として、年金問題がある。療養所内での所得格差は、在日朝鮮・韓国人入所者の民族意識を高める結果にもなった。実際、国民年金法の国籍条項が直接のきっかけとなって、在日朝鮮・韓国人入所者の全国組織を結成しようという機運が盛り上がった。一九六〇年には、「在日朝鮮・韓国人ハンセン氏病患者同盟（のちに在日外国人ハンセン氏病同盟と改名）」が結成される。

國本の民族意識は「遅れてきた民主主義」と表現するように、戦後の在日朝鮮人運動との関連が見て取れる。

『生きる日、燃ゆる日』の韓国語版を出版。2005年12月、ソウルでの出版記念講演にて。

ただし、療養所内での民族意識の高揚は一部の有志に限られ、期間も限定的なところが特徴としてあげられる。一般社会とは違って、学ばなければならない切迫した環境や枯渇した欲求に突き動かされていたわけではなかった。

複数の名前へのそれぞれの距離感

國本には、「平山政男」「國本衛」「李衛」の三つの名前が存在する。ちなみに、國本は園名[12]を使用していない。

まず、一九四〇年の創氏改名により、尋常高等小学校から私立農商学校への進学の際、これまで親しんできた「平山政男」から「國本衛」への改名は突然でもあり、「馴染めない名前に嫌悪感を抱きつつ」「改心の情から、わたしは猛勉強した」と語る。

彼にはふたつの自伝書がある。ひとつは『生きて、ふたたび』（二〇〇〇年、毎日新聞社）、もうひとつが『生きる日、燃ゆる日』（二〇〇三年、毎日新聞社）の二冊である。どちらも自身が在日朝鮮・韓国人であることを明らかにしているが、『生きて、ふたたび』ではハンセン病元患者として生きる自分を、『生きる日、燃ゆる日』では在日朝鮮・韓国人である自分を軸に書かれている。

『生きる日、燃ゆる日』で初めて「平山政男」の名前が出てくる。前著『生きて、ふたたび』では創氏改名の話は出てくるが、「李衛」から「國本衛」への改名というエピソードになっており本来のストーリーである「平山政男」から「國本衛」を省略していること、また両親の紹介は、「父・李奉基（國本治平）、母・李徳周（國本徳周）」と、渡日後父親が使っていた「平山仙之助」の話も出てこない。創氏改名以前に使用していた日本名を出さなかった理由は、ハンセン病療養所での記録の方が在日朝鮮・韓国人としての記録よりも、最初の執筆では重要だと思ったこと、また入所前の話は紙幅の関係で出版社と話し合った結果、省いたと話してくれた。

彼は、「平山政男」は「もうすっかり昔の名前」と回想する。彼が「李衛」を使うのは主に「在日朝鮮・韓国人としての活動」においてである。たとえば講演などに呼ばれて話をする時には、プロフィールに「李衛」と書くことがある。しかし、普段、療養所内では「クニさん」と呼ばれている國本にとって、もっとも馴染みのある名前は「國本衛」だろうと思われる。

アイデンティティのよりどころ

國本は、物心ついたときには茨城県土浦市で生活をしていた。父親の職種の遍歴や家庭の事情から土浦市近辺を「三回」引っ越しながら、どの土地でも自分は在日朝鮮・韓国人であるという認識を持たされ続ける。

戦時体制下の教育の影響を直に受けた國本は、「一般の日本人に負けない優秀な日本人になろう」と、「天皇の赤子」となって兵役検査には「甲種合格でなければ恥ずかしい」と思う気持ちがあった一方で、「韓国は日本の『属国』だから、日本人に対する劣等感を感じていた」。

戦後になっては、一変して外国人扱いされる。日本の敗戦と同時に「『おまえは外国人だ』と言われて」。年金問題でも二〇年以上の長い間その解決を見ることはなかった。療養所では患者としての平等という理念がそこはかとなく広がっている空間である。それが同じ入所者のなかでも存在していたため、年金問題での所得格差に対する患者間の動揺は興味深い。平等をつよく意識する集団は、翻ってみると小さな差異に敏感な集団ともいえる。平等意識のつよい療養所世界の日常では同病者として同じ成員として扱われるが、その一方で、在日朝鮮・韓国人というカテゴリーは無意識にたえず問いただされている。入れ子になっている差別構造のなかでときどき意識化される在日朝鮮・韓国人としてのアイデンティティを「所与」として受け入れざるを得ない。

國本は在日朝鮮・韓国人としてのアイデンティティの受け止め方を「間違った自分の考え」とし、それを「ただすため」に裁判に立ったと語る。「ただすため」に行動に移した引き金は、以前から関係が深かった「清瀬・教育ってなんだろう会」（のちにその構成メンバーがハンセン病・国家賠償請求訴訟を支援する会へ参加している）の支援が一番大きかったと思われる。自分を支えてくれる人たちの後ろ盾とともに裁判にかかわり、勝訴したことが在日朝鮮・韓国人としての自分をオープンにする自信になり、きっかけになったと思われる。

おわりに

療養所への入所がハンセン病入所者の生にどのように意味づけられているのかということ、それを六〇年以上も退所することが法的に許されないで今日まで生きてきたこと、それはどんな人生なのか。このことに興味を持って、ハンセン病療養所の聞き取りを始めた。語りによる物語にはさまざまなバリエーションがあったが、語り手の数が増えるに従って浮かび上がってくる療養所内での文化や風習があった。在日朝鮮・韓国人入所者も同様に療養所文化や風習を身につけている人びとであった。ただ、際だっていたのは、彼ら／彼女らはハンセン病療養所入所者であると同時に在日朝鮮・韓国人という民族性によって、ハンセン病療養所入所者という枠におさまらないものをもっていることであった。また、そうした民族性を戦前から療養所が消し去るのではなく、「互助会」「アリラン会」といった自助組織をつくり、そこでの活動を認めていたことも興味深かった。そのことが再度聞き取りを始めるきっかけとなった。

國本のライフストーリーでは、ハンセン病元患者というパブリックなアイデンティティに依拠しつつも、在日朝鮮・韓国人としてのカテゴリーを意識させられることの苦痛をみたように思う。今日問題となっている拉致問題や韓流ブームでおさまりきれない在日朝鮮・韓国人としてのカテゴリーと彼がどのように対峙していこうとしているのか、今後の課題としたい。

注

1　クラインマンは、物語を三つの視点から分析することができるとしている。①文化的表象（cultural representations）とは時代と場所によって共有されている病いへのイメージや意味を示し、これによって原型となる物語構造が創り出される。②集合的経験（collective experiences）は、その社会で共有されている身体的なハビトゥス、話し方や行動の仕方であり、これによってその社会で共有されていることの意味の理解や問題が理解できる。③個人的経験（individual experience）は、個人の内的世界での病いの認識や経験である。クラインマンは、個人的経験こそが病いやケアの中心的要素であるという考えに重きをおくよりも、いかに個人的経験が集合的経験や文化的表象との相互作用によって形成されているのかという点を指摘している。

2　二〇〇二年五月九日、二〇〇四年四月二日、二〇〇四年四月一一日、多磨全生園の自宅にて聞き取りを行った。現在、國本はハンセン病違憲国賠訴訟全国原告団協議会（全原協）事務局長をつとめる。

3　両班（ヤンバン）とは、李氏朝鮮（一三九二―一九一〇）時代の特権階級層のこと。両班（文班、武班）を一番上に、中人（下級役人、技術官など）、常民（農民、商人、職人）、賤民という四段階の身分制度があった。

4　大江満雄（一九〇六―一九九一）。一九二〇年（十四歳）の時上京し、一九二三年頃教会で受洗、生田春月の影響をうけて詩作を始める。一九二八年には処女詩集を発刊。プロレタリア詩運動に参加、やがてその先導的役割を果たすまでになったが、大戦中二回の検挙を受け愛国詩を書くようになった。戦後はキリスト教徒としてハンセン病患者の詩誌『いのちの芽』を編集しながら献身的に働いた。

5　入所者の共産党員の勉強会。のちに一九五〇年前後、在日朝鮮・韓国人の勉強会が同じ名前で成立。そこでは、ハングル語などを勉強する場ともなった。

6　入所者別収入格差の実態（一九六〇年ごろ）

年金受給者		作業従事者		外国人不自由者	
慰安金	五〇〇円	慰安金	五〇〇円	慰安金	五〇〇円
特別慰安金	二五〇円	作業賃	八〇〇円	特別慰安金	二五〇円
年金	一五〇〇円	計	一三〇〇円	計	七五〇円
計	二二五〇円	差額	九五〇円	差額	一五〇〇円

（『全患協運動史』一光社一八六頁、『倶会一処』一光社二四二頁より作成）

7　一九五一年、「全国国立癩療養所患者協議会」が発足。略称は「全癩患協」としたが、翌年には略称を「全癩患協」から「全患協」に変更。一九九六年には、「全国ハンセン病療養所入所者協議会」と改称し、略称も「全療協」へと変更した。

8　一九七一年、年金受給者以外の全入所者にも、拠出制障害年金に相当する患者給与金（自用費）が、慰安金に代わって支給されるようになった。

9　療養所内の雑務から患者の介護など幅広く作業項目があった。戦後、徐々に園内作業が療養所に移管されていく。

10　インタビューでは、國本は「面倒くさい」という発言を覆い隠そうとするかのように、その後「創氏改名の事実をここに知らしめておく必要があるためだ」と切々と語った。

11　『生きて、ふたたび』では、その詩が園内の共産党細胞の壁新聞に転載されたが、翌日國本の詩の部分だけが切り取られていたエピソードが記述されている。

12　ハンセン病療養所入所者は園内のみ通用する園名をもつことが許されていた。それは外の社会における家族への影響を避けるために許されていた制度であり、園名を使用している入所者は少なくない。

参考文献

島比呂志 1996『片居からの解放（増補版）』社会評論社

―― 1991『「らい予防法」と患者の人権』岩波書店

國本衛 2003『生きる日、燃ゆる日』毎日新聞社

―― 2000『生きて、ふたたび：隔離55年―ハンセン病者半生の軌跡』毎日新聞社

清瀬・教育ってなんだろう会編 1995『はじめに差別があった「らい予防法」と在日朝鮮・韓国人』現代企画室

滝尾英二 2001『朝鮮ハンセン病史：日本植民地下の小鹿島（ソロクト）』未来社

立教大学史学科山田ゼミナール編 1989『生きぬいた証に――ハンセン病療養所多磨全生園朝鮮人・韓国人の記録』緑蔭書房

金賛汀 1997『在日朝鮮・韓国人百年史』三五館

朴慶植 1989『解放後在日朝鮮人運動史』三一書房

全国ハンセン病療養所入所者協議会編 2001『復権の日月』光陽出版社

金永子 1999「全環境ニュース（第一号～第七〇〇号）に掲載された在日朝鮮人ハンセン病『患者』等に関する記事」『四国学院大学論集』（一〇〇号）

―― 1999「国民年金法成立とハンセン病療養所の在日朝鮮人」『四国学院大学論集』（一〇一号）

―― 2003「ハンセン病療養所における在日朝鮮人の闘い――『互助会』（多磨全生園）の活動を中心に」『四国学院大学論集』（一一一・一一二号）

崔碩義 2001「在日朝鮮人ハンセン病者たちの歴史」在日朝鮮人運動史研究会編『在日朝鮮人史研究』（三一号）

多磨全生園患者自治会編 1993『倶会一処』一光社

全国ハンセン氏病患者協議会編 1977『全患協運動史』一光社

05

〈迷い〉のライフストーリー

日系ペルー人の強制収容と戦後の軌跡

仲田周子

1　はじめに——Mさんとの出会い

「(・・・・)沖縄帰ってきてからが私は苦労だったと思う。戦争中の引き揚げ、ペルーから抑留されてアメリカで苦労した、苦労したという人たちはよっぽどいい暮らししてたんだなあって思う。結局ペルーでも、上流の暮らししていた人たちが。私たちはどちらかというと、いわゆる三等国民、土人のちょっとぐわぁ上っていう暮らししかしてないから、アメリカの一般庶民の暮らしは目を見張るような思いしたけど。」

第二次大戦中にペルーからアメリカへの強制収容を経験し、戦後沖縄へ「引き揚げ」たMさんは、強制収容所を「苦労した」場所ではなく、「目を見張るような」生活をした肯定的な場所として述懐する。この語りは、補償運動で語られるような「苦難の強制収容体験」に対して距離を置く語りと位置づけることができる。日系ペルー人にとって、強制収容は苦難のみの体験なのだろうか。そんな疑問を、アメリカへの強制収容を経験した人々にインタビューしていく中で抱くようになっていた。インタビューを始めた当初、九〇年代以降の補償運動が強制収容を経験した日系ペルー人の意識の現れだと考えていた私は、補償運動の文脈では捉えられない語り——強制収容所を「楽しかった」「恵まれていた」と評価する語り——に出会うたびに、その語りが何を示しているのか気になっていた。もちろん、これら収容所を肯定的に捉える語りは、強制収容全体を容認するものではない。被抑留者たちは、補償運動の貢献を評価する一方で、補償運動そのものへの全面的な共感をなかなか示そうとしないのである。日本「帰国者」Mさんと出会ったのは、ちょうどそのような疑問を意識し始めた頃であった。Mさんとは、補償運動経由で紹介してもらっていたこれまでの語り手とは異なる経路で知り合っている。戦前のペルーでの日本人社会の様子や収

クリスタル・シティと「ペルー会」

二〇〇四年五月、沖縄で第一一回「ペルー会」が開催された。ペルー、アメリカ、日本から集まった約九〇人の人々は、六〇年以上前にクリスタル・シティ収容所へ収容されていた日系ペルー人とその関係者である。

「ペルー会」は、一九八四年にアメリカへ「残留」した日系ペルー人が中心となって、クリスタル・シティ収容所に強制収容された人々の交流を目的に始められた。以来、主にアメリカ国内を会場にして、数年間隔で集まりが持たれている。参加者の主力は、強制収容当時小学生から中学生であった二世で、多いときで二〇〇人前後（招待客も含む）、日本からも一〇～二〇人が参加している。二〇〇二年の第一〇回大会では、アメリカ上陸の地であるニューオーリンズからクリスタル・シティ収容所跡地を訪ねるツアーも組まれた。会のメインは夜の食事会で、そこでは、英語、日本語、時にはスペイン語が飛びかう中、クリスタル・シティ収容所の少女団歌が合唱されたり、スペイン語名や当時のニックネームで呼び合いながら近況報告や思い出を語りあう参加者の姿がみられる。会の雰囲気としては、戦友会や同窓会に近いものがあるだろう。

「ペルー会」を考える上で、補償運動との関係を無視することはできない。第一回大会を知らせる招待状には、自分たちの経験の共有と補償についての話し合いを目的としていることが記されており、当時進行していた日系アメリカ人の補償運動の流れの中で会が生じてきたことがうかがえる。一九八八年の補償法から日系ペルー人が対象外となった後も、補償に向けての努力は行われ、「ペルー会」は続けられた。アメリカ「残留者」だけでなく、日本「帰国者」、ペルーへの帰国者が「ペルー会」を通して結びつき、アメリカ、日本、ペルーをまたぐ大規模な補償運動を可能にした。一九九〇年代以降の補償運動を支えた「日系ペルー人オーラルヒストリープロジェクト」（Japanese Peruvian Oral History Project）も「ペルー会」から発展し、ここから一九九六年の訴訟、一九九八年の和解へと繋がっていくのである。

二〇〇六年の秋には、一二回目の「ペルー会」が予定されている。補償運動に一定の決着がついた現在、「ペルー会」への参加理由は、参加者同士の親睦により重点を置いたものになりつつある。しかし、この親睦は、過去への懐かしさという単純なものではない。「ペルー会」は、クリスタル・シティの日系ペルー人にとって、複雑な背景を持つアイデンティティを確認する空間となっている。つまり、強制収容によって「故郷」を失った人々が、クリスタル・シティ収容所という共有体験を振り返り、確かめ合うことによって、自分たちの「ユニーク」な歴史を再確認しているのである。

「ペルー会」は、補償運動と表裏一体の関係にありながら、現在進行形でクリスタル・シティの日系ペルー人の存在を表象する集団といえるだろう。

容所、戦後日本での生活経験について飾り気なく話すMさんのライフストーリーは、日系ペルー人の強制収容体験を考える上で何か一つの手がかりとなるように感じた。

本稿では、第二次大戦中にペルーからアメリカ合衆国のクリスタル・シティ収容所（テキサス州）への強制収容を経験した日系ペルー人二世世代の語りを取りあげる。補償運動とのずれから現れてくる収容所の肯定的な語りから強制収容体験の多面性を描き（3節）、収容所を肯定する語りがどのような意味を持っているのか、日本「帰国者」Mさんのライフストーリーから検討する[1]（4節）。

クリスタル・シティ収容所（プール）跡地

日系ペルー人の強制収容に直接焦点をあてた先行研究としては、まず、歴史学の視点から強制収容の経緯を詳細に明らかにしたハーヴェイ・ガーディナー（Harvey Gardiner）によるものが挙げられるだろう。補償運動の中で、ペルーを含む中南米諸国日系人の強制収容に関する研究は少しずつ蓄積されてきているが、その多くは、日系アメリカ人研究の視点でなされている。クリスタル・シティに収容された日系ペルー人の多くは、戦後、日本へ「帰国」し、新たな生活をスタートさせた。ペルーで生まれ育った二世にとってこの「帰国」は、ある意味で日本への「移民」の経験であり、そこには様々な葛藤や困難があったと想像できる。日本「帰国者」Mさんのライフストーリーを通して、「帰国」後の日本社会ではあまり語られることのなかった日系ペルー人の状況を描き出すことも本稿のねらいである。

2　日系ペルー人の強制収容と補償運動

ここで、本稿で取りあげる日系ペルー人の歴史的背景について触れておこう。第二次大戦中、アメリカ合衆国政府は、日系アメリカ人だけでなく中南米諸国の日系人に対しても強制収容を行い、このうちの約八〇％がペルーから追放された日系人で占められていた。[2]この中南米諸国の日系人の強制収容は、パナマ運河防衛という戦略上の観点から始められたものが、日本占領地域で拘束されていたアメリカ人との捕虜交換を目的に行わ

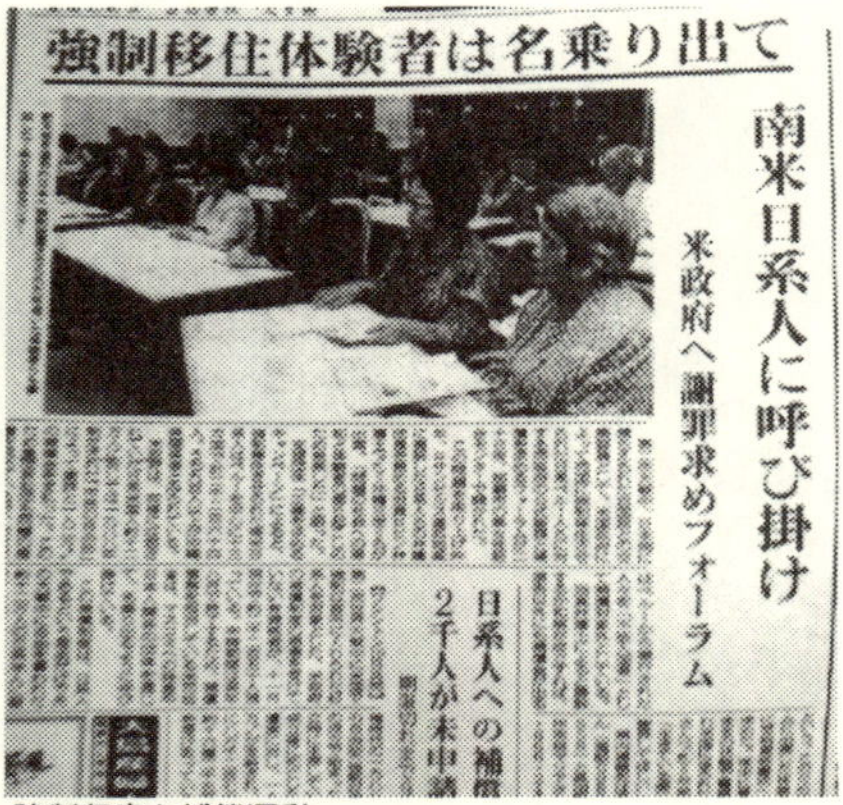
強制移住体験者は名乗り出て
南米日系人に呼び掛け
米政府へ謝罪求めフォーラム

強制収容と補償運動
（「沖縄タイムス」1997年11月21日、夕刊）

れるようになっていったことが明らかになっている（Gardiner 1981）。

ペルーからアメリカへの追放・抑留は、一九四二年から一九四五年にかけて十五回にわたって行われ、約一八〇〇人が追放された。アメリカへの追放者の選別は、経済的成功者や日本人会の役員経験者、教員などが中心に選ばれたとされているが、実際には、頭数をあわせるためむりやり逮捕された日系人も多くいたという。残された家族は、後から呼び寄せられる形でアメリカへ送還されている。一九四二年と一九四三年の二度の戦時交換船によって約五百人が日本へ送還されたが、その後中断され、終戦の時点で一三〇〇人あまりの日系ペルー人がアメリカ国内に留まっていた。[3]戦後、ペルーへ戻ることを希望した人も多くいたが、ペルー政府が追放者の再入国に難色を示したため、約九〇〇人が日本への「帰国」を、約三〇〇人がアメリカへの「残留」を選択した。許可されてペルーへ戻ることのできた人は一〇〇人に満たない。

一九八〇年代、日系アメリカ人の補償運動が展開される中で日系ペルー人強制収容の事実が明らかになり、中南米諸国の日系人強制収容に対する補償運動が行われるようになった。一九八一年、シカゴで開かれた公聴会では被抑留者四名が中南米諸国の日系人強制収容について証言し、体験者個人による運動が展開されるようになった。しかし、強制収容の際に不法入国者として扱われた中南米諸国日系人は、日系アメリカ人への補償を定めた一九八八年の補償法からは対象外とされた。[4]一九九一年、アメリカ「残留者」の家族が中心となってサンフランシスコを拠点とする「日系ペルー人オーラルヒストリープロジェクト」(Japanese Peruvian Oral History Project) が設立されると、中南米諸国の日系人の補償運動が飛躍的に進展する。JPOHPのメンバーを中心にして「正義を求めるキャンペーン」(Campaign for Justice) という活動が始まり、アメリカ、日本、ペルーを含む大規模な運動へと拡がっていった。一九九六年には補償を求める裁判が起こされ、その結果、一九九八年に日系アメリカ人の補償の四分の一にあたる五千ドルで和解が実現している。[5]

3　クリスタル・シティをめぐる語り

アメリカ合衆国へ追放された日系ペルー人の多くが、クリスタル・シティ収容所へ収容された。クリスタル・シティは、テキサス州ザバラ郡クリスタル・シティにあった司法省下の移民帰化局（Immigration and Naturalization Service）が管轄する収容所で、もとは季節労働者のための宿泊施設であった場所に、一九四二年の秋頃に日系人を家族で収容することを目的に設置された。ＩＮＳが管轄する中では、唯一の家族向け収容所であった。ここには日系人の他に、ドイツ系や少数のイタリア系の人々も収容されており、それぞれが区域に分けられて生活していた。クリスタル・シティが他の収容所と大きく異なるのは、各家庭で料理できる設備を備えていた点である。また、他の収容所と比べると、米や豆腐などの日本食向けの食材が配給されるなど生活環境は優遇されていた。収容所内には、病院や学校、食料品店や衣料品店が建てられ、抑留者はキャンプ内の仕事に従事することもでき、収容所内の光景は、小さな町のようであった（Thomas K. Walls 1987＝1997）。

日系ペルー人の強制収容は、非交戦国の居住者を突然逮捕し、追放するというやり方で行われた。また、アメリカ入国の際は、不法入国者として扱われた。当事者にとって、強制収容とはこれまで築いた財産を奪われ、国を追われ、全てを一から出直さなければならなかった経験である。補償運動では、このような強制収容の一方的で暴力的な側面が取りあげられ、強調されている。例えば、補償運動の際に配布された資料や新聞報道では、「誘拐」「拉致」「非人道的行為」といった言葉が用いられた。ＪＰＯＨＰは中南米諸国日系人の強制収容を「第二次大戦中の日系ラテンアメリカ人の知られざる物語」として「アメリカ合衆国における人種差別の歴史、排外主義、経済競争、ご都合主義以外の何物でもなく、とうてい正当化され得ません」と説明している[6]。補償運動で問われたことは、強制収容体験の内容よりもその不当性であり、「人権を無視した非人道的な行為」への謝罪と補償が全面的に訴えられたのである。また、日系アメリカ人の強制収容からは、強制収容所は劣悪な環境がイメージされ、否定されるべきものとして描かれている。しかし、こうした視点からは、当事者の語りが十分に引き出されていないのではないだろうか。なぜなら、当事者たちは、補償運動や収容所のイメージに対して微妙な態度を示すのである。例えば、Ｍさんは、補償運動への反応として次のように述べている。

Ｍ：Ｏさんたちが一生懸命に運動して（補償金が）もらえるようになって。もらえるはずないと思っていたのに欲張りで、いらないよっていえなくて。私たちはあの人たちが言うほど苦労した覚えはないけれど、補償に該当するのかしらと思ってね。だけど、くれるものはもらおうと思ってね。

Mさんは、補償運動に積極的に参加しなかったのに補償金をもらってしまったことを「ちょっと厚かましいかな」と冗談っぽく語る。Mさんの「(補償金は)もらえるはずない」という思いは、補償運動に参加することに対するためらいととれる。そのためらいとは、補償運動が展開される中で呈示された苦難のストーリーと「あの人たちが言うほど苦労していない」という自身の経験とのギャップだといえる。Mさん同様にクリスタル・シティから沖縄へ帰郷し、補償運動では強制収容の苦労を積極的に発言してきたSさんもまた、社会一般が持つ収容所のイメージと、クリスタル・シティでの経験が異なるものであることを指摘する。

S：もうともかく、キャンプ内では想像もつかない。収容所っていったらイメージ悪いでしょ。
*：悪いですね。言葉が(・・・)
S：でも、そうじゃないわけ。今でも、私たち、収容所に二カ年近くいてもね、今、ほら、映画テレビでも収容所ってでるでしょ、//*：はい//やっぱり、いいイメージないね。自分たちはあんなに良い思いしたのに、//*：(笑)//だから、収容所って、抑留者を閉じ込めたって、やっぱり、何か、ね、虐待されるってあれ[イメージ]よね。

SさんやMさんの語りは、補償運動ではみることのできなかった語りである。このような補償運動とのずれはどこからくるのだろうか。日系ペルー人二世世代のクリスタル・シティの語りに耳を傾けると、「当事者=強制収容の被害者」という図式とは異なる側面が現われてくる。Mさんは、ペルーでの生活と比較してキャンプでの生活を「贅沢だった」と表現する。

M：キャンプに着いたら、食料品も全部並んで、ベッドもシーツも全部準備されていて。一家族に一つ、食料品もいっぱい、なべ、かまも全部準備されていてすぐその日から暮らせるようになっていたわけよね。(略)冷蔵庫に氷も入っていて、食事も入っていて、もうすごい、ペルーでは想像もつかないような贅沢だった。それこそ(笑)乞食が王様になったような感じだったよ。
*：それは、それだけ揃っているという?　全部、冷蔵庫[とか]
M：揃っている。冷蔵庫も氷も。その頃、冷蔵庫は電気じゃなくて氷の冷蔵庫。氷もちゃんとあった。
*：ペルーのときは冷蔵庫は?
M：冷蔵庫どころか電気もない(笑)。石油ランプ生活。
*：ああ、
M：町は近いけれど、非常に田舎で。え、ほんとに。町の灯りが見えるくらい近いんだけど、本当に田舎だったね。

「乞食が王様になったよう」というMさんの表現は、クリスタル・シティの物質的豊かさを描写するものである。このような物質的な面での印象は、収容所以前のペルーにおける生活水準や出身地域によって異なりをみせるが、クリスタル・シティでの衣食住での待遇の良さを物語っている。捕虜として扱われたクリスタル・シティの抑留者たちには、あまって捨てるほどの食料が配給されていた。ミルクと冷蔵庫の氷は毎朝各戸に配達されたという。また、収容所内には、日本語学校と英語学校があり、日系ペルー人のほとんどは日本語学校へ通学した。日本語学校は「幼稚科、初等科、中等科及び専科があり、すべて日本語で教授され國民學校と同様」[7]の授業が行われていた。アメリカ国内の、しかもフェンスに囲まれた収容所の中で、戦前の日本と同じような教育が行われていたのである。子どもたちは、ガールスカウトやボーイスカウトに所属し、放課後に軍事教練や裁縫、礼儀作法などを習っている。JPOHPのメンバーで、戦後、アメリカに「残留」したHさんは、収容所での思い出として学校生活をあげ、幼かった二世世代にとっては収容所が「楽しい」場所として経験されていることを語る。

＊：では、［キャンプの］学校は楽しかったんですね?

H：はい。ええ。私たちの子どもたちにとっては、キャンプはたくさん楽しいことがあったわよ。ボーイスカウトがあって、そこでいろんなことをしたし。（略）そういうこと［ボーイスカウトやガールスカウトでしたことは今でも］覚えている。

クリスタル・シティは、物質的な豊かさだけでなく、精神的な安定を得られた場所としても語られている。クリスタル・シティは、長い人で一年以上離散していた家族が、ようやく再会を果たした場所である。ペルーでの日系人排斥や、戦争による混乱と家族の離散を経験してきた人々にとって、収容所での生活は束の間の平安だったのだろう。日本「帰国者」のAさんは、収容所で父親と再会した母親の安堵した様子を「それまで子ども三人を抱えて気を張っていたから、ホッとしたんでしょうね。キャンプで父親と会ってから一週間くらいかしら、ずっと窓から外を眺めてぼーっとしていたんですよ。気が抜けたというか。」と述べている。また、物質的な豊かさや精神的な安定ということ以外に、ペルーから苦楽をともにしてきたことにまつわる強固な結びつきをもクリスタル・シティは創り出している。アメリカに残留し、公聴会において日系ペルー人の強制収容を証言したGさんは、クリスタル・シティの親睦会である「ペルー会」について触れる中で、クリスタル・シティに強制収容された日系ペルー人の精神的な結びつきを強調する。

G：あのね、僕たちにとっては、この「ペルー会」っていうあれは、もう、本当にユニークなグループだと思うの。（中略）ね、でも、このグループってのは、こんなユニークなグループはないんですよ。ほいで、ペルーへ帰ったグループ、アメリカに残ったグループ、日本へ帰ったグループ、全部それぞれ、みんな苦労してるんですよね。だから、［クリスタル・シティの日系ペルー人の］きずなっていうのは僕はすごいと思う。

Sさんは、クリスタル・シティで過ごした日々を振り返って、収容所体験を肯定的に評価しようとする。

＊：強制収容されたってことは、どう、思っているんですか？ 今。
S：（・）そうですね、まあ、行くときはちょっと不安な気持ちでね、だったけど、向こうで過ごした二カ年近くは、（・・）ほんとに、素晴しい年月だったと思うよ。（・・・・・）ほら、あの敵国にいるっていう感じも全然しない／／＊しないですね、／／全てが、／／＊：日本／／（・）日本並みの、行事が。例えば、どなたか亡くなるでしょ、（略）日本式のお葬式やったりして。そして、少女団もあってね、（略）ともかく、今、振り返ってみて、敵国ではあったけど、非常に大事にされて、素晴しい二カ年だったと思うね、うん。（略）だから、キャンプにいるから束縛されているっていう気持ちはあまりないのよ。だって、ほら、映画も見れるし、遊びもするし、いろいろ自由でしょ。

以上の語りから、収容所での①物質的豊かさ、②精神的安定、③精神的結びつきという経験に支えられ、クリスタル・シティ収容所が肯定的な場所として語られていることがわかる。こうした評価は補償運動の過程では重視されなかったものである。[8] 補償運動に対する違和感に注目すると、補償運動が掲げる「強制収容＝不幸な出来事」だけでは説明できない収容所に対する複雑な語りが浮上してくる。もちろん、ここにみられる強制収容を肯定的に捉える語りは、補償運動全体を否定するものではない。補償運動が解決した時点だからこそ現われる語りだとも考えられる。また、補償を訴えるべき公式な場での語りではないということも影響しているだろう。しかし、ここで留意しておきたいのは、当事者にとっては、強制収容体験が否定的な側面だけでなく、肯定的な面をもまた持っているということである。これまでの補償運動の語りだけでは、強制収容のある一面しか描けていなかった。補償運動への態度に注目することで、運動の中では抑圧されていた語りが浮上し、強制収容体験を多面的にみていくことが可能になる。

4　Mさんの戦後の軌跡

では、このような強制収容をめぐる肯定的な語りは、当事者にとってどのような意味を持つのだろうか。冒頭の「沖縄帰ってきてからが苦労だった」という言葉に注意しながら、日本「帰国者」Mさんの戦後の軌跡から読み解いてみよう。

Mさんは、一九三二年リマ郊外B地域で生まれた。両親はともに沖縄出身者で、父親は主に農業をしながら、地元の日本人会の仕事にも携わっていた。日本軍の真珠湾攻撃からしばらく経った一九四二年に父親が逮捕される。一九四三年六月に母、姉、弟、妹の五人でクリスタル・シティへ送還された。クリスタル・シティでは日本語学校の四年生に編入し、約二年半を過ごしている。一九四五年一二月に「帰国」。浦賀や蕨の引き揚げ宿舎に収容され、一九四六年九月頃、両親の故郷である沖縄に帰郷した。

クリスタル・シティに強制収容された一世の自伝などによれば、八月十五日に収容所内のラジオ放送で日本の敗戦を知らされたという。[9] しかし、二世世代には不思議とそのことを覚えている人は少ない。ラジオ放送が大人向けだったのではないかとも考えられるが、二世世代が敗戦を実感したのは、収容所出所以後であるということを表しているのだろう。Mさんにとっては、送還船で浦賀に到着した日が戦後の始まりである。上陸当時の印象を「本当に何にもなかった、日本は」と振り返る。

＊：「初めて見た日本は」どんな感じ？

M：あのね、場所が収容所でしょ。その収容所の中、普通の人いなかったわけ。みんなフィリピンからの引揚者、みんなぼろ着て、顔ももう幽霊のように痩せこけて黄色くなって、本当にぼろ着て幽霊みたいな人たちがいっぱいいるわけね。それ一般人と思わない、一般人が、みんな日本人はこんなだと思ったわけ（笑）。もうビックリして。食べるものもない、麦飯に大根の葉っぱを煮たもの。昨日まではもう、アメリカ食の豪華なものばかり食べて、今日から何も食べるものがないって感じで。そしたら、のど通らないわけ、そういうのがね、全部残して、そういうぼろぼろの人たちが「食べないなら頂戴」と言ってくるわけ。一週間はあげていたけど、さすがに一週間からはこちらもお腹すいて食べ始めたけど、日本人こんなだと思って、あるとき収容所の門から外に遊びに出たら普通の人がいっぱい歩いているから（笑）あれは特別なんだってわかったけど、恐かったよ、あんとき。

日本へ帰ると聞いたときの心境をMさんに尋ねると、「まだ子どもだったから、親についていくだけ」という答えが返ってきた。Mさんにとって日本は「憧れの国」でもあった。ペルー時代には、日本へ帰国する同級生を羨ましく思っていたという。収容所の日本語学校でも、日本がどんなに素晴しい国かということを聞かされてきたため、引き揚げ宿舎で出会った他の海外引き揚げ者の印象は強烈だったようである。引き揚げる際、日系ペルー人は収容所で荷造りする余裕が与えられていた。洋装にトランク姿の日系ペルー人らアメリカ大陸からの引き揚げ者の姿は、荒廃した敗戦国・日本の中ではかなり目立つものであったに違いない。「フィリピンからの引揚者」を「幽霊」みたいで驚いたというエピソードは、アメリカ大陸からの引き揚げ者と戦場となった南洋諸島や中国大陸からの引き揚げ者とはかなり日本「帰国」時の状況が異なっていることを示している。また、強制収容とはいえ、大国アメリカの収容所で物質的に豊かな生活を経験していたMさんにとって、日本での食料難は、まさに「天国から地獄」の経験であったといえるだろう。

浦賀の引き揚げ者宿舎にしばらく滞在した後、Mさん家族は蕨へ移り、両親の故郷沖縄に帰るまでの七ヶ月近くを過ごした。一九四六年九月に名古屋から沖縄へ出航したMさん一家は、久場崎港に上陸した後、父親の実家近くにあるインヌミ収容所へ収容された。当時の沖縄は、浦賀以上に「何もない」光景が広がっていた。

M：父の実家に行ったまではいいんだけど、ない、家がないのよ（笑）。蕨もひどかった、浦賀も蕨もひどかったけど、ここはもう、テント、テント小屋（笑）。テント小屋におじいちゃんとおばちゃんといとこ全部住んでいたんだけど、私たち［家族］六人来たもんだからもう大変。（略）

＊：で、沖縄帰ってきてまた、

M：また、最初っからやりなおし。

＊：じゃあ、またどんな感想だったんですか？

M：しかも、蕨にいる間はいくら貧しいといっても電気もあったし、水道もあったわけ、畳の部屋もあるし、屋根もあるし、だけど、沖縄きたらみんなカバヤーでしょ。（略）

＊：で。びっくりしました沖縄は？

M：びっくりした、びっくりした（笑）。食べるものも、蕨んとき、蕨にいるときは少ない、最初は大変だったけど、麦飯とおかずもろくになかったけど、父が東北からお米担ぐようになってきてからは、だいぶ豊かになっていたから、ちゃんとね白いご飯食べていたから（笑）。沖縄きたら、芋さえ満足になかったから、うーん。

沖縄に引き揚げるということは、他の日本本土に引き揚げることよりも困難な生活状況と対峙しなければならなかったことを意味する。Mさんは、強制収容から「帰国」までの自身の体験について「楽しいことしか思い出さないみたい」と語っているが、「（沖縄での）あの水汲みの辛さだけは忘れそうもない」と打ち明け、終戦直後の沖縄での経験がどれほど厳しかったかを示唆する。本当に辛かったのだろう。しかし、貧困や食糧難、物資不足といったことは、重大な苦痛ではないとMさんは述べる。

＊：じゃあ、沖縄に帰ってきてからがやっぱり辛いですね。

M：だって、戦争で何もないし、で、また、［収容所では小学校に

編入していたが、年齢にあわせて高校に通うことになったことを指して］高校（・・・）急に高校とかいわれても、

M：だから、私、プラスとマイナスの意味が分からなくて、この先生何話してるのかなって。でも、みんな同じ。みんな戦争に追い回されて勉強していないでしょ。みんな同じ程度のものだった。

＊：じゃあ、特に？

M：特にね、ハンディはなかった。

＊：沖縄に帰ってきてすごく困ったこととかは？

M：困ったことは、まあ、ない。みんな同じだから。こっちが食料難のときは世間の人みんな食料難だし。こっちがボロ着ているときはみんなボロ着てるし。

Mさんにとって沖縄での食糧難や貧しさは、「びっくり」するものではあったが、困難という程ものではなかった。物資不足という状況は「みんな同じ」で、生活のスタートラインは一緒であり、苦労とは考えていないこと指摘している。しかし、インタビュー中にMさんは、「沖縄帰ってきてからが苦労した」ということを何度も口にしている。では、どういうことがMさんにとって苦痛だったのか。Mさんは、沖縄特有のしきたりや慣習またそこで生じる親戚との関係についてこう語っている。

＊：さっき、なにか沖縄から出たいってことを考えたって。

M：ああ、私？

＊：出たかったんですか？

M：出たかった（笑）今はもう諦めている、わかっているけどずーっと出たかった。

＊：どうしてですか？

M：なんか外は面白そうだったから。

＊：面白そう？　別に特に沖縄が嫌とかでは、

M：沖縄は嫌だった。きた時期はこんな所嫌だって。何が嫌って、トートーメー［位牌の意味］。あれが嫌だったの。トートーメーというのかなんというのか、いろんなしきたりがあるでしょ、あれしないとウガンブスク［拝みが足りない］、これしないとウガンブスクとか。（略）「あー、こういうとこ嫌だなー」って思ってね。しかも、ウガンブスクだと子孫にたたりがあるなどとよくいうでしょ。私はそれが不思議。先祖は子供の、子孫の幸福を見守ってやるべきであって、お饅頭が足りない、お餅が足りないなんて祟るなんてけしからんっと思って（笑）。たとえ、よくいうように、自分が食べなくても子どもに食べさせるのが親だのに、お豆腐がどうのこうので祟るなんてけしからんと。そんなのが嫌だった。

（略）

＊：アメリカに行きたかったのとか、海外に出たかったのって、やっぱりその昔自分が生まれてから、なんていうか、生まれてからいろんなところを転々としていることに関係あり

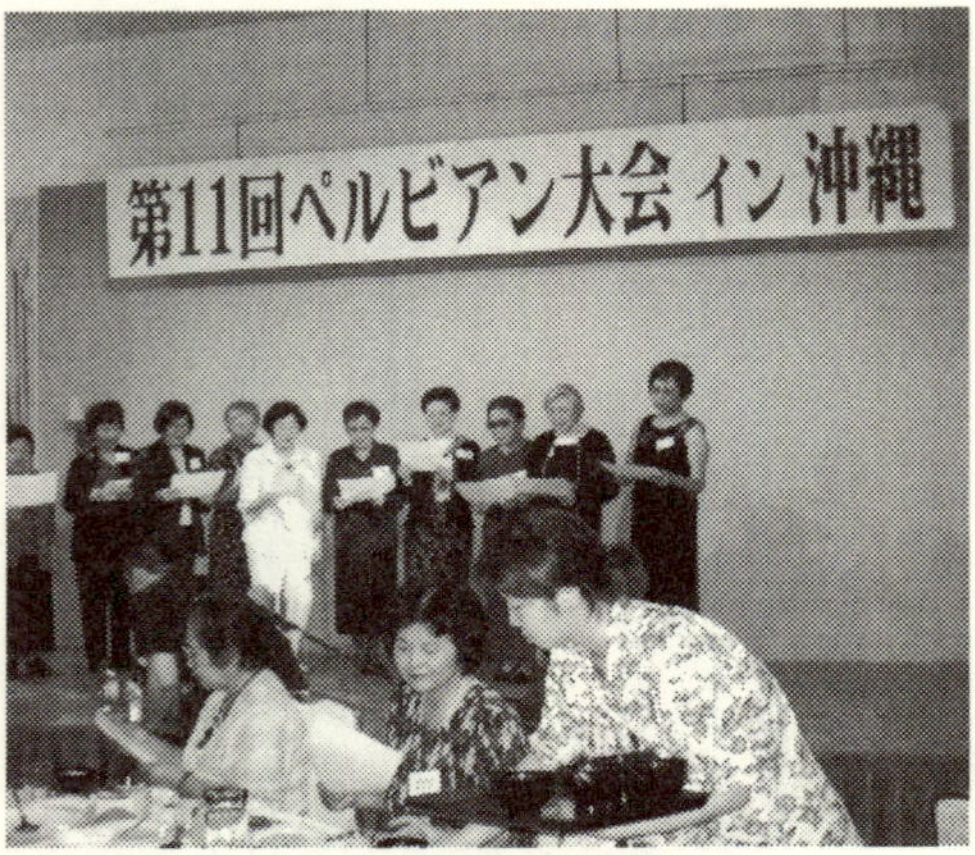

第11回「ペルー会」で少女団歌を歌う元抑留者たち

ますか？

M：うーんと、とにかく沖縄が好きじゃなかった。あの、その、やっぱりしきたりとかがね、特にトートーメーがなんのかんのというのが好きじゃなくって。

Mさんの母親方の家族はアメリカ移民で、母親も「若いとき外国に行って」いたため仏壇事などの沖縄の伝統的慣習には疎かった。一門の宗家にあたる仏壇を抱えていたこともあって、「親戚から横槍がいっぱい」入ったという。Mさんが収容所の生活と対照的に語る沖縄での苦労とは、物質面での貧しさではなく、沖縄の慣習やしきたりが理解できない（＝沖縄に馴染めない）という精神的な苦痛である。「お饅頭がたりない、お餅がたりないなんて祟るなんて」というMさんの言葉はとてもユーモラスに聞こえるが、当時の環境では、周囲の人の共感はなかなか得ることができなかった表現であろう。このようなMさんの沖縄での精神的苦痛の語りは何を示しているのだろうか。「沖縄から脱出したかった」というMさんは、高校卒業後就職し、ボリビアへの移民を考えたりしながら、再就職のため上京する。最終的には、仕事の関係で沖縄へ戻ることになり、地元の生活にすっかり溶け込んでいるようにみえる。しかし、「（沖縄から出ることは）諦めた」と語るMさんの表情からは、両親の故郷である沖縄は、Mさん自身の「故郷」ではなかったということが感じられるのである。

＊：なんか、いろんな所をこう移動してきて、Mさんにとって故郷って所は？

M：ない（笑）。

＊：ないのっ（笑）？ ない。

M：ない。だから、「ペルーに行きたくないの？ 行きたくないの？」って友だちがいうけど、特に行きたいとは思わないし、もちろんキャンプに帰れるはずもないし、沖縄でもまだ、あと一つ馴染めないってところがあるし。（省略）だからあ

の、今度のペルーヴィアン大会［二〇〇四年に開催された第11回「ペルー会」］、

＊：はい

M：やっぱり同じ人種という、なんともなさ、非常にあのリラックス、というのかしら、言葉もそれこそ英語だの、日本語だのお互い、ブロークン・イングリッシュにブロークン・ジャパニーズでやっているけれども、なんか話が通じるかんじ。あるよね。

故郷を定められないというMさんの語りは、故郷への戸惑いである。この戸惑いとは、出生地のペルー、一過性の場所にすぎないクリスタル・シティ（＝アメリカ）、両親の故郷である沖縄（＝日本）という複数の国家のどこにも帰属を定められないという感覚である。Mさんは、そのようなためらいの感覚が共有できる場としてクリスタル・シティの日系ペルー人が集う「ペルー会」をあげ、クリスタル・シティ収容所に精神的な結びつきがあることを指し示すのだ。

Mさんが日本「帰国」後に経験した食料不足や貧しさなどの表面的な苦しみは、日本「帰国者」にだけみられる特別な経験ではない。終戦当時の人々すべてが体験したものである。キャンプでの豊かな生活の経験があるため、当初は辛く感じていたが、日本での生活が長くなるにつれてこうした思いはしだいに消化されてきている。そうした意味でMさんは沖縄の生活に同化したといえるかもしれない。しかし、故郷への戸惑いの語りからは、Mさんが完全に沖縄での生活に同化したわけではないことも示唆している。ある種の曖昧さがMさんに自身に残っていて、冒頭の「沖縄帰ってきてからが苦労だった」という言葉に繋がっていくのだろう。3節でみてきたクリスタル・シティを肯定するストーリーは、日系ペルー人の戦後の軌跡の中で形づくられ、顕現してきたものと考えることができる。帰属を定められない、戸惑いの感覚を引き受けるために、その複雑さの岐点となった収容所を肯定する語りが紡ぎだされるのである。

5 おわりに——二重の〈迷い〉

Mさんの戦後の語りからは何がみえ、また、戦後日本の社会状況からどう捉えることができるだろうか。

まず、故郷を定められないというMさんの語りは、アイデンティティへの戸惑いととることもできるだろう。[10] Mさんは「帰国」後の様々な側面で精神的な差異を感じ続けている。先述したMさんの言葉にもあるように、Mさんたちクリスタル・シティの日系ペルー人の背景には、ペルー、クリスタル・シティ、日本、そして現在（日本／アメリカ）が複雑に交錯している。このバックグラウンドは、複雑すぎて他の人々に「わかってもらえない」ものである。戦後のMさんの語りからみえてくるのは、このようなアイデンティティへの戸惑いの状況、つまり、

〈迷い〉のライフストーリーである。Ｍさんのアイデンティティとは、複数のうちの何か一つを選択するのではなく、複雑さの原点となる場所（収容所）を認めることによって、複数全てを引き受けるという〈迷い〉のアイデンティティの形態である。

また、Ｍさんの語りからは戦争体験を語ることへの戸惑いも感じられる。日本に「引き揚げ」てきた直後に出会った他の引き揚げ者についての語りからもわかるように、クリスタル・シティからの引き揚げ者と中国大陸など日本占領地域からの引き揚げ者とでは、「引き揚げ」の経験がまったく異なる。「あの人たち（他の引き揚げ者）ほど苦労していない」というＭさんの思いが、自身の戦争体験を積極的に語ることをためらわせている。さらに、帰りついた沖縄でも、多くの人々が共有する沖縄戦の記憶が全くない。Ｍさんが語っているのは、自身が経験した強制収容を「苦難の引き揚げ」あるいは「悲惨な戦争体験」にカテゴライズしてもよいのかという戦争体験への〈迷い〉である。

以上のような二重の〈迷い〉によって、戦後日本社会においてクリスタル・シティの日系ペルー人は顕現化することがなかった。強制収容体験を肯定する語りは、日系ペルー人の二重の〈迷い〉を支えるものである。強制収容体験の語りと戦後の軌跡に注目することにより、二重の〈迷い〉を抱える日本へ「帰国」した日系ペルー人の姿がみえてくる。

注

1　Ｍさんとのインタビューは二〇〇二年八月二〇日と二〇〇四年九月七日に行われたものである。インタビュー時間は約三時間である。また、Ｍさん以外のトランスクリプトは、筆者が二〇〇〇年から継続して行っているインタビューから用いている。本文中の「　」はインタビュー記録からの引用を示す。

2　中南米諸国の中でも特にペルー政府が積極的に日系人を追放した理由として、ペルー国内における日系人の都市への集住や経済的成功などがあげられている。ペルー政府は、ペルー最大の外国人集団（一九四〇年当時）であった日系人に対して、様々な制限を行っており、一九四〇年には日系人に対する大規模な暴動がリマで起こっている。戦前のペルーにおける日系人社会の様子はアメリア（1979＝1992）に詳しい。

3　戦時送還船については、村川・粂井（1992）、島田（1995）を参照。

4　戦後、不法入国者の身分を調節し、強制収容に遡ってアメリカ永住権を獲得することのできた人々は日系アメリカ人と同様に補償を受けることができた。しかし、これは、中南米諸国の被抑留者の一％にすぎない。

5　ＪＰＯＨＰによると、九六年の裁判の結果、六四五名が補償を受けている。不適格・和解案を拒否した人々を中心に日系アメリカ人と同等の補償を求める運動が現在も続けられている。

6　ＪＰＯＨＰ配布資料より。

7　クリスタル・シティ日本人家族抑留者名簿より。

8　ＪＰＯＨＰは収容所を肯定的に捉える語りの存在は認めているが、それは「個人的な経験の問題」であるとして、肯定的な語りをコミュニティや家族に起った問題に還元して捉える立場をとっている。

9　強制収容所経験者による自伝としては東出誓一『涙のアディオス―日系ペルー移民、強制収容の記』（彩流社、昭五六）や松浦喜代子『日系ペルー人　おてちゃん一代記』（論創社、二〇〇三）などがある。

10　個人のアイデンティティに対して故郷や国家という枠組みがどの程度有効なのかという疑問もあるが、アイデンティティを国家に重ね合わせるという見方が存在する現代社会においては、故郷とアイデンティティを結びつける議論は可能であろう。また、アイデンティティに対する戸惑いは、国民国家を前提とするようなアイデンティティを相対化する視角も持ちあわせると考えている。

参考文献

Gardiner, C.Harvey 1981 *Pawns in a Triangle of Hate: The Pervian Japanese and the United States Seattle*: University of Washington Press,1981.

——“The Latin American Japanese and World War II” *Japanese Americans:Form Relocation to Redress*.. pp.142-145, Salt Lake City: University of Utah Press,1986.

Davis, Fred. Yearningfor Yesterday:ASociology of Nostalgia. The Press,1979.（＝間場寿一・荻野美穂・細辻恵子訳 1990『ノスタルジアの社会学』世界思想社）

東出誓一 1995『涙のアディオス　増補版』彩流社

小林多寿子 1986「都市の中の『ふるさと』――京阪神芝会の一日」『年報人間科学』第7号、大阪大学人間学部

松浦喜代子 2003『日系ペルー人おてちゃん一代記』創論社

Morimoto, Ameria. *Los Inmigrantes Japonoses en el perú*. Taller de Estudios Andinos Universidad Nacional Agraria,1979.（＝今防人訳 1992『ペルーの日本人移民』日本評論社）

村川庸子・粂井輝子 1992『日米戦時交換船・戦後送還船「帰国」者に関する基礎的研究――日系アメリカ人の歴史の視点から』トヨタ財団研究報告書

仲田周子 2004「第二次世界大戦後の『日系ペルー人』の軌跡――日本『帰国者』とアメリカ『残留者』のライフヒストリー」『日本女子大学大学院人間社会研究科紀要　第十号』

島田法子 1995『日系アメリカ人と太平洋戦争』リーベル出版

Ueunten, Wesley, “Japanese Latin American Internment from an Okinawan Perspective” *Okinawan Diaspora*.pp.90-111, University of Hawaii, Press,2002.

若槻泰雄 1991『戦後引き揚げの記録』時事通信社

Walls, K, Thomas, *The Japanese Texans*. Institute of Texan Cultures, University of Texas,1987.（＝間宮國男訳 1997『テキサスの日系人』芙蓉書房出版）

〈資料・ニュースレター等〉

1945「米国テキサス州クリスタル市戦時抑留所日本人家族名簿」日本人自治會發行補償運動関連配布資料

06 ライフストーリー的想像力の射程と限界

高史明『生きることの意味　青春篇』を手がかりに

倉石一郎

1　はじめに

誰しも覚えがないだろうか——そこに何が書いてあるか知りたくてたまらないのに、どうしてもその書物の一頁をめくることができない。いま読んではいけない気がして、結局読まずじまいで封印してしまうという経験に。筆者にとって、高史明『生きることの意味　青春篇』がそれだった。一九七四年の『生きることの意味・ある少年のおいたち』以来、二三年ぶりに書き継がれた（と受け止めた）この本を買いに、寒風の中書店へと自転車を走らせたときのことをまだ覚えている。第一巻の奥付には、「九七〇一二二五、〇〇、▽▽堂で」と、ペン書きで購入の日付と場所の記入もある（この頃まで続けていた習慣だが、その後数年して止めてしまった）。日付は第一刷印刷発行の二日後であり、出版を待ちかねてすっ飛んでいったことがうかがえる。このとき筆者にとってこの本は、是が非でも読まねばならない本であった。そしてなおかつ、どうしても読めない本であった。本稿は、この著作を一九三二年生まれの在日朝鮮人の手による一つのライフストーリーの果実とみなし、あの寒風吹きすさぶ季節、どうしても頁を開くことができなかったのはなぜかという問いに絶えず立ち戻りながら、読み進めていきたい。

筆者にとってこの本が「読まねばならない」ものであったのは、在日朝鮮人の人間形成や自己（self）というテーマに関心を持ち取り組んでいた当時の筆者にとって、高史明という名前が無視できない「気になる」存在だったからだ、とさしあたり言える。前著『生きることの意味・ある少年のおいたち』は読んでいたが、日本の敗戦で物語が終わっていることで、テーマとのかかわりは「間接的」に過ぎないと思い込んでいた。しかしその続編となれば語られるのは「戦後」である筈で、それならわがテリトリーだ、と勇躍意気込んだわけだ。在日すること＝戦後経験という短絡には唖然とするが、これが当時のいつ

column

高史明の作品

高史明の最初の単行本は『夜がときの歩みを暗くするとき』（一九七一年、筑摩書房）だが、彼の名を一躍高めたのは『生きることの意味：ある少年のおいたち』（一九七四年、筑摩書房）にほかならない。後年になって「その本を、誰よりもまず私たちの一人子に進呈した。その子は、朝鮮人の私と日本人の妻との間の一人子であった」と述べていることからも分かるように、本書はシリーズ「ちくま少年図書館」の一冊として、子ども向きの本として刊行されたものだった。語り口はそれゆえ平易だが、扱っているテーマは深い。

この本のなかで著者は、自らの少年時代をたどりなおし、そのライフヒストリーを語ることで、生きることの意味を問わずにはいられない深い悲しみや絶望に直面した人間が、その絶望のなかで、自分のみならず、同じようにかけがえのない人生を生きている他の人々とのつながりを発見し、さらに自分が生きる社会や民族、世界の発見へとひらかれていくことを示した。個人の生を手がかりにして在日朝鮮人「問題」を語ろうとする試みは存在するが、この作品はそれらとは大きくへだたっている。むしろ、一人の在日朝鮮人が自らの生きることの意味を問うとき、戦争や植民地支配、民族や差別といった問題群といやおうなく向き合い、それらとの関わりのなかで自身を発見していかざるをえないことが読み取れる。

この名作の刊行から半年後、誰よりもこの本を読んでほしいと考えていた高の一人息子が、大空に身を投げて自死した。中学入学後間もない、一九七五年七月のことだった。少年が遺した詩作を中心に編まれた『ぼくは12歳』（岡真史、一九七六年、筑摩書房）もまた多くの読者を獲得したが、このことによって高はふたたび、生きることの意味という問いの淵に立たされることになった。この一連の経験を表すのに「背骨を砕かれる」という表現がくり返し用いられている。

子の自死から、本稿の手がかりとした『生きることの意味　青春篇』（全三冊、一九九七年、ちくま文庫）の原型となる『歎異抄との出会い第一部　少年の闇』『第二部　青春無明』『第三部　悲の海へ』（一九八三―五年、径書房）の刊行までの歩みについて、後に高は「私は悲しみの日々を通して、人間が生きることの真の意味を、親鸞の『歎異抄』に見いだしたのであった」と語っている。この三部作は、一九四五年までで終わった前作のあとを継ぐ、「戦後」の時代のライフストーリーが綴られたもの、で済むような単純なものではない。悲しみの日々のなかで、親鸞の言葉との徹底的格闘を行ってきたその軌跡を、紙の上にぶつけたと言えばよいのだろうか、思想書の趣を強くしている。『少年の闇』のなかで著者は、親鸞との出会いを「歳は、二十三歳ではなかったろうか」と語っているが、三部作の物語はちょうどこの出会いの頃に終わっている。なお、しばらく手に入りにくい状態にあった『生きることの意味　青春篇』が、『闇を喰む』（全二冊、二〇〇四年、角川文庫）とタイトル・内容を改めて、再び多くの読者のもとへ届けられることになった。

高史明の作品の歩みにこのように触れてくると、その妻であり自死した少年の母、岡百合子の悲しみ、苦悩にも思いをはせないわけにゆかない。岡百合子には『中・高校生のための朝鮮・韓国の歴史』（二〇〇二年、平凡社ライブラリー）などの好著がある。

わらざる思考回路だった。また当時、「アイデンティティ形成」というそれまでもち続けていた問題設定に限界を感じはじめていた。自分が実施したライフストーリー・インタビューでは、インタビュイーに「アイデンティティ」についていろいろと語ってもらったが、その言葉の奥にあるものにどうしても手が届かないもどかしさを感じていた。肉体性を帯びた言葉をまだ聞けていない、という焦燥感があった。その一方、『生きることの意味・ある少年のおいたち』をかなり前に読んで以来、この人の言葉にはそうした限界を突破する力を予感していた。この道の先人からも、そう教わっていた。そこに強い引力を感じたのだ。だからこそ読まねばならないと思った。

しかしこうした思い焦がれは、また筆者からこの本を遠ざける斥力の源泉でもあった。この本の著者の言葉が帯びる肉体性は、私を回復不能なほど、完膚なきまでに叩きのめしてしまうのではないかという予感である。この本を知ったあと、非在日朝鮮人の立場からいったい、在日する者の生を造形するどのような言葉が、自分に残されているというのか。そう考えたとき、目次を見開いた先へすすむことが億劫になり、できなかった。

あらかじめ展望を示しておくならば、八年の歳月を経て「封印」を解かれた『生きることの意味　青春篇』（以下、本書と呼ぶ）の相貌は、当時抱いていた予感といささか異なる、意外なものだった。そしてこのギャップこそが、在日する者が〈戦後〉を語る時の基底となる条件を浮き彫りにしてくれるものと考えられる。こうした点に深く留意しながら、以下本稿では本書を読み進めていくことになるが、そこで大いに発揮されねばならないのが「ライフストーリー的想像力」である。この想像力を動員することで、本稿は、『生きることの意味　青春篇』の作品論でも、高史明文学の文芸批評でもない、新たな境地を開くことをめざしたい。本稿では解読作業のなかに時おり、本書への引力と斥力に引き裂かれ続けた当時の、筆者自身のパーソナルな挿話が顔を出す。こうしたぶざまなスタイルで叙述を進めていかねばならないのは、あくまで語り手と読み手の相互作用を通して意味生成がなされるとする、ライフストーリー論の立場に立つからである。それ抜きにライフストーリー的想像力を作動させることは、いまの私にはできない。

2　挿話（1）

自転車をかっ飛ばして買いに行く直前のことだったと思う。『生きることの意味　青春篇』の刊行を記念した集会で、作者・高史明氏が自著をかたるのを聞いた。関西地方の〇〇市からはるばる、東京まで聞きにいったのだ。〇〇市で知り合いになった、在日朝鮮人に高い関心を持つ教員にその話をすると大変うらやましがられ、ぜひ講演をテープに録音して来てほしいと頼まれた。私はその求めを快諾し、テープレコーダーを目の前において高史明氏の講演に聴き入った。しかし帰宅してからテープを再生してみると、音声は全く入っておらず、録音は失敗していた。教員に謝ると残念そうな顔をしていた。その原因は些細なケアレスミス（集音マイクをさす穴を間違えたというような）に過ぎなかったが、こうした気の抜け方は何か暗示的だった。本書と私との、引力と斥力がないまぜになった結果のちぐはぐな関係が、そこに凝縮されているようだった。そこで耳にしたお話のなかで脳裡にとどまったのは、自死された息子さんをめぐるお話のなかで出てきた「背骨を砕かれるような」という言葉ぐらいだったかもしれない。そのおそろしい響きには、思わず首をすくめたほどだった。マルクスの名がお話のなかで出て、存外体系的な思想の話なのだな、とぼんやり思ったこともかすかに記憶にとどまっている。

高史明の著作

　いま手元に、活字になったその時の講演の記録『生きることの意味』とその後」がある。聴衆の大半は私のような不心得者ではなく、録音も主催者によってとどこおりなくなされていたのだ。そこを見ると、次のような言葉でお話は始まっている。「私は学校教育というものを教室の中で受けたことがほとんどなくて、……きっと、みなさんから見ますと変てこな、歪んだ人生を送ってきている人間、きっとそのようにも思えるだろうというおそれをいだきながら、あえて今日ここにご縁をいただきにまいりました」。この集会は研究会の名を冠しており、聴衆の多くは研究機関に所属する研究者か大学院生、もしくは何らかのインテリであり、私も勿論その一人だった。冒頭のことばは、そうした聴衆の性質に配慮したものとも受け取れるが、もう少し深読みすれば、聴衆に身をおいて自身の生を「歪んで見えるもの」と規定してみせることによって、多くの聴衆の「歪んでいない＝真っ直ぐな」生を歩んできた姿が高氏のまなざしにまっすぐにとらえられ、昆虫標本のように即座にその場にピンで固定され、高氏の前に姿をさらすこととなる。そんな抜き差しならない関係性を、一挙に作り上げてしまう出だしである。しかしこのピンは、それと意識せぬものにはピンの役目を果たさないようで、抜き差しならない緊張感をおぼえた記憶はうすい。

　講演記録を読み直すと、『生きることの意味　青春篇』そのものについてのお話は冒頭に少し触れてあるだけである。「これから今年の一月二月三月に筑摩書房から出版されますので、また顔を見合わせているととても話しにくい話ですので、ぜひご興味がおありでしたら、そちらをお読み下さい。」とある。物書きの本領は著述にあるのであって、自著について長広舌をぶつのは屋上屋を架けるに等しい。だからこの寡黙さは当然のものとも思える。また当日の高氏には、もっと語りたい別のテーマが身体中にみなぎっていたことだろう。だがそれにしても、「顔を見合わせているととても話しにくい話ですので」という一句に改めて立ち止まらずにはおれない。その直前で高氏は、「その後、私は不良少年になりまして、刑務所にぶちこまれました。それから外に出てきまして朝鮮戦争の時には社会運動にかかわりました。なかなか忙しい日々をおくっております」と語り、刑務所と娑婆の間を頻繁に往復していたことを明かしている。新著でつまびらかにしたそれらの経緯を指して、「顔を見合わせていると話しにくい話」としている。まず、そこで言及された「顔」とは、会場に集っていた（多くはインテリの）聴衆のそれであり、第一義的にはそこに身をおいていた私自身の「顔」のことに他ならなかった。あなた方（たとえば私）のような、屈託なく真っ直ぐに生きてこれた人間の顔を見ては、話す気になれないようなことを本書に書いたのだ、という呼びかけである。この呼びかけにはやさしさと厳しさが、繋がりと切断のモメントが、同居している。一方にあるのは言うまでもなく繋がりであり、自らの生の経験を、言葉を通してあなたたちに共有してほしいというメッセージである。しかしそのやさしさは、もっと厳しいものによってくるまれている。あなた方、真っ直ぐに生きてこれた人間に、私の経験が伝わるだろうか、諒解できるものだろうか。受け手（聞き手）一人びとりが、こうした厳しい吟味にかけられる。だがその厳しさの奥には、それでもともかく伝えるだけ伝えてみようとする、相手への仄かなやさしさが再びある。こうした入れ子状になったやさしさと厳しさには、身に覚えがある。在日朝鮮人からのライフストーリー・インタビューで出会った相手に感じたある種の手ざわりと、それは非常に似ているのである。

なお、マルクスの記憶はあやまりではなかった。講演記録にはしっかりとその名がある。「いま一度、人間の理性に眼を向けると、マルクスが非常に大きな位置を持っていることに気づかされます。その人の言葉において、近代人の言葉のチエの闇を考えてみたい……」。

3 挿話（2）――ライフストーリー・インタビューの経験のなかから

上述の挿話に描いた、高史明氏本人とのほとんど出会い損ねと言ってもよい「出会い」において、本書は、あなたに対して顔を見合わせていては話しにくい話なのだ、と予告された。たとえばそれは、何度も刑務所のやっかいになったりしたそういう経験のことだ、という示唆もなされた。こうした呼びかけの声は私には届かず、一旦忘却の淵に沈むことになったが、それでもそれは、本書に対して漠然と抱いていた不安や億劫さを増幅させ、斥力を大いに増幅させることには寄与したようだ。声は届かなかったかもしれないが、無意識のうちに言葉を「聞いて」はいた。それに敏感に反応したのである。ではこの「反応」の中身はいったいどういうものか。

これまで重ねてきた在日朝鮮人からのライフストーリー・インタビューのなかで、インタビュイーがかつて（たいてい「若かりし頃」と言っていいほど十分昔に）相当やんちゃだったり「ワル」だったりしたことを主題にするストーリーと、しばしば出会ってきた。そうした場面がかなり重要だという直観から、分析や解釈に重きを置いたこともある。たとえば倉石（2001）では、インフォーマントのHさんの、高校二年に転機がおとずれるまでの「アメリカングラフィティのような」「ワルガキ」としての生活の語りにさしかかった部分のインタビューのやり取りに焦点化した分析を試みた。トランスクリプトを解読すると、インタビュアーである私は、転機によってそうした生活が一変したというHさんのサインを受けて、「ワルガキ」生活のストーリーから「その後」の話へのすみやかな移行を、相互行為のなかでさりげなく、しかし執拗に画策する。何度目かにそれが功を奏し、次のストーリーへの移行は達成されたのだが、そうした「順調」なやり取りの途上でふいにHさんが、真顔で私に「その頃刺された傷あと、今も足に残ってるけどね」と語りかけたのだ。この発話は、「転機」「更正」などなど手垢のついた言葉でHさんの人生の交通整理を勝手にもくろみ、語られたストーリーを、生活史を構成する一エピソードへと速やかに「過去化」しようとするインタビュアーに、冷水を浴びせまたさりげなく異議申し立てする行為だったと考えられる。

また、朝鮮半島をルーツとし、いま日本に生きるさまざまな立場の人びとがつどい、お互いに自分史を語り・聞きあうグループ「ありらん」（倉石 2003,2004）を運営していた中田さんから、やはり身体に刻印された痕跡にまつわる語りを、ほんのちらりとだが聞いたことがある（ともに仮名）。中田さんは、子どもの頃家族とともにいわゆる帰化をした、これまたいわゆる日本籍朝鮮人である。家族のなかに緊張や葛藤が絶えないなかで、思春期にはグレざるを得なかったという。「その頃、頭をリーゼントなんかにしていて、それがどうも（髪に）悪かったみたいで」、とちょっと頭に手をやったのだ。見ようによっては少し薄くなってきたご自分の頭髪を「ネタ」にしてのこの語りに、グループのメンバーはなごんで笑いにつつまれた。その場にいた私も笑った。Hさんの場合のように一対一で対峙している状況でなく、また少しくおどけの入った発話でもあったが、いま「ありらん」や中田さんについて思いをいたすとき、不思議と鮮明に思い出される場面なのだ。私が出会った「ありらん」主催者としての中田さんは、時おり見せる鋭い眼光などに芯に秘めた強靭なものを感得することはできたが、普段はあくまで穏やかでソフトだった。それはひとつの真実（truth）であるが、リーゼント頭だった中田さんの生もまた別の真実（truth）でなければならない。過去化されて現在から断ち切られてしまったわけではなく、それは現在なお生きられている生だというべきだ。パーマのせい？で痛んでしまった自身の頭髪を引き合いに出して、さりげなくそのことを示したものと考えられる。

　このように、私自身のライフストーリーを読む「目」が、それまでの「アイデンティティ形成」一辺倒から多少なりとも前進していったことで、『生きることの意味・青春篇』にライフストーリー的想像力をはばたかせる機会も徐々に熟してきた。ここまでかけて少し見えてきたものが、想像力を媒介とした本書との出会いによってさらに高い次元へと引き上げられるという予感が出てきた。だが反面、ささやかなそうした獲得物が、本書によって一撃のもと叩き潰されるのでは、という懸念も消えない。なにしろHさんや中田さんの場合、身体的痕跡を参照することによって「ワル」の自分もまた過去化されておらず現在生きられていることを示す語りは、あくまで私やその他の人びとの面前で、いわば「顔を見合わせて」話されたものだった。それに対し「顔を見合わせては話せない」と通告した以上、高氏のライフストーリーにはそれらを超える厳しさが予想される。だがライフストーリー的想像力の出番は、それが「顔を見合わせては話せない」ストーリーだからこそ存在するともいえる。厳しさの予期が高まれば高まるほど、想像力の方も「腕が鳴る」はずだ。いまはともかく、先へ進むしかない。

4　顔を見ては話せないこと＝『生きることの意味　青春篇』の世界（1）——身体の架橋性と分断性に注目して

　あの日、高氏から聞いた「顔を見合わせては話せない話」という言葉を跳躍台にして、ライフストーリー的想像力をはたらかせながら作品世界に分け入っていくに先立ち、もう一つの『青春篇』について触れておかねばならない。序文のなかで作者は述べている。「この二十一年は、私にとっては、言わば改めて人間が生きることの意味を、尋ね尋ねしてゆく悲しみの日々であったといえよう。そして、十年前である。私は『歎異抄との出会い』と題した三部作を書いた。『少年の闇』『青春無名』『悲の海へ』の三部作である。……この三部作が、この度、新たにちくま文庫に加えられることになった。私は……予ねて不安の深かった三部作を読み直した。そして、この機会に全面的に改稿することにしたのであった」。

　もう一つの、というよりその祖型だったと言うべきかもしれないが、いまでは手に入りにくいと思われるこの三部作も、私の書架にあった。最後の『悲の海へ』だけは欠けているが、手元の二冊の裏表紙に、私の筆跡で「二〇〇〇、三、三〇ネットで」と書き込んである。やはり頁は開いていないが、いつか見開かれる日を予感して私の手元に馳せ参じていたということだろうか。どういう理由で買い求めたか記憶は薄いが、高氏の書き物への私の執着はそれなりに持続していたようだ。以下では、この二つの『青春篇』を必要に応じて読み比べながら進めていく。

4-1「入れ墨」のストーリーに寄せて

『生きることの意味　青春篇　第一部少年の闇』は、前著『生きることの意味・ある少年のおいたち』でくわしく語られた、日帝時代の日本での「私」の小学生時代を語り直すことから始まる。そして日本の敗戦によって植民地時代が終焉すると、にわかに身辺があわただしくなりだす。『青春篇』がそこに始まる。それまで君臨していた教師が、「私」の姿に尻尾を巻いて逃げるのを目にして、学校を去ることを決意する。大人社会に対する不信感に取りつかれ、意見しようとする朝鮮人長老にも刃をふりかざして応えた「私」は、急速に「小悪党」の世界へとのめりこんでいき、ついに警察の手にかかって収監されてしまう。監房のなかで出会った同世代の少年たちの群像、そこでの恐ろしくもあり心を仄かに灯しもする出来事をへて、出所後、小悪党たちと次第に進む道を分かち、朝鮮半島の分断状況が次第に姿を明瞭にする混迷の時代の奔流に身を投じていくところで、『少年の闇』は終わる。

単純化のそしりを覚悟で言えば、第一巻のストーリー構造は、次の三つのサブストーリー、すなわち「小悪党」の世界に足を踏み入れていくストーリー、そこにどっぷりつかっていた頃のストーリー、そして「小悪党」の世界からの離脱のストーリー、から構成されていると見なすことができる。そしてこの構造の節目に配置されたエピソードに、「入れ墨」をめぐるストーリーがあるように思われる。自らが小悪党の世界に足を踏み入れたことを確かめるかのように入れ墨が入れられ、刑務所から出所後「堅気」になる決心の証として今度はこの「証」を焼き消そうとするストーリーが配置されている。とりわけ小節のタイトルにもなっている（「入れ墨を焼く」）後者のストーリーは、かなりの紙幅をとって語られている。まず特に、この入れ墨をめぐるストーリーに、ライフストーリー的想像力を働かせてみることにしたい。なおここに焦点を当てるに際して、再びパーソナルな挿話を加えておくと、勇躍意気込んで本書を手にとって目次を眺めたとき、まず目に飛び込んできたのがこの「入れ墨」の文字であった。そのとき早合点で、「入れ墨を焼く＝入れる」と勘違いしてしまったのだが、ともかくこの言葉一つで本書に挑む意欲を打ち砕かれ、こそこそ退散を決め込んだものだった。

さて、入れ墨を入れるエピソードは、本書の祖型である『歎異抄』三部作では次のように触れられている。

> 酒を呑み、夜の街に出ては、喧嘩をして帰る日が多くなった。
> さらには善良なる人々に対して、悪人でしかない自分を際立

たせるために、両足の太腿に入墨を入れた。侵してはならないものを侵すという恐れと、自分で自分を暗黒に突き落とす自虐の喜びが、針を刺す苦痛にともなって、全身を駆け巡ったのをいまも記憶している。邪悪な自分の本性を、私は目に見る思いを抱いた。さあ、これがおれだ。おれを見ろ。これがおれだ！　と私は思った。それは社会との関係において、私の中に吹き上った、何物とも知れぬ巨大な存在に対する復讐心の凱歌である。

右のように、重要だが比較的簡明な叙述がなされている。これに対して本書では、この部分についてさらに言葉を多く費やして語っている。次のように始まっている。

まだ十五歳でしかない子どもが、酒を飲み、夜の町に出ては、誰彼の見境なく喧嘩を売るようになった。そのあげく、私は善良な人々に対して、悪人でしかない自分を際立たせようとして、入れ墨を入れることを思いついた。その入れ墨が、腕ではなく、人目につき難い太腿だったのは、私の中にまだ微かながら、自分の所業を恥じる意識が残っていたからだろうか。

このようにイントロダクトリーしたあと、『青春篇』においては語りをトーンがより臨場性を増すものに変調させながら、入れ墨を入れるときのストーリーへと進んでいる。このトーン変化への着眼は、桜井厚（2002）の指摘するストーリー領域から物語領域への移転から着想を得た。

ある日、私は箸の先に縫針を三本くくりつけた針でもって、入れ墨を彫り込んだ。それにしても黒い墨の一針一針の痛覚が、侵してはならないものを侵すという恐れとともに自虐の渦となり、疼くような快感になるとは何ということであろう。人間とは、まことに奇怪な生き物であると思うほかない。私は自分で自分の邪悪な快感に眼を見張った。「さあ、これが俺だ！　この俺を見ろ！　これが俺なんだ！」私は太腿に針を突き刺しながら、その針の一針一針の痛みに酔った。その悲鳴にも似た私の叫びは、そのまま私が社会との間に積み上げた葛藤の暗い痙攣であった。同時にそれはまた、私の心身に渦巻く巨大な暗黒に対する、私の本能的な復讐心の凱歌でもあった。

こうして入れた入れ墨がどのようなものであったかを語ったのが、次の抜粋である。

右股の入れ墨は、花札の牡丹の花を象ったものだった。掌ぐらいの大きさがある。左股の方は、右のそれに比べると遥かに小さい染みであった。桜の花びらを描こうとして、二本の線を入れたところで止めにした痕であった。

　こうした語りを、ライフストーリー的想像力をばねに読み解こうとするとき、絶えず参照点になるのが、本書を初めて手にとったあの冬に、研究集会で高史明氏ご本人から話を聞いたあのときの経験である。つまり、こうして書物に活字になって書かれてあるストーリーを、あのときマイクを通して私を含む聴衆に向けて、結果的には話されることはなかったが、もしかして話されたかもしれない、少なくとも潜在的可能性のレベルで話しえたものとして、読み解いてみるとどうだろうか。

　まず、Hさんの刺し傷痕や中田さんのリーゼントと比べて、「入れ墨」あるいは「入れ墨を入れる」という言葉が、実際に人と人とが対面している状況で発声されることにどれほどの緊張や困難が伴うか、ということに思いが及ばざるを得ない。こうした言葉を得々として口にできるのは、「自分の悪の経緯を……手柄顔に語って見せ」るような、ある種歪んだ価値転倒を伴ったときにのみ可能であろう。そして、入れ墨が実際に入れられ、そして後に焼き消されたまさにその太腿を所有する語り手の身体を目の前にして、聞き手である私はさまざまな意味で打ちひしがれることだろう。目の前にある語り手の身体は、かつて洞察したとおり、ストーリーのなかの「あのとき、あそこ」の世界と、語り手と聞き手が共在する「いま、ここ」の世界を架橋する役割を担っている。しかし、一九三二年生まれの在日朝鮮人である高史明氏の身体がもつ架橋性は、これまで私がライフストーリー・インタビューで経験した中では捉ええなかったような、さらなる重層性を帯びていると考えられる。その身体はさしあたり、「戦前」と「戦後」をまたぐことで両者を架橋していると言えそうだ。しかし周知のように、この概念対は明らかに問題含みである。だがいまはあえて、カテゴリーの精緻化作業には手を付けずにおきたい。その前にぜひとも強調しておきたいのが、身体が「あのとき、あそこ」と「いま、ここ」を繋ぐ（架橋性）のみならず、時と場合によってはそれらを分け隔てる契機にもなりうるということである。このことに気づかせてくれるのが、入れ墨のストーリーに他ならない。その点を論じるために、一旦入れられた入れ墨を今度は焼き消すストーリーを次に参照しよう。

　入れ墨を焼き消すストーリーは、「小悪党」の世界へのかかわりが深まるなかで喧嘩を起こして逮捕され、拘置所ならびに少年刑務所に収容されるストーリーのあと、出所後に起こったこととして語られている。「私」は出所後しばらくすると、再びもとの「小悪党」の世界に居心地の良さをおぼえるが、しかしこの「良さ」は良さであって良さでなかった。

　　その日も私は、この問いに心底をじりじりと焼かれていた。〝これでいいのか！　これでいいのか！〟と。その私の回りに人気はなかった。静かだった。昼間の明かりが、ぼんやりと煤けた障子に広がっていて、その障子の明かりが、部屋のなかの静かさをいっそう深めていた。私は炭団の火の燃える火鉢に手をかざしていた。手をかざして、その意識もなく鈍く燃える火鉢の火に見いっていたのだった。どれほどそうしていただろう。眼の中に小さな痛みが走り、私ははっと我に返った。その小さな痛みは、眼の中の出来事ではなかった。私はさっきから、火鉢にかざした自分の手を見つめていたのだ。その左手の薬指には、黒い汚辱が凍みついていた。私が自ら針をもって刺した入れ墨が、薬指の染みとなっていたのである。私はしばらくその黒い染みを見つめていたが、やがてゆっくりと立ち上がり、ズボンのバンドを緩め、ズボンをずり下ろした。

次の抜粋部分は、火箸を実際に指の入れ墨にあてるときの描写である。

やがて、火箸を取り上げた。〝こいつがある限り、何にも始まりゃしないんだ！〟と私は思う。赤黒く焼けている火箸を見つめて、口の中に唾を溜めた。唇を細めて、そっと一滴落としてみた。ジュン！　耳底を鋭い痛みが貫いた。ジュン！　焼け火箸の青黒い色が、眼を焼いた。唾は一瞬にして消えた。ジュン！　その鋭い音が、脳裏に赤い刃鋼の渦を巻く。私は不意に恐怖に襲われた。……ジュン！　私は固く眼を閉じた。ジュン！　真っ赤な矢が、暗い脳裏を貫いた。見ると、赤黒い焼け火箸から、うっすらと煙りが立ちのぼっていた。指の肉が焼けている。〝イーチ、ニーイ…〟私は心の中で数え始めた。〝サーン…〟が、次の瞬間、私はまたしても固く眼を閉じないではおれなかった。〝サーン〟が最後まで数え切れなかった。〝こん畜生！〟私は罵声を上げた。〝これで真人間になろってのか！〟

両股に入れられている入れ墨は、細い火箸では焼き切れないとみた「私」は、今度は熱したペンチを持ち出し、それを左股に押し当てて焼き切ろうとする。

火の回った鉄のペンチは、火箸のときとは違って、火の外に出ていたところまでが熱くなっていた。素手では持てなかった。私は雑巾の助けを借りて、ペンチの頭を挟んで持ち上げた。ほとんど機械的に、さっきと同じように焼けたペンチに唾を落としてみた。ジュン！　さっきと同じ鋭い音が弾き返る。唾は一瞬にして消えた。ジュン！　だが、さっきとは違って、そのとき私は恐怖を覚えなかった。あまりの恐怖が、恐怖の感覚を麻痺させてしまったのだ。私はその恐怖に蒼ざめた眼に力をこめて、左股の入れ墨を見つめた。その眼の力を深く引きしぼる。ジュ！　私はいきなり焼けたペンチを、左の太股に押し付けたのだった。肉が焼けた。うっすらと肉の焼ける煙りが立ちのぼった。その煙りをまっすぐに見つめて、私は数え始めた。

首をすくめるどころでなく、読んでいるこちらの目からも火が出そうなストーリーであるが、右股の牡丹の入れ墨は大きすぎてこのとき焼き切れず、後日に小悪党仲間だったSと示し合わせて、火縄を使って焼き消す行動に出る。

　間もなく火縄の焼ける臭いとは違う臭いが、鼻腔に這い上がってきた。「焼けよる！」私は思わず怒鳴り声を上げた。「おお、焼けちょるぞ！」とSも怒鳴った。人間の肉の焼ける臭いが、青い煙りとなって、鼻腔をはい上がり、暗い脳裏に満ちてくる。〝焼けよる！〟と私は思った。その臭いは、まるで毛髪が焼けるような臭いであった。脳裏に満ちた臭いが、脳裏の暗がりを越えて、ゆっくりと全身に広がってゆくのが分かった。〝焼けよる！〟私はふたたび思った。全身の毛穴が、異様な泣き声を上げはじめた。獣めいた泣き声だった。「焼けよる！　焼けよる！　俺が焼けよる！」私は喚いた。

　入れ墨というのは身体改造の一つの方法である。そして、多くの身体改造がそうであるように、それは可逆的である。ちょうど、一時リーゼント頭にしていても、後で髪型を変えればその痕跡をいくらでも消し去ることができるように、少なくとも理論的？にはそれが可能である。なるほど入れ墨の場合、髪型を変えるのになぞらえるのがナンセンスに思えるほど、改造や再改造（消去）にともなう身体的苦痛のレベルは想像を絶して高いことだろう。上の抜粋部の語りからも、それは明らかなことだ。しかし苦痛のレベルが高ければなおいっそのこと、身体が「分かつ」契機でもあるという性格は、ますます鮮明になると考えられる。つまり、ライフストーリーの中で語られる、身体改造あるいは再改造のストーリーが、すさまじいものであればあるほど、「いま、ここ」に現前する、改造の痕跡の消えた語り手の身体は、聞き手にとって、物語世界としての「あのとき、あそこ」と「いま、ここ」の間に横たわる溝の深さ、広がりを示すシンボルとして立ち現れるほかない。その溝が深すぎ、広すぎるがゆえに、諒解可能性の糸口を容易に見出すことができない——聞き手にとって事態はそのように経験されるのではないだろうか。

　通常、一連の「小悪党」のストーリーに対してはたとえば、植民地支配からの解放直後の時代状況下にあって「戦勝国民」をもって自らを任じた一部の人々が喜びを爆発させるあまり……、といった在日朝鮮人史の知識を持ち出し、高氏の一連の行為もまた、十代半ばという年齢層がそうした感情を制御できなかったゆえの「行き過ぎ」だったのだろう、などと諒解がはかられる。沈黙のまま活字を通してそれを読む際には、このようなすみやかな諒解がはかられるだろう。しかしライフストーリー的想像力をはたらかせて、もしも私がライフストーリー・インタビューという状況下で、高史明氏と対面してこのストーリーをお聞きしたときを想像するならば、この諒解は成立しがたいように思える。目を経由して活字で入ってくるのとは違うものが、そこに確実に存在する。その場に現前する語り手の身体が、「いま、ここ」と「あのとき、あそこ」との間に立ちふさがり、何がしかの論理が両者をつなごうとするのをはばむのである。その結果、諒解できないまま宙吊りにされたこのストーリーは、意味を超えた「音」として、聞き手である私の耳にいつまでも残ることになるのではないだろうか。

この身体の介在性に関連して、「円熟」あるいは「老い」の問題にも触れておこう。ライフストーリー・インタビューで身体を有する語り手と対面する際、幾星霜を積み重ねて「いま、ここ」にある語り手の身体が、ストーリーのなかの「あのとき、あそこ」にあったであろう身体を容易に想像させないということがある。たとえば、あの日研究集会で私が目にした六〇代半ばの高史明氏の姿から、本書で語られているような激しい暴力をも時として担ったかつての身体を想像するのは、私にはきわめて難しい。かつて戦地ですさまじい暴力を行使した出征兵士が、いまはどこをどう見ても穏やかな老境を送る好々爺にしか思えない、という例を思い起こしてもよいだろう。「円熟」あるいは「老い」もまた身体におとずれる変容であるが、しかしこれは上で見た身体改造とちがって不可逆的なものであり、そのことは大抵、われわれの文化に織り込み済みである。それゆえに、入れ墨や髪型のような身体改造の場合に比べ、「円熟」あるいは「老い」による身体変容がひき起こす、「いま、ここ」と「あのとき、あそこ」との分断効果は限定的であり、分断が惹起する了解困難性も大部分が文化に吸収されてしまうものと考えられる。

4-2 「いま、ここ」とは何時であり、何処のことなのか

ライフストーリーを語る身体を中心において、「あのとき、あそこ」と「いま、ここ」との関連を考えてきたが、ではここで、一体「いま」とは何時であり、「ここ」とは何処のことを言うのかという問いに立ち戻ってみよう。これまで筆者は、「いま、ここ」の世界を、語り手と聞き手が共在するところ、と規定してきた。しかしライフストーリー的想像力をはたらかせてみたとき、どうしても、本当に高氏と私は同じ「いま、ここ」を、同じ時空を生きていると言えるのだろうかという疑問が湧き上がってくる。

これまで私は、自分のライフストーリー・インタビューの経験から、インタビュイーの在日朝鮮人とインタビュアーの日本人である私とが、被差別—差別のコンテクストにおいて接触をもつ時空間として「いま、ここ」を考えてきた（倉石、2001a, 2002）。インタビュイーが求めに応じて開示してくれている世界は、刻一刻と（再）生産され続けており、まさにこのインタビュー場面で生起するいろいろなできごとも、大きな意味ではその（再）生産過程の一部を構成するものであると考えてきた。

こうした捉え方の根底にあるのは、たとえ差別―被差別の関係に立っていても、ともかく相手と私が同じ土台を共有しているという前提である。この共通の土台を、多くの人は「戦後」とか「戦後日本社会」と呼び習わしてきた。どうにか相手の語りを意味あるものとして解釈し、声を声として聞くことができたのも、この「同じ」という一点に立つことによってだった。

ところがライフストーリーとしての『生きることの意味・青春篇』の場合、同じ「戦後」を生きているという自明性が成り立たない。語り手の身体が、鋭利な痛みとともにさまざまな時を刻んできたことは、入れ墨のストーリーを通して見てきたとおりだ。それればかりでなく、東京に出てからのニコヨン労働者としての身体、工場労働者としての身体、山村工作隊としての、或いは非合法共産党活動家としての身体、そして作家生活を生きる身体など、その身体はさらなる歴史を刻んでいった。その刻み方は、戦前／戦後、あるいはコロニアル／ポストコロニアルといった既存の手軽な区分には還元できない。むしろそれは、ちょうど歴史家が歴史区分を設け、歴史を書くのと等価な意味で、自身の身体に歴史を刻んだ「歴史実践」とみなすべきではないだろうか。この歴史実践に対しては、保苅の卓抜な表現を借りれば、あからさまな排除でも、包摂の名を借りた排除としての「掬い上げて尊重する」態度でもない姿勢こそがふさわしい（保苅 2004）。ライフストーリー的想像力を羽ばたかせることで、声ではなく意味を超えた「音」としてそれを受け止めることを、暫定的な回答としてここで提示しておく。

5　顔を見ては話せないこと＝『生きることの意味・青春篇』の世界（2）――他者の書き言葉の「貼り付け」という所作について

前節では、ライフストーリー的想像力をはたらかせて入れ墨をめぐるストーリーを読み解くことを通じて、テクストの中から再び、ライフストーリーを語る身体を復原させ、それが架橋性ばかりでなく、そこにいかなる説明の論理も介在しえない形で「あのとき、あそこ」と「いま、ここ」を分け隔てる契機をもつことを論じた。目で活字を追うことのみを経由した場合であれば、何らかの枠によって処理され諒解しえたものが、ライフストーリー的想像力によってその諒解が宙吊りにされ、意味を超えた「音」のレベルとしていつまでも聞き手の耳に残るのではないかと論じた。またこの諒解困難性が、「いま」とは一体何時であり、「ここ」とは一体何処のことかへの深い問いを誘発することをみた。以上はライフストーリー的想像力の射程を明らかにする議論であったが、それに対してここでは、この想像力が限界に達する地点を、『生きることの意味・青春篇』のテクスト中に探ることにする。

まず、次の断片を参照してもらいたい。これは、「私」が小学校三年のときのエピソードとして語られているものである。

いま思い出しても、顔から火の出そうな出来事がある。……窓のない棟割り長屋に住んでいた私にも、町中にいた日本人の同級生が、友達になってくれたことがあった。……私たちは、将棋遊びに飽きて、組んずほぐれつの縺れ合いを楽しむことになった。……その縺れ合いの楽しみが、最高潮に達したときである。私は組み敷いていた相手の股間に、不意に火照った手を滑り込ませた。級友は、悲鳴を上げて逆らった。それをかまわず、私は彼の睾丸を手に包みとった。まさしく私は、「不良事には巧妙、敏活」だったのである。……だが、私のその行為は、友を侮辱することにほかならなかった。友は突然、激しい怒りを爆発させた。私はその怒りの激しさにたじろいだ。……私は追い返された。その上、翌日から、その友のあらゆる報復行為の嵐に晒されることになった。彼は本当に怒っていたのだった。私は何も言えなかった。ただ淋しかった。彼は私が〝羞恥心に乏しい〟朝鮮人だから、そのような〝不道徳行為〟が平気でできたと言い張ってきかなかった。私は、それに応えることができなかった。ある面では、確かにそう言われても仕方がなかったのである。もし、私に母がいて、窓のある家があったらどうだろう。もっとはっきりいうなら、朝鮮と日本の関係が、支配と被支配の闇に閉ざされていなかったら、果たして私はあの恥知らずな行為にでたであろうか。私は彼との関係が、親密なものになればなるほど、私たちの間にある目に見えない闇を意識しないではおれなかった。それはもう、本能的なものであったともいえよう。私は彼との間に真実の友情を作りたかった。だが、その願いが二人の間を裂くことになったのである。この妙な歪みは、私の為すことすべてに付きまとっていたといってよい。だから、私は鈍重になった。そして突然、全身が敏捷に動き出すときがあるとすると、それは決まって〝不良事〟を為すときということになっていた。私は歪んだ少年になっていった。(1:24-26)

上記の抜粋部の傍点部分はすべて、他者の言葉である。それは、「私」のあずかり知らぬところで、「私」を含む「半島児童」の性向について一方的に語られた文書に見られる言葉である。名づけて『半島児童教育所感』という。傍点で示した言葉が、すべてこの文書にある字句のリフレインであることは容易に見てとれよう。

1　児童は内地語は十分話得て不自由はない、只野卑下品の言葉遣いは多い
2　執拗で強情強い所があるかと思うと軽率、雷同的である
3　不道徳的行為を平気でやる
4　虚言を何とも思わず、羞恥心に乏しい
5　事物尊重するなどの行為も極めて認め難く、秩序整頓などにも無関心である

6　動作は鈍重、無作法、しかし不良事には巧妙、敏活である。……

この文書は、「半島児童」の学用品整備状況や学習の実際についても、おのおの次のようなこまごまとした記述を含んでいた。

☆学用品整備状況

1　概ね整備して居る。

2　忘れ勝ちの者も多い—半島児は一般に忘れ勝ちが共通的特徴で顕著である

3　不揃いの者も相当にある—紙、鉛筆、筆などの消耗品の補充不十分の者がある。品質としては粗末なものの使用者が多い

4　其他用具—帽子、雨具、靴等、補充不十分、容儀上不整の粗末多し

☆学習の実際

1　無気力、不熱心、勉学心乏し、積極的気風を欠く。

2　注意散漫と持続を欠く、怠惰的

3　予習、復習をする者絶無に近い

4　参考書に類する物を持てる者はほとんどなし

こうした記述に寄せて、「私は後年、この言葉を目にしたとき、胃袋に、苦い青汁がこみ上げるのを覚えて、思わず笑い出さずにおれなかった。確かにこれが私の姿だったのである」とのコメントがある。しかしこの箇所に差し掛かったとき、私も思わずあっと小声を上げたのだった。微妙な文言はむろん異なるが、主張のトーンにおいてはほとんどまったく同じ文書が、戦後の大阪、それも一九七一年に出されたことを私は知っていた。「中学校校長会差別文書」としてそれなりに関係者の記憶に刻まれたもので、一種の差別事件として大きく取り上げられ、教育行政の姿勢をただす動きがこれを機に起こった。この経緯にいささか関心を持った私は、この件で一本論稿をものしたことがある（倉石 2001b）。だからすぐに思い当たった。「中学校校長会差別文書」はこんな調子だ（大阪市中学校長会 1971、中山 1995 より重引）。

☆生活指導

・一般に利己的、打算的、せつな的、衝動的な言動多く、それが情緒不安定、わがまま勝手、ふしだらな傾向、実行の伴わないみせかけの言動となってあらわれる。

・罪悪感に欠き、性的早熟、自己防えい的で、その場限りのウソも平然とし、同じあやまちや注意もくりかえす。

・暴力には屈するが、理づめの話は容易に理解できない。

・言葉づかい、服装は粗雑、ウソも平気、見つかればもともとその場かぎりの言い訳け、ばれたら自暴自棄。

・基本的生活習慣がついていないので、遅刻、欠席、忘れ物が多い。……

もう十分だろう。朝鮮が植民地だった時代に出された『半島児童教育所感』と、寸分の変わりもないまなざしが一九七〇年代に至るまで続いていたことは明白である。ひとまずこの点をおさえてもとの文脈に戻ろう。

　先の小学校三年時のエピソードのストーリーに見られるのは、文書中に見出した他者の言葉の、自らのライフストーリーへの「貼り付け」とも言うべき所作である。しかもこの文書は、発布されてから遥か年月を経て、通常なら歴史的文書あるいは史料と呼ばれるにふさわしいものである。この、史料的文書中に現れる言葉のライフストーリーへの貼り付けという営為に、ライフストーリー的想像力をはたらかせてみるとどうなるか。対座している語り手が、袂から紙切れ（史資料）を出してそっと脇に置き、それをちらちら見ながら、あるいはときにはそのまま読み上げてしまいながら、ストーリーを語っていく――そんな光景が想像できようか。しかしこれはもはやナンセンスな想像、空想の域である。対面の場での文書の読み上げはいかにも儀式的であり、非コミュニケーション的である。だから、そもそもこの所作のなされている部分は、ライフストーリー的想像力の及ばない、歯が立たない部分であり、完全な意味で「顔を見合わせては話せない」ストーリーと言うべきだろう。では一体ここで何を、どう語ろうとしているのか。

　少なくとも私が調べた限りにおいて、一九七一年の大阪で「校長会差別文書」に対して民族諸団体があらわした抗議の姿勢はきっぱりと非妥協的なものであったが、それと比べると、『半島児童教育所感』に散りばめられた他者の言葉に対してここで示されているスタンスは、より微妙なものに思える。「確かにこれが私の姿だった」「私自身にぴったりと思える言葉の幾つかを……」「そこに見届けられている少年こそは、まさに私の少年時代の姿そのものだったといってよいだろう」。こうした表現で、苦い同意さえ表明している。「貼り付け」はこの苦い同意表明と同義の所作だが、ここにおいて明らかなのは、自らの子ども時代の一コマを語るに際して、植民地主義の眼差しに骨の髄まで貫かれた行政文書の「他者の言葉」に優る、ふさわしい「自分の言葉」を見出すことができないということである。自己自身の本質がある言葉によって言い当てられていると認めざるを得ない一方、その言葉が途方もなく自分にとって遠い迂遠なものであるという疎隔感。しかもこのライフストーリーが生まれたのは、日本の植民地支配終結から幾歳月も経てのことである。「戦後」何十年が経過しようとも、植民地主義に染め上げられた言葉が依然として自己を刺し貫いていることは、一九七一年に大阪で同種の文書が出されていることからも明らかだろう。こうした歴史のアイロニーを表現するには、ライフストーリー的想像力が届かない要塞の如き言葉づかいによるしかなかったということだろうか。

ところで、一九三〇年代にすでに牢固としてそこにあった植民地主義が、七一年になお根強く生き残っていたとき、八〇年代、九〇年代にそれが一掃されたとだれが自信を持って言いえようか。八〇年代初めに私は中学生になるが、自分と同級、さらにはあとに続く世代の者が依然として、密かにこうしたまなざしに捉えられるところとなっていたのかもしれない。とすると、自分と「かれら」との距離感も次第に分からなくなってくる。これまで調査、非調査を問わずさまざまな状況で幾人もの、同年代やそれより若い「かれら」と出会い、言葉を交わしてきた。そこで私が聞いていたストーリーは一体なんだったのか。不遜ながら私は、高氏らの世代よりも私のほうが「かれら」に近い場所に立っていると思い込んでいた。しかし「かれら」の声もまた、注意深く聞けば無惨なほどの他者の言葉のつぎはぎだらけだったのかも知れない。

ところで、このライフストーリー的想像力の及ばない「要塞」の領域は、存外広い。必ずしも書き言葉とは限らないが、他者から投げつけられた言葉が内面で繰り返し反響し、その呪縛を受けるうちにいつの間にか言葉と自己自身が癒合し、言葉通りの自己を演じてしまう、そのような一種の「貼り付け」の語りがその後も至るところに登場する。「私」が刑務所を出てしばらくしたとき、周囲からの勧めで朝鮮学校に通うことになる。そこで待っていたのはムショ帰りという言葉であり、その言葉に魅入られたかのように教師Uに対して暴行を働いてしまう。

> かつて私は、父の知人でもある朝鮮人社会の長老たちに、刃物を振り上げたことがあった。殴られたからである。また、小悪党に転落し、少年刑務所に繋がれながらも、そこでなお、暴力と手が切れなかった。私が朝鮮人学校に来たのは、まさにその自分と決別するためだったはずである。ところが、私は、ここでもまたUを殴りつけてしまった。私はやはりムショ帰りであった。殴られたら、殴り返す。それは私の骨にまで沁みた習性だった。私はUに殴られた瞬間、まさにこの自分の中のもう一人の自分を、絶望的な吼え声とともに知った。確かに私の中には、もう一人の私がいた。自分でも得体の知れないもう一人の自分が……。

上京し、ニコヨン生活を経て非合法共産党活動家として動くようになってからも、他者の声はつねにまといつき、リフレインされる。査問の席上で投げつけられた「野良犬」という言葉。あるいは、自己批判の一環として党から差し向けられた谷底のJ町で目にした、党の「決定集」に書かれてあった「二心者や、スパイや、敵にあやつられた堕落分子」という言葉。このように、至るところで他者の言葉にとりまかれ、自己成就的予言のようにその言葉どおりに生きてしまう存在として、自己が語られざるをえないのである。

6　おわりに——再び、ライフストーリー的想像力の射程

　本稿は、高史明による自伝作品『生きることの意味 青春篇』を手がかりに、もともと書かれたテクストであったものにライフストーリー的想像力をはたらかせることで、これまでの筆者のライフストーリー研究の経験との交差、接合を起こすことで、このライフストーリーが在日する者にとっての「戦後」の何を、どう照射しているかを明らかにしようと試みてきた。本稿では語りのデータを直接参照することはなかった。しかし、書かれたものをめぐる考察の隠れた参照点として、常に「語り」の営みを念頭においてきた。では最後に、ライフストーリー的想像力を羽ばたかせることが、「書かれたもの」、あるいは「書く」ことをめぐる考察に何を付け加えるか、まとめておきたい。

　この想像力が照らし出すもの、それは書くことの〈ぶざまさ〉とでも言うべきものである。通常、ぶざまだと考えられがちなのは「書く」方ではなく、「語り」である。ライフストーリー研究にせよ会話分析・相互行為分析にせよ、人びとのナマの語りや発話のトランスクリプトに一度でも没頭したことがある人なら分かることだが、文脈・論旨の混乱、言い間違い、言いよどみ、繰り返し、不規則発話……その他ありとあらゆる〈ぶざまさ〉がそこに詰まっている。ぶざまさを意識する、最悪にして最上の機会は、発表・発題や講演のように、ある程度の準備をもとにまとまった時間、自分が話したものの忠実なテープ起こしに直面したときかもしれない。

　では書くことの〈ぶざまさ〉とは一体いかなることか。それはもちろん、書かれたテクストの質の「良し悪し」の問題ではない。そうでなく〈ぶざまさ〉とは、さまざまなテクストを創造的に読み解く方法的態度と密接に関わっている。こう言ってよければそれは一つの戦略だ。堅固で難攻不落の砦のように、あるいは荒野に超然と屹立するように見えるテクストも、その創出過程は決してエレガントではない。むしろ、同時代の波に翻弄され、波に飲み込まれそうなアップアップの状態の中から生み出されることだろう。あるいは、歴史の積み重なりに今にも押しつぶされそうな者が発する悲鳴や軋みが凝固したものかもしれない。〈ぶざまさ〉の戦略とは、一枚岩の一見取り澄ましたようなテクストから、微細な裂け目を見つけ出し、それらを手がかりに、テクストが成形される現場の〈ぶざまさ〉を復元することで、テクストを社会・歴史の渦へと差し戻そうとする営為の謂いである。ライフストーリー的想像力は、テクストにそうした新しい光を当てるときの力強い道連れである。

　しかし、真にぶざまなのはもしかすると書く側でなく、それを「読む」側かもしれない。難攻不落のテクストに挑み、返り血を浴びてはすごすごと退散し、また気力を取り戻して挑み……の繰り返し。ライフストーリー的想像力は、こうしたぶざまな読み手の姿にもあまねく光を投げかける。それはちょうど、

在日する者の声に近づこうとしては厚い壁に阻まれ、何かを掴みかけたと思った途端にそれが逃げ去っていく経験を繰り返している私自身の姿に重なる。ことこのテーマに関する限り、研究の語りもまたライフストーリーとしてしか提示しようがないことを、ますます強く意識せずにはおれない。

【本稿で使用した高史明のテクスト】

高史明 1997a『生きることの意味 青春篇一少年の闇』ちくま文庫
高史明 1997b『生きることの意味 青春篇二激流をゆく』ちくま文庫
高史明 1997c『生きることの意味 青春篇三悲の海へ』ちくま文庫
高史明 2004『闇を喰む Ⅰ海の墓』角川文庫
高史明 2004『闇を喰む Ⅱ焦土』角川文庫
高史明 1983a『少年の闇 歎異抄との出会い第一部』径書房
高史明 1983b『少年の闇 歎異抄との出会い第二部』径書房
高史明 1998「『生きることの意味』とその後」在日朝鮮人研究会『コリアン・マイノリティ研究』第一号、七‐三〇頁

参考・引用文献

保苅実 2004『ラディカル・オーラル・ヒストリー』御茶の水書房
倉石一郎 2001a「ライフヒストリー・ナラティヴの分析戦略に関する試論――知の生産活動〈場〉へのコントロールの視点から」日本解放社会学会『解放社会学研究』一五、一二一‐一四九頁
倉石一郎 2001b「マイノリティ教育における〈包摂〉原理の再検討――一九七〇年前後の大阪市における在日朝鮮人教育をめぐる『言説の交代劇』から」日本教育社会学会『教育社会学研究』第六九集、四三‐六三頁
倉石一郎 2002「調査経験を通して生きられる〈差別の日常〉――ある在日朝鮮人とのライフヒストリー・インタビューの再解釈」好井裕明・山田富秋編『実践のフィールドワーク』せりか書房、四七‐七三頁
倉石一郎 2003「『もうひとつの自分史』をめぐる一考察――ある「語りの場」との出会いから」オーラルヒストリーの会（京都大学）発表稿
倉石一郎 2004「マイノリティにおけるセルフヘルプグループ的運動の可能性――グループありらんの事例に見る「語りのコミュニティ」の生成」『東京外国語大学論集』六九集、一七五‐一九四頁
中山秀雄編 1995『在日朝鮮人教育関係資料集』明石書店
桜井厚 2002『インタビューの社会学』せりか書房

07 移動経験と被差別アイデンティティの変容

都市皮革業者の生活史

桜井 厚

1 もうひとつの「部落」

皮革産業地帯の形成

東京の東部には日本でも有数の皮革の一大生産地がある。荒川流域の墨田区、荒川区、台東区、足立区、葛飾区にひろがる一帯である。皮鞣製業、油脂業、靴や鞄の袋物の製革業などが主な産業である。こうした産業を主とする地域は、伝統的な「部落差別」の概念からすれば封建身分制の「近世部落」との連続性で見られがちである。たしかに江戸時代との時代的な連続性については完全には否定しがたいものの、そこに生きる人びとの生活世界から考えると、東京の皮革産業地帯はむしろ近代以降の社会の構造変化にともなって各地方から東京に集まった人びとによって形成されたものであるといってよい。

それを確証させるようなライフストーリーといくつも出合った。たとえば、滋賀県のある川沿いの小さな被差別部落で生まれた若者は、昭和二〇年代、中学卒業後、就職先を求めて友人と東京へやってくる。「東京のどの辺?」という聞き手の問いかけに対し、「ああ、あすこはいまでいう墨田区かな。ほれもなあ、ふつうの仕事ではないけど、えー〘よい〙仕事はできんわなあ」と呟いたものだ。「ふつうの仕事ではない」という表現をいぶかって、「どういうやつです?」と執拗に聞いたところ「皮の鞣《なめ》し」と答えたのだった（桜井 2002:223）。また、千葉県では、戦後ある被差別部落の多くの人がこの地の皮革産業の従業員として通勤していたことを耳にした。ある女性は、「私もある程度歳がいってからは、東京の木下川《きねがわ》の革屋さんに十何年も行ってました。皮を鞣すのは、毛を取るためにやるのね。それできれいに洗ってからはからからに干して、それをまた水で戻して、セン〔毛や脂を削り取る道具〕というのでシュッシュッってのばして」（『別冊スティグマ』編集委員会 2004:16）

部落像の変容

流動化する「部落」

戦後しばらくの間の「部落像」は、地域、系譜、職業を不可分一体のものと見なすものだった。被差別部落住民は近世の被差別身分に連なる系統の人が差別によって一定の地域に固定されて代々居住し、しかも食肉・皮革業を中心とする特定の仕事に従事しているというものだ。同和対策事業を促進するきっかけになった「同和対策審議会答申」（一九六五年）、それをもとにおこなわれた同和対策事業、地元行政を中心としたさまざまな実態調査も、この見方を基礎に対象地区を行政用語である〈同和地区〉に指定し、施策の対象にしてきた。たとえば、地元主導の同和地区実態調査は、対象者を同和地区に代々住みついている世帯・世帯員で、通常、自他ともに「部落民」と認知している人としている。

ところが、こうした「部落像」はもはや現代の被差別部落の状況を適切に表しているとは言いがたい。周辺地域からは被差別部落と認知されながらも、〈同和地区〉指定を受けなかった〈未指定地区〉といわれる地域が施策の対象に含まれていないことは古くから指摘されてきた。それは別として、近年の部落の実態も、部落外との結婚（通婚）の増大、部落外からの転入者の増加、進学・就職・転勤などの部落外転出者の増加などで、これまでとは大きく様変わりしてきている。こうした実態の変化は、「部落民とは何か」をあらためて問い直すきっかけとなっている。

構築概念としての「部落」

差別とは、人間存在を強力に規定し、そのカテゴリー内に属する個人の固有性や独自性を消去し生き方の選択肢を奪ってしまう特有なカテゴリー実践である。被差別者は一種の運命共同体として特定の生き方を強制される。「部落民」という言葉はこうした差別的カテゴリー実践によって構築された構築物の一種であると考えられる。部落差別の根拠はこれまでの地域（環境）、系譜（血筋）、職業（穢れ）の流動化によって曖昧になり、むしろ日常意識では恣意的な根拠にもとづいたうわさや伝聞などの不確かな情報や憶測などで差別意識が生みだされている。

部落内の住民であっても系譜的なつながりをもって代々住んでいる人はすくなくなってきている。通婚で転入してきた人には「部落民」意識は希薄な人も多く、反差別活動への無理解もある。部落外へ転出した人やその子孫は、たとえ系譜的には部落出身であっても自分が部落民であることを自認していない人も多い。たとえば、父が部落出身で母がそうでない場合、子どもをどのように位置づけるかについて父と母の思いは微妙にずれていることがあり、まして子ども自身は「部落民」であることを認識することはほとんどない。一方、系譜的には部落出身でなくとも部落内に居住したり、差別への憤りを共有しつつ活動に参加していると、差別する側から「部落民」と見なされることもある。

このような状況を考慮すると、これまでの「部落民」概念は人種やエスニシティ概念にも通じる〈実体概念〉のニュアンスが強いために再考の余地がある。差別的なカテゴリー化実践における〈構築概念〉であるから、今後は、部落「当事者」など、他の差別事象にも通じる概念を使うことも考えられるだろう。

と、その生活史経験を語っている。彼女が革屋で働きはじめたのは、一九六〇年のことだった。仕事の内容は、鞣しではなく鞣したあとの革を染色する仕事だった。これらのエピソードは、私がたまたま出会った人びとの生活史のなかに織り込まれていたほんの一部にすぎない。しかしながら、これは東京の皮革産業が、当時、労働力の需要源として地方の被差別部落と密接なつながりをもって成立していたことを推定させるものである。

いや、この皮革産業地帯がかつて就職差別がまかり通っていた時代にあって、被差別部落住民の働き口を供給しただけではない。この産業の振興そのものが地方出身者によって形成されてきたのである。先にあげた女性に、「そこの親方さんはどこから来た人だか聞いたことがありますか」と質問を投げかけたところ、即座に「滋賀県」出身という返事があり、さらに彼女はつぎのように続けたのであった。「滋賀県の人は、みんな、暮らしはよかったみたいですよね。大学出て、独立して革屋さんをやってて。みんな滋賀県出身だって言ってました」(前掲)。「みんな」というのは「多い」とか「ほとんど」という意味での日常的な表現であって、もちろん「全員」を指すわけではない。だが、東京の皮革産業の創始者の中核をしめる層の多くが滋賀県出身者であるという話は、それまでのいくつかの調査経験からうすうすわかってきていたとはいえ、やはり二重の意味で驚きであった。ひとつは、特定の地域出身者がこの東京東部の皮革産業地帯形成の中核を担っていたことである。もうひとつは、その出身者を輩出した地域が、私が永年、被差別部落の生活史を訪ねて歩いた滋賀県の被差別部落であったことである。

むらを出る人びと

一〇年余り前、滋賀県の被差別部落を訪ねて生活史の聞き取りをしていると、むらの変化について人びとが異口同音に語ることがあった。それは、むらを出て東京へ行った人たちは、おしなべてみな「成功」しているという語りだ。このむら(以下、A地区と呼ぶことにする)に生まれて農業をしてきた男性(一九一七年生)の語りは、つぎのようなものだ。

> だいたいこのむらの人は、もう外へ出ることばっか(しか)考えへん、にゃ。なぜかちゅうとね、まぁ外へ出た人がみな成功するんですわ。ええ、ほんで、戦前は皮革やってる人なんか、ほら、東京のへんの荒川とかにゃね。つまり、軍隊が使いますやろ、ああゆう革を製造してました。

「やっぱりだれか出て行って成功すると、その話を聞いて」と応答すると、さらにつづけた。

> ほな、わしも行こう、わしも行こうちゅなことでね、ほん

で、なんですわ、江州の人間やし、まぁとくにこのむらの人はもう欲（が）もぉ（あって）、とにかく（むらを）出たら成功しなあかんというようなことで、みんな成功してます。

成功のストーリーは、「戦前はとくに儲かったらしい。もう、親方は旦那ですわ。もう、毎日、ばくちしたり温泉行ったりして遊んで、そうして暮らしてた」という無邪気なものだ。「成功」とは、とりもなおさず経済的豊かさを意味していた。

私たちが聞き取りに訪れたときのA地区の区長は、上記の男性よりもすこし若く一九二〇年生まれであったが、かれは若いころに東京の向島の知り合いの皮革工場へ働きに行ったという。五人きょうだいの末っ子で農業をしてもしようがないからといわれて、十六歳から四年半ほど働き、太平洋戦争が始まる直前にむらへもどってきた。

　昔っていうか、終戦まではぜんぶ東京の方と大阪で、やっぱりこの皮鞣しを行っているでしょう。大阪でどのくらいあるかわからんけど、東京ではね、三〇軒五〇軒ぐらいあったかしらん、この在所から出た人がね。ほれで何つくってるかっていうとね、牛皮、牛の皮ですな。ほれを鞣して、だいたいシブというて、シブをその皮のなかへ沁まして、ほれをこの軍隊の革靴とか、帽子のひさしとか、ああいうのつくるのに、私も行ってました。ほで、うちの方の人が向島に、荒川区というところに、ま、だいたい三〇軒以上、六〇軒はあったでしょう、この在所から行った人がね、その時分は。

ここは江戸時代は、彦根藩おかかえの皮革製造のむらであった。藩から保護を受け、近くを流れる川の水利も太鼓製造などの皮鞣しのために優先権があたえられているほどであった。いまはむらで太鼓屋は二軒。そのなかで三〇〇年の伝統を受け継ぐ六衛門（屋号）家の太鼓師片山次郎さん[1]（仮名）は、つぎのように説明する。

片山：このむらが昔からね、ええ、あのう、皮革の製造をやってましたからね。鞣しもやってましたから。と、このむらがだんだん、まぁ田舎で衰微すると、いうので江戸へでましたんや。

＊＊：明治にはいってからですか。

片山：明治にはいってからです。その方が、若林仙次郎さんていう方が、このむらの東京へね、出稼ぎに行った先覚者ですわ。ええ、それが大成功しましてね。いま、もう東京ではもぉね、ええ、製造業者がだいぶん減りましたけどねえ、もう、一時、アンタ、ああ、何十軒てね、ええ、このむらがね、製造やっておったわけです、皮革の製造をね。

＊＊：はあ、東京のどのあたりになるの、東京の場所は？

片山：場所はだいたい荒川区。

ここでは、明治時代に東京へ出て皮革製造をはじめたのは、A地区の出身者だったといわれている。[2] 多くは、親戚や知人を頼って荒川区の新谷町や三河島へ移住し、皮革業をはじめたというのだ。この地区から東京、大阪へ出ている人は、すでにむらの戸数より多いだろうと語る人もいるほどである。

当事者インタビューの困難

滋賀県の被差別部落から都会へ出て皮革産業に従事した人が、その後の生活史をどのように刻んだのか。これは大いに興味を引かれる。ただ、部落を離れた人たちのライフストーリーを聞く試みはたしかに関心をそそるテーマでありながら、これまで差し控えられる傾向があった。部落を離れた人を追いかけて、その思いや意識を探ろうとすることは、たとえ学問的な調査といえどもその出自を追跡するという行為をともなっているために、身元調査に類似する差別的行為につながりかねないという懸念があったからである。それになによりも「当事者」[3]自身が話したがらないのではないか、と考えられてきた。じじつ、つぎのような話を聞くと、そう考えざるをえなくなる。

太鼓師の片山さんの妻は、差別を嫌って人がむらを出て行くのだと説明する。

> ほんでね、昔の人はもう皮いらった〔さわったら〕ら、もう部落っていう、なにが、ありましたけど、いまは違いますよ。どこでもお肉屋さんもあるし、ね。部落の人間に生まれてもどっかいったん出たらね、みな、知りません。りっぱにテレビだって出てね、知りませんもん。みなテレビに、そういう人がたくさんいますもん。そういうもんで、みな、人間を嫌うんやなしに、このむらをね、みな嫌って。

むらを出て行くことで差別から逃れることができるといわんばかりの妻の意見は、そのままでは首肯できないにしても、それが部落を出る多くの人の動機のひとつに潜在していることは否定できない事実だろう。もっとも、A地区に近い被差別部落においては、東京など遠い地域への移住はほとんど見られない。したがって、差別から逃れるという過去の生活史経験からくる「理由動機」だけでは、このむらの人びとの移住動機を説明することはできない。のちにふれるような未来への希望や夢などの「目的動機」が重要である。[4]

私は偶然、かつて、多くの人がむらを出て東京で皮革業を営んでいる滋賀県の被差別部落でライフストーリーを聞くことがあった。また、その後、東京の皮革産業従事者のライフストーリー・インタビューを行うことで、出身部落と皮革産業のつながりを人びとの一貫した生活史のなかに位置づけることができるようになった。

そうすると、いくつかの疑問がわいてくる。人びとの「部落」

出身者としての意識はむらを出て新天地で生活することによってどのように変化したのだろうか。かれらは出身部落とはその後どのような関係をもつことになったのだろうか。部落差別や皮革業という業種に世間から向けられるまなざしは、戦後の産業や地域の構造的変化とともにどのように変わってきた、と当事者は受け止めているのだろうか。出身のむらの記憶を背景に東京で皮革業に従事してきた当事者のライフストーリーを跡づけながら、戦後日本社会の差別状況と被差別当事者の生活世界の一端を問うことにしたい。

むらが消える？

戦前のA地区は、一般的には小作が多く貧しかったといわれているものの、蔵持の金持ちの家が何軒かあった。ある語り手（一九一七年生）によると、六、七軒の金持ちがあったという。

> だいたい六軒ほどは、もうほれはみんな金持ちやったです。ほんで、もう田んぼも全部もってましたし。それは何をしたかてゆうと皮革をやってました。皮革をね。（中略）ここにはね、不飲川《のまずがわ》ちゅう、ついそこにあります、川が。その川はね、生の皮をね、縄で、こぉ二つに折って流してました。それはなぜかちゅうと、毛ぇを抜かんならん。いまのように化学的に毛を抜くちゅうこともありませんでね。ほんで、あれは日にちもかかったんでっしゃろ。だーっと川にね、流れてる水にね、両耳を杭なんかに打って、あのぉ浸けてましたわ。（中略）毛ぇなんか取りまっしゃろ。取ってね、裏もきれいに掃除して、ほしてね、なにかねえ、脂で足をもんでるの見ましたわ、足でね。

かれが子どものときに見た皮鞣しの光景の一端である。こうしてなめされた皮は、近江八幡市の製靴業で有名な町内に送られていた。戦前から戦中、そして戦後の一九五〇年代ごろまでの「八幡靴」は全国でも有名な靴のブランドだった。

太鼓師の片山さんは、戦前、戦中にむらに米屋が二〇軒、また東京へ出た皮革業者から送られてくる骨や皮を利用して肥料を作っている肥料屋が五軒あったという。むらの中心部にあるお寺の近辺を眺めながら、片山さんはつぎのような光景を語っている。

> この付近、ずーっと蔵がね、土蔵がね、えぇ、多い家で四棟、四軒くらい土蔵をもち、まだそこにも二、三棟、残ってる、ずーっと建ち並んでましてん。ほして、昔はこのA地区はね、彦根藩ね、昔の、江戸時代のね、馬具用とか武具に使わんならん、革ちゅうもんは、もう近江鞣し。そういう革の製造をこのむらでしてましてんや。そやからこのむらはね、昔から金持ちが多かったんで。そらもぉー、ずっと蔵があるし、そこの川はね、琵琶湖までに、田舟《たぶね》がね、通ってまして

ましてんや。そらもぉ、こういうむらにしてはいちばん裕福だったんちがいますか、このむらは。

「こういうむらにしては」というのは、「被差別部落にしては」ということだ。じっさい、他の被差別部落からは、「あすこは部落じゃない」という冗談が出るほどA地区は〈別格〉と見られているのだ。〈悲惨で貧しい〉といった被差別部落を語るモデル・ストーリーにあてはめることがむずかしいむらなのである。

むらの最年長者のひとりである男性（一九〇八年生）は、むらの成り立ちを「ほん昔でいったら、このむらでだいたい二〇戸って、こう言うたわな、ほん出発は」と、語る。七軒の皮鞣し業の家が二〇〇石をあたえられ、現在地に居住し、江戸時代には二〇戸が揉み皮（皮鞣し）をしていたというのが定説の伝承のようだ。「二〇戸ともが、その揉み皮をしてたわけですわ。でぇ、仕事してもらう人がいんわけ。よそからね、みなきてたわけやな」という話からは、働き手が移住してくることでむらが形成されたということのようだ。彦根藩によって皮鞣しと農業用水のために優先的に水利権が確保され、とりわけ太鼓の皮鞣しに利用された遊水池は「太鼓湯」とよばれていた。戦後の農地改革のおかげで、これまでの二〇〇石が一千石の農地所有になったといわれている。

ところがこれほど豊かなむらといわれながら、戦前からむらを出る人が多く、終戦直後は戦時中の疎開で帰ってきた人たちで戸数は二〇〇戸をこえたものの、その後は急速に減少している。「むらの人口は、昔と比べたら増えてるんですか、減ってるんですか」という質問に、「そんなの、うんと減ってます」と元老人会長（一九一一年生）は、いわずもがな、といった表情を浮かべた。「いちばん人口が多いときで六〇〇、八〇〇人。もういまは、ほんなもん、三〇〇人ほどでっしゃろ。もう所帯戸数が一時は二〇〇軒ぐらいあったわね。いまは一二〇軒ですわ」。これは、一〇年余り前の語りである。

たしかにA地区が他の被差別部落と比べても急激に戸数を減らしている。こうした趨勢を太鼓師の片山さんの妻は「しまいには、このむらもだんだん消えていきますよ。もう昔のこと思ったら半分減ってますよ、このむらも。（中略）人数がだんだん、だんだん軒数が減っていくわけです。はよう言えば、自由に暮らしたいからね」と「むらが消える」と表現した。そばで聞いていた片山さんも、「名神（高速道路）の（そばの）Bちゅうとこはなくなりましたな、Bちゅうむらは、八軒か一〇軒のむらがね、もう全然、一軒もない、もう」と、むらの名前をあげて指摘した。のちに東京でのインタビューでわかったことだが、ここで名指しをされたB地区もまた明治時代に東京へ出て成功した皮革業の先駆者を輩出したむらだったのである。

2　移住の歴史

滋賀出身者の移住地

A地区から東京へ出てきた人がまず住みついたのが、三河島近辺の現在の荒川区であった。荒川区在住の松山国雄さん（一九一九年生）は、祖父の代にA地区から出てきて皮鞣しの仕事をはじめた。東京へ出てきた三代目だという。父や祖父の生年は、松山さんにもはっきりした記憶がないが、あいまいな記憶を整理すると父は一八九〇年前後の生まれらしい。祖父になるとまるで定かではないが、「明治の、まだ武士が刀さしてる、あのぉすれすれのとこじゃないですか。そういう話、よく聞きましたもの。じいさんの友だちがね、話してんのを聞いて、なんかね、子どものころはね、『荒縄かなんかでね、帯も締められないで、荒縄でやって田んぼのあぜ道で、あのぉ侍に会うと殺されると思って逃げた』とかいうのを、ちょっと覚えたことあんです」と語るところから、およそ幕末期か明治初年ごろの生まれらしい。祖父は、三ノ輪に住んで仕事をはじめた。

そもそも滋賀県出身者が明治期に移住して新しく皮革産業をはじめたのは、浅草、新谷町（現在の台東区西浅草三丁目）であったといわれる。製革業の古くからの二大勢力として知られた秋元皮革、大野製革所の創業者がまず住んだのは浅草であった。かれらはいずれもB地区の出身者であった。B地区は、片山さんの話では「消滅した」といわれているが、私たちが訪れたところ、国道沿いのその地には、現在も一〇軒に満たない家がひっそりとたたずんでいる。秋元皮革の創業は一八八一（明治一四）年。当時は新谷町に住んで皮鞣しや製革した製品の加工などをしていたようだ（「荒川部落史」調査会 1999:47）が、「魚獣化成場取締規則布告」（明治二五年）「魚獣化成場取締規則改正」（明治三六年）等の規制もあって、おなじころ創業したとみられる大野製革所とともに工場を荒川区の三河島地区に移し、そこでの中核企業となった。それらの下請けのような形で集住してきた滋賀県出身者は、その後は三河島と墨田区の木下川地区の二つの地区に分かれて皮革業を営むようになる。こうして東京の皮革産業の地区が新しく形成されるのである。

家族・親族ネットワーク

大川敏晴さん（一九三五年生）は二代目である。まず父親の叔父が大正期、関東大震災前に上京し、皮鞣しの仕事をはじめた。その後、その叔父のもとで父は兄とともに働きはじめる。

あの、（親父の）兄さんが、結局、次男坊で、うちの親父が三男坊なんですよ。それで、叔父のところへ出てきて、それで、あの、二人で働いて、で、一〇年したら、いわゆる暖簾分けですか、あれを、さしていただいて、それで、今度、うちの親父が独立すると、四男坊、親父の弟ですね、それがまた今度、うちの親父のところへ来て、結局もう、みな学校卒業したりなんかすると、もうあとはきょうだいですとか、親戚頼って、で、どんどん出てくるわけですよね。(中略) Ａ出身のかたは、まぁ皮革関係、ま、大阪の方へ行った方もおられますしね、ええ、東京は墨田(区)とこちら[荒川区]へ。うちのおふくろの方も、親父の方も、全部、皮革関係に。

家の跡継ぎ以外はこぞってむらを離れ、きょうだいや親戚、姻戚関係のもとで皮革業にたずさわるのは、当時、Ａ地区の住民にとってまさに「成功」への典型的パターンだったといえるのかもしれない。また、東京で皮革業をはじめた人も、働き手を故郷の出身者に頼ったのである。そばで聞いていた解放運動関係者も「東京から、その、皮屋さんやってる人が、むらの有力者のところに手紙をよこして、ええ手がほしいんだけどもだれか真面目な人はいないかと、いう、ああ、なんていいますか、案内を出してたらしいんですね。で、このむらの有力者がむらの中の真面目な人を選りすぐって、東京に出してた」と、伝聞だがと断りながら、口をはさむ。それに応えて大川さんも「うちでも全部、あの、働いてくれた人はＡ出身」という。

大川：学校出ると、みなさん、やはり親戚ですとか、まぁ出身のね、うちへほとんど、ですから、浅草あたりの皮革関係方でも、みなさん、まぁ知人ですとか親戚頼って、こちらに住居、働きに来てね。うちでも、えー、三人ぐらい、Ａから若い人が働きに来てますけどね。

＊＊：かならずしも親戚とかでなくて。

大川：でなくて、ま、ほとんどむらですから、知ってますからね、エヘヘ。ですから、ほとんど当時ですから、高等小学校ですよね、十五、六で、みなさん出てきて。

Ａ地区で生まれてむらを離れた経緯を、荒川区へ移住した丸山健三さん(一九二八年生)と、大川さんとほぼ同年代で、現在、墨田区木下川地区で皮革業を営む山田吉男さん(一九三七年生)の出郷のライフストーリーからみておくことにしよう。

丸山さんは地元で高校を卒業し、しばらくは農業などの家業をしていたが、昭和二七年にすでに戦後、東京へ出てきて働いていた長兄のもとへやってくる。もともと父が太平洋戦争がはじまる直前、東京で鞣し業を数年間やっていた経緯はあった。長兄は皮革工場の事務をしており、丸山さん自身は同じ工場で鞣し作業ではなく皮革製品の取引にたずさわる。三男の丸山さんのすぐ上の次兄は、戦後、滋賀の部落解放の旗をあげた「滋賀民主同盟」にくわわり地元で活動をしていたものの左翼的な活動への風当たりが強くなり、一九五〇年代後半に上京して三人のきょうだいで皮革会社を立ち上げようとした。しかし、うまくいかずに挫折、二、三年後に解散して、それぞれ個別に仕事をはじめる。独立したころ、木下川地区で鞣し業を営んでいた家の娘、安江さん（一九三四年生）と結婚する。丸山さんは、のちに安江さんの実家の皮鞣し業を受け継ぐのだが、結婚当初は、鞣しのあとの工程になる染色の仕事からはじめた。

ところで、安江さんの実家もまた滋賀県の出身であった。彼女の祖父は、かの秋元家や大野家などの皮革産業の有力勢力を輩出したB地区の出身である。

安江：あの、結局、大野さんとか、（・）秋元さんは、大野さんってゆうのは、私の祖父の竹馬の友ってゆうんでしょうかね。

＊＊：ああ、そうですか。

安江：ええ、そういう話は聞きました。大野さんってゆうのは、いわゆる商才がおありだったので、かなり、こぉ手広く商売なさって、一時、終戦後は長者番付ですか、あれの一位に、二、三年、名前が載ったという。そこの大野家へ主人の実の叔母が嫁いだんですよ。結局、軍需産業ですからね、皮革も。あれでだいぶ財をなして、終戦後に、皮が、軍関係で皮は全部、こぉ、なんていうんでしょうね。

＊＊：統制になりましたね。

安江：そんなんで、きっと大もうけなさったんじゃないかと思いますけどね。

たしかに一九四九年一二月から翌年の一月にかけて皮革統制が撤廃され、この年に大野製革は全国長者番付の一位になっている（朝日新聞、一九四九年十二月二九日）。

それにしても、丸山さんもきょうだいを頼っての上京であった。山田さんも同じように、こうした家族や親戚関係とのつながりで、この地区へやってくる。山田さんは、A地区で二町歩の農地をもつ当時では比較的大きな農家の九人きょうだいの三男である。男きょうだい五人は、長男が実家の跡を継ぎ、五男はA地区の近隣で自動車関連の工場を経営している。次男、三男、四男の三人が東京へ出てきたわけである。山田さんより五歳上の次男が東京へ出てきたのは、戦後、二〇年代の半ばだった。祖母の弟、すなわち父の叔父が山田さんの親戚関係のなかで東京で皮革業をはじめた最初の人である。その二代目のもとへ次男が働きにきたのである。それから二、三年後、中学校を卒業して実家の手伝いをしていた山田さんは、「忙しいから手伝ってくれないかってゆうことで、東京来」ることになった。

伝統技術の移転

上京の経緯はこともなげに語られたが、よく聞いてみると、かならずしも喜んで東京へ出てきたわけでもなかったようだ。

＊＊：東京へ出てくるって、まぁお兄さんがいるから、べつにそれほどではないけれども、東京へ行きたいなっていう気

持ちは、当時はあったんですか。
山田：あったの半分、正直言って、ないの、半分でしたな、ハッハー。いや、なぜかってとね、一度、こっち、ちょこちょこと、ほら、遊びにきてましたから、で、そうゆう皮とか、そいったの、いじったの初めてですよ。そうゆう死骸をいじったとかね。
＊＊：はいはいはい。あ、こちらで要するに、手伝って、初めて皮を触ったんですか。
山田：そうそうそう、皮ってものを初めてわかったわけだ。
＊＊：でも、たとえば、A地区の、太鼓をつくってたりとか、皮、やってる人、いましたよね。
山田：あの当時、いましたけどね。それ、あの、一、二軒あったでしょうけども、あまり見たことなかった。
＊＊：ああ、そうですか。
山田：で、私たちが、その、ころには、そうゆう、その皮革工場ってのは閉鎖されてましたしね。あの、友だちでいましたよ。あの□□さん家にね。で、あの、ドラムですか、それは一、二台ありましたよ。それ、よく、子どものころ、そこへ遊びに行って、空のドラムですから、それ、いたずらして遊んだりってゆうことはありますよ。うん。（・）でも、皮、生皮とか、そういったもの、見たの、初めてですよ。
＊＊：ああ、そうでしたか。
山田：いやぁ、びっくりしましたよ、ハッハハ。

たしかに江戸時代にはA地区の皮革生産技術は彦根藩の保護をともなうものだった。したがって、それが地場産業として温存され、多くの人が東京へ移住して皮革産業にたずさわるのは、新しい時代の始まりにあって「その皮革技術をもってすれば成功するのではないかというチャンスにかけたこと」に大きな理由があるのではないか、と考えられる。東京の皮革産業史の側から見ると、こうした解釈が容易に成り立つ（荒川部落史調査会、1999：64）。技術移転のストーリーだ。ところが、山田さんはそうした解釈は一面的だという。「太鼓屋さんとかあって、その技術がいきなり、ここの豚皮の技術にいくみたいなね、いうのはおかしい。ほんとうはA（地区）ってゆうところは農業の町なんだ」。ややもすると「全員が太鼓つくって、みたいなイメージで、それがごっそりその技術をもって木下川とかに来たようなイメージ」だけれども、そうではなくて「大半は農業なんです」。かれは「Aってのは皮革産業のまちなんだ」という誤解をされては困るというのだ。皮にさわることに慣れていない人やこの仕事には気が進まない人もいるのだということを、山田さんは強調する。この地で各自が努力した結果なのだと言いたいのだろう。

　山田さんは十七、八歳で上京してからも、二、三年は田舎と東京を往き来する暮らしだった。農繁期には実家の農業の手伝いがあったからである。責任を持たされ「こっちで腰を落ち着けてやれと」といわれて、本格的に木下川で皮革業に取り組みはじめたのは、二十歳なかば、もう数年で東京オリンピックが開催されるころだった。

出郷の契機と成功

丸山さんや山田さんの出郷では成功価値よりもきょうだいや親戚関係のネットワークが機能しているように思われるが、この二人よりも年齢が上の世代で戦前に上京している山川孝夫さん（一九一六年生）になると、立身出世の伝統的価値観が語りには見え隠れしている。かれはA地区やB地区のやや北に位置する滋賀県のC地区の出身である。尋常高等小学校の卒業式直前に上京し、すでに皮革業をはじめていた母方の叔母の家に奉公をする。叔母の結婚相手は大正の初期から皮革業をはじめた。山川さんの上京は昭和五、六年のことである。「おまえは、学校卒業したら叔母さんの家おいで」と小さいころから言われていた。一人の女きょうだいをふくむ七人きょうだいの長男だったが、当人は早々に家を離れ、実家の跡を継いだのは四男であった。叔母の家で住み込みで働いたが、半月働いてやっと二円の小遣いをもらったにすぎなかった。

　それがね、十二年ぐらい、その値段で働かされるわけで。その当時では、朝は朝星、夜は夜星でね、その当時には、住まいを、家を建てるでしょ。ほんで、私らは、いまはそんな風にしたら人はいないけど、家のね、朝五時か五時半ごろ起きてね、その住まいの柱磨きをさせられたわけ。

山川さんにとっては、いまから思うに不本意な仕事だったにちがいない。「叔母の家にいてて、あたし、やらされたんです。うちの母親の妹ですよ」と、親戚であったにもかかわらず、容赦のない働かされ方をしたことを強調する。「夜はハエ捕り、ほで仕事しまうの、夜しまうのは六時か七時ですよ。だから目ぇいっぱい働かされて」。こうした働かされ方は、親戚だからできたのではないか、というのだ。他人だったらすぐ辞めてしまうはずだからだ。そんな働かされ方に耐えた理由は、かれの立志であった。

　あたしの場合にはねえ、十ね、六、七、八（歳）のときからね、いまに見てろ、っちゅ根性はもってましたね、あたしは。ほんでね、まぁあたしらといっしょに仕事してたもんでも、ただ、いまの子ぉでもあたしが言うのは、人間というものは平々凡々として生きてるんじゃない、と。自分は職に就いた仕事をば、自分はこれで生きていこうと思うたら、それを成功するように自分で努力せぇちゅですよ。だから、それを言うんですよ。で、あたしは十七、八のときでもね、ね、せめて一〇〇坪の地所をばなんとかして確保したいと、ほいで、自分でなんとかしようと思って、で、そういってずいぶん努力してね。

山川さんがたまたま遊びに来た友だちと遊んでいたところ、「タカあんちゃん」は仕事しないで遊んでいると叱責された「こんなところにいたんじゃおれは頭があがらない」と思っていた矢先だったから、それを契機に、「いいチャンスやから、暇くれって、辞めさしてくれ」といって辞めた。当時、ほかの工場で働けば一日五円になったのである。実際、その後、仲間とともに芝浦屠場から八〇〇枚から一〇〇〇枚の牛皮を三河島の秋元皮革へ運び込む仕事をやって、月に一五〇円もの収入を得た。戦時体制下の秋元皮革は、軍への革の納入業務を一手に請け負い、周辺の業者は秋元皮革の下請けで鞣し業をしていたのである。いくらか豊かになった山川さんはほどなく見合い結婚で、滋賀県の別の部落出身の女性と結婚する。戦時中の爆撃が激しくなったころに故郷に疎開するものの、敗戦後しばらくして、「こぉーんな草深い、雪の中に住んでいてもしようがない」という思いから、昭和二三年の正月に再び上京したのであった。

山川さんの成功のストーリーを象徴的に物語るおもしろいエピソードがある。昭和二四年、掘っ立て小屋で暮らしながら皮鞣しの作業をやっていた頃だ。ひとりの坊主が通りかかった。

「おたくへちょっとね、一服させてくださいよ」ってゆって。まだ、あたし、工場建ててないんですよ、掘っ立て小屋ですよ。だから「どうぞおかけなさい」ってゆって、「あんた、一、二年のうちに工場建てますよ」って。ほんでぇ、「あたしにね、一筆書かせてくださいよ」ってゆって「筆と何〔硯〕、用意してくれ」。でねぇ、書いてくれたの、その人。二四年の何月かなあ、「小を積んで大と成る」〔小積成大〕と、そういうふうに書いてある。

二年後、その坊主はまたやってきて「あなたね、工場建てたでしょ。今度は住まいですよ」と再び予言する。その予言のとおりに「ほういうふうに、また来てね。ほいて、あたし、だから昭和二七年に工場建てて、あのぉ、住まいを建て」た。「うちの宝物なんだ」と山川さんはいう。いまもその書は額に入れて工場の事務室に飾ってある。

3　もうひとつの「部落」の形成

経済的理由と解放運動のディレンマ

戦後東京の部落解放運動は、一九六〇年代前半に部落解放同盟東京都連合会が結成、その後の一九六五年の同和対策審議会答申、一九六九年の同和対策特別措置法の制定で、各地で支部が結成され、行政闘争が開始された。荒川区や墨田区でも、その気運のなかで支部が結成されるが、それはあくまでも皮革産業関連企業による企業連の結成と税金指導や保健所の衛生検査への対応のため、というのが真意であった。木下川地区に工場をもつA地区出身の川西悟さん（一九二七年生）が、仲介役の支部関係者といっしょにその事情を語ってくれた。

川西：浅草に○○さんちゅう人がいたのね、これは（部落解放同盟）中央本部の人がいたんです。その人がここの木下川で、私とか、松本さん、丸山さん、ほて川西正夫さん、四、五人いたのかな、それが正夫さんとこへいっぺん集まってくれゆうて、○○さん、いま亡くなっていないけんど、ほて、部落ちゅうもんの話をして、ここへ支部をつくらないかって勧めてくれた。それが、最初です。
＊＊：えっと、それは何年でしたっけ？
＋＋：一九七〇年ぐらいだと思いますけどね（・・・・）最初は、あのぉ企業連みたいなところから出発してるんです、うちの支部は。
川西：うんまぁ、あとから言えば企業連になっちゃうわけですね。解放同盟いうのと企業連。大阪に企業連、大企連（大阪企業連合会）ちゅうのがあるのやね。その大阪の人があとから来てくれて、企業連ちゅうものをつくらないかって。これ裏表、どっちでもなるんやわ。表が解放同盟、裏が企業連ちゅう名前のもんだ。こっちも税金払うのも困るし、生活状態（も悪いから）、企業連の方をおもにしちゃった。ただ、あとから入ってくるものは部落ちゅうもんの趣旨もわからずに入ってきて、ただ企業連に入れば税金が安い。
＋＋：昭和四六年四月二五日に、企業連の創立大会をやって、それが支部の創立大会とイコールっていう形になった。

被差別部落ではないところに「部落」の看板を掲げた運動団体支部ができるのである。いかに税金などの行政対策とはいえ、それに抵抗を感じる人もいたであろう。部落差別から抜け出したい思いと部落を名乗ることに施策的メリットがあるという矛盾した思いを、解放同盟墨田支部長を永年勤め長老格の松本良一さん（一九二〇年生）は、一〇年余前におこなわれた「座談会」のなかで率直に語っている。

> 一番初めは、我々いなかの差別がいやで、それとまた職業も、田畑も、働くとこもこれといってなかったので、東京は差別がないというし、親戚が何名か東京へ来ていましたからね、職のないところで親戚頼って東京へ出てきたというのが、皮屋の歴史の始まりじゃないかと思うんだよ。それで、もともと差別がいやで来たものだから、あまり解放運動には関心もたなかったわけだよ。そういっているうちに、税金攻勢で税務署にやられる、そこへ大阪府連の話が流れてきて、当然立ち上がるべきだというところから結成にふみきったんだよ。
> （『明日を拓く』編集委員会 1994:121）

現在、支部の事務方を引き受けていて、最初のころ、インタビュー相手の仲介役もしてくれた人は「なんやかんや言っても、解放同盟を立ち上げていったのは、滋賀の出身の人たち、一世の人たち。松本さんがもうすぐ八十ですよね、うん、あのへんですよね、お亡くなりになったかたもずいぶんいらっしゃる」という。墨田区ではその松本さんも出身の一人であるＡ地区出身者が中心になって支部が結成されたのである。それには、たんにＡ地区出身者が人数として多いというだけでなく、出身地区独特の郷土意識も働いていたようだ。インタビューの仲介役をとってくれた支部員も、「こっちに出てきたＡの人も、あんまりＡ以外の人とは、こう、付き合わない感じが。私が外から見ていてそう思うんですが、山田さん、そう思われません?」と、直接、語り手に問うとすぐに同意が返ってきた。

山田：あるある、一〇〇％あるよ。
＋＋：ですよね。あ、やっぱり。
山田：まず、第一に人をバカにするっていうかな、
＋＋：あと、Ａじゃない人は、あんまりこう中に入れない。山田さんだから言うけど、ハハハ。
山田：いや、私には大いに言ってください。私はぜんぜんちがうんだから。
＋＋：すごく、Ａの方って結束力が固いというか、身内意識が。だから奥さんなんかやりづらいんじゃないかなぁと思う。山田さんの奥さんは、あの、東京の方だから。
山田：あるね、で、ほら、昔貧しい家だった、現在、数段上になっていても、やっぱり昔のあれがあるんですね。「あんなん、なに」ってゆう頭があるんだな。
＋＋：なんとなく感じますよ。Ａ意識って。
＊＊：東京まで来てＡ意識があるってのは、おもしろいね、ハハハ。
（中略）
山田：見栄っ張りすぎるっていうのかな。
＋＋：地域に住んでいるけれども、Ａの方々、あんまり町会とか、そういうおつきあいもなさいませんね。
山田：やんないな。
＋＋：やんないですね。これが不思議です。（中略）ここは木下川だけども、自分たちはそのなかでは、ほかの木下川といっしょにすんな、と、ハハハ（笑）。腐ってもＡだと、こう、私は感じました。

ここで語られたような郷土意識は、支部結成には大きな力となったにちがいないが、他の地区出身者からはいくらか距離感をもって受け止められたようだ。Ｃ地区出身の山川さんは「部落」を看板にすることには抵抗があった。

＊＊：〇〇同盟［運動団体］の支部をつくろうというときは、山川さんも賛成したんですか。

山川：私はそんなの、私はタッチしない。

＊＊：あ、タッチしなかったの？

山川：しないで、その前の人［向かいの家の人］なんかは、だいたい主になって。前の人なんかは、たいがい向こうから持ってきた、Ａの人だよ。このひとらは、ここに、もう死んでいないけど。

＊＊：山川さんはあまりそういうのにタッチしてない？

山川：［おれはそういうのはタッチしない。私はそんなのいやだから。

＊＊：いやなの？

山川：いやだったの。同盟とかそんなのには、煩わしいから、だからね、自分のむらのことでしょう、ほぉならね、自分で自分のむらの恥をさらして（傍点筆者）やってるような運動してることになるんじゃない。

＊＊：うん、ああ、じゃ、あんまり同盟の運動の仕方には賛成してない？

山川：関係しない。私は運動にはタッチしない。あとで、まあ、入れ入れってゆわれて、税務関係がうるさいとか、そういう関係で入った。だから、それ以外のことではべつに入ったわけじゃない。だから、自分から進んで入ってない、ほんなの関係ないことだから。

＊＊：それはあれですか、Ａの人がわりと中心になった？

山川：わりと中心ですよ。Ａの人がほとんど中心ですよ。Ａの人がもってきたわけ、同盟をどうとかこうとか。だから、Ａの人はほとんど同盟で、みな運動やったわけだ。

＊＊：そうすると、そういう運動に賛成しない人もやっぱりいたことはいたんですか。

山川：いたことはいたです。ということは、いま税務関係がうるさくなってきたから、だから入ったほうが有利だから、じゃ、入ろうかちゅうな。だからうちなんかだって、いま新潟のお客さんだって、ここの墨田の支部に入って、新潟から来てるもの。

私の執拗な問いかけにもかかわらず、山川さんは運動に「賛成しない」とはけっしていわなかった。「タッチしない」「関係しない」と微妙にずらした返答をした。税務対策とはいえ、運動の恩恵をこうむったことは認めざるをえないという気持ちの表れなのかもしれない。たしかに税務対策のためなら「部落」出身ではない人も支部員になる。会社の税務対策という実利のためなら自ら「部落」にカテゴリー化される怖れもいとわない、と解釈できるのだろうか。

4　被差別カテゴリーの変容

「部落」と「職業」の間で

解放運動の支部の立ち上げが税務対策を主な原動力にしていたとはいえ、この地区が差別のまなざしから免れていたわけではない。実際、あからさまな差別発言に直面したことが、支部立ち上げの大きな動機になった人もいたのである。

太田義和さん（一九三二年生）はA地区出身の油脂業者である。妻はかつて木下川小学校の教員であった。結婚の約束をしたところに、妻が同僚から「血の滴っているような皮をいじる手で、あなた、抱かれるのね」と言われ、太田さんは校長に抗議に駆けつけている。「そういうね、やっぱり、悔しさがあるわけよ」と語る太田さんには、むしろ「税金の問題はどうでもいい」という思いがあった。「原皮を扱っているところだから。そらぁ、部落の人間しかやってないもの」という「部落」認識で、支部の立ち上げに協力したのだった。

山川孝夫さんの甥の忠彦さん（一九五八年生）は、父が兄の孝夫さんを頼って戦後上京し、兄の元で働いていたときに生まれた。忠彦さんは幼い頃に小児喘息を患って、父は息子の病気を気遣ってやむなく家族そろって故郷のC地区へ帰ってきた。六〇年代後半のことである。その後、たまに東京の伯父のもとへ遊びに行くことがあったが、木下川地区がどのようなまなざしのもとにあるのかを強く印象づけられたひとつの記憶がある。

> 高校二年か三年の夏休みに、東京の孝夫さんのところへ行ったときに、たまたま食事か飲みに連れて行ってもらったんですよ。ほしたら、いとこの、孝夫さんの息子さんらが「飲みに行っても、どこ帰るのやいうたら、木下川とかていうなよ」「おお、わかったぁ」いうて//＊＊：はいはい//店の女の子に。で、飲みに行ったその店で、家帰るときに「あんたら、タクシーで帰るけど、どっちの方向？」とかいうて、で、ぼくが木下川いわなかったけど、なんか「向こうの方」っていうたんですよ。ほしたら、「あっちの方、臭いでしょぉ」いうて、「皮の臭いで」。「ああ、そうかなあ」て、「ちょっと臭いかもしれんなあ」とかいいながら、タクシーに乗って帰った覚えはあります。で、鮮明に、そういうふうにいわれたのが、鮮明に記憶にありますね。

かれが木下川地区も故郷の被差別部落と同じような位置にいることを気づかされた最初の記憶である。

「部落」というより「職業」観を強調するストーリーも多い。山田さんはすでに一〇年ほど前に廃業している。皮鞣し業については「だれからも喜ばれる職業じゃないですわ。正直言って。汚い仕事、土方以下ですよ」と低い評価しかもっていない。

「産革・教育資料室きぬがわ」（旧木下川小学校）

山田：でもね、昔とは違っても、やはり、この、悪臭ってものはとれないでしょう。そうするとね、友だち、高校のときなんかもそうだけども、あの、都内からの友だち、いっぱい来るわけです。大学のね。そうすると、まぁ、一〇人ぐらい来ると、中の一人、二人、いますよ、やはり。なに、山田君、こんな臭いとこ、住んでるの、ね。やはり、うんと頭のいい、りこうな方は、いっさい、そうゆうこと、言いませんよ。だれだれ君、そうゆうこと、言うもんじゃないよって。木には木の匂いがあるんだしね、皮には皮の匂いがあるんだ、と。鉄には鉄の臭いがあるんだから、そうゆうことゆう、職業でね、差別するもんじゃないってゆうこと、いいますよ。だから、その当座は、やはり、なぜ、そんな臭い仕事やってんだってことがね、子どもだって、やはり、子ども心にそうゆうことはね、言いましたよ。いまは、そんなことなくなったけどね。

＊＊：昔は、よりいっそう、臭いはきつかったですからね。

山田：きつかったですよ。だから、そうゆうふうに、いや、臭いとかなんとかとゆった、その友だちは、やはり、一、二回来ると、来なくなっちゃうね。正直言って。

＊＊：ああ、そうですか。

山田：うん。うちの子ども、いや、来なきゃ、来なくていいんだぁとか、それだけゆうだけであって、それ以外のことは言わないからね。

しかし、丸山さんはちょっと異なる見方で、この仕事を評価している。

＊＊：それから、そのぉいままで皮革関係の仕事をやってこられて、東京に来られてね、えぇ、もうこんなん止めたいなぁというふうに、そういうふうに思ったことありませんか。

丸山：なかったですね、なかったです、はい。だから、私が入りましてね、結局、まぁ小さな、他の産業からみればですね、非常に限られた、狭い世界なわけです。でぇ、あのぉそれらしい商売が、ある意味ではできるんですよ、ええ。でぇ、そんなのはしれてますよ、しれてますけどね、ええ。

聞き手の私は皮鞣し業の「つらさ」を聞こうとしていた。しかし、丸山さんのほうが、このあと延々と述べたのは、工夫やアイデアでこれからもまだまだおもしろい革を作り出すこともでき、用途も広がるはずだという希望に満ちた言葉だった。「それでしかできない新しい商品、（中略）そういうことを考えたり」と、いろいろ考えることが楽しくてしようがないという語りだった。

職業に希望や期待を込めて前向きに語った丸山健三さんだったが、その背後に多くの被差別経験の語りを封印していたのだろうな、と気づいたのはその数年後だった。丸山さんへのインタビューは二〇〇一年におこなわれた。その三年後、再び連絡をとったところ、二年前に急逝したとのこと。驚き、あわてて訪ねて妻の安江さんにお会いした。「あと何年かってゆうことなんですけどね、弟の子どもたちも娘二人ですので、継ぐってことはありませんし。ただ、現実に、よそから働いて（・）、あの、働きに来てくれる人がいるんで、主人が亡くなったから、すぐに工場閉鎖ってわけにもいきませんしね」と、「やむをえず」安江さんが実のきょうだい三人とともに、仕事の跡を継いでいるのだという。

もともとこの工場は安江さんの父が営んでいたもので、丸山さんが引き継いだものだった。安江さんの父は東京生まれだが祖父母は滋賀県の出身である。ただ、「私が、子どものころは、田舎には全然親戚がないという……ですから、あの大空襲のときも、私は集団疎開をしなかったので、もう、この学校［木下川小学校］が丸焼けになるのを見てますしね」という。親戚がないという言葉から、戦前にほとんどむらの人が東京へ出てしまったB地区出身者ではないかと推測したが、その通りだった。

安江さんは、この世代ではまだめずらしかった短大を卒業している。親の理解と経済的にはめぐまれた環境のなかで、皮革の仕事をどのように眺めていたのだろうか。

＊＊：ちょっとストレートな言い方をしますと、皮革という、この仕事、そのものに対しては特別、抵抗はなかった？

安江：いや、ございましたよ。で、私は家庭教師なんか行きますと、それはお医者さんのおうちだったり、まぁ、家庭教師をつけようかというあれでしたから、かなり裕福な家庭が多くて、私もなんていうか、それなりにまじめにやってましたんで、「先生にいいかたがいるから」なんていう話も何回もありました。でも、その話が途中で消えていっちゃうんですよ。

＊＊：ああ。

安江：で、父からも、まぁ、こういう仕事は差別を受けてる、受けるっていうことも聞いてましたしね。それから、私の母の方は印刷業でしたから、全然、そういうあれはなかったんで、母方のおじからも、まぁ自分でこういう話をするのもあれですけど、そのころとしちゃ教育もある程度受けているので、それ相応のところへ、あの姪を紹介したくても、そういう点で、まぁ部落の出身とか、そういうんで、ちょっとあの、紹介しづらいっていうことも聞いてました。ですから、そういう、なんていうんでしょうね、とまどいっていうか、のは、ありましたね。

結婚の話が「途中で消える」ことは、その当時に気づいていたのではない。夫の健三さんの姪の結婚話が立ち消えになったりする話を、その後見聞したりすることによって培われたものだ。振り返ってみれば「私の場合もそうだったかなっていうふうに思いますね」。被差別アイデンティティが成立する経緯を、彼女は自らの経験をとおして、つぎにように語っている。まだ、子どものころ、やはり皮革関連の仕事をしている人と結婚した母方のおばが、兄嫁らに誘われて新劇の「破戒」を見に行ったとき、おばのいないところで兄嫁らが「ああゆう芝居に誘っちゃって、悪かったかしら」と話しているのを耳にした。「なんでだろうな。だって、芝居に誘って悪いことないじゃない」って子ども心に思ったことがあった。そんな生活史のなかのささいな記憶の断片が、「被差別部落」というひとつのカテゴリーを知ることによって一挙に了解されるようになる。彼女はそれを「あとから学校の教材やなんかでいろいろやっているうちに、ああ、そういう被差別部落っていうのがあるんだないうのがわかって、そのときに、はじめて符帳があった」と表現した。

そうした経験から、「被差別部落出身以外の人は、この商売はやらないと、そういうあれは強く感じますね」と語る。東京では皮革業が「部落」だという図式が成立している。それが安江さんの認識だ。

職業として

この産業への忌避感は「部落」差別とは直接にはむすびつかないとする考え方もある。皮革業に参入してくる人には部落出身者じゃない人もいる。安江さんもそれは認めている。

なかにはそうじゃない方も、たまーにいらしたんですね。やっぱり儲かるからっていうんで。入ってきた方。だから、あの方はちがうんだってことは気づいていましたね。そういう方はすごいですよ、やっぱり。それだけのあれで入ってらっしゃるから、ずっとあの、大きい工場をね。

職業選択としては経済的な要因が大きい。そして、それを強調することで、被差別アイデンティティを乗り越えようとする人もいるのだ。

山川：いま、関係ないよ。部落の、なにも関係ないです。いまはね。（・・・）皮屋かて、メッキ屋なんかだって、やっぱり、メッキ屋だって部落民はずいぶん多いでしょう。メッキ関係。

＊＊：メッキですか、はあはあ。

山川：ああいうのだって、やっぱ、田舎出てきてもね、やっぱ、みな、出てきてるですよ。

＊＊：やっぱり、あれですかね、田舎から出てきたってゆうことは、よかった、いま思うに？

山川：そらぁ、自分でこうやって、やっぱ成功して、こうやって、気楽に生活できるんだから、私は、自分で苦労のしがい、あったと思うね。

成功は「運と努力の賜」だと、山川さんはしきりに強調した。二人の息子を後継者に説得したのも、収入の多寡を説いて聞かせたからであった。兄の方は、「おれ皮屋、いやだちゅわけなんだ。ほで、サラリーマンになるちゅうわけで、ほれからね、サラリーマンならしょうがねえなあって」。たまたま就職活動がうまくいかず、その間に「おめえはお父さんの後継げちゅって、後継がして」、「二人で力合わせてやらしたらいい」という妻の進言もあって、弟にも協力させることになった。

結局ね、だから、おまえらサラリーマンになってね、ほんで、一五万、二〇万の給料とるのがいいか、自分でおとうさんの後継いで三〇万にしようか五〇万にしようが、どっちがいい、と。サラリーマンになって、人に頭下げてやる、この商売できょうだい（力）合わして自分でやって自分で月給きめるのと、どっちがいい、と。そうやって、言って。

父の説得を受けて、兄の勝幸さん（一九四六年生）は大学を卒業してから父の皮革業にたずさわった。ほかの仕事をしたいという思いはなくはなかったが、親の願いを優先することにした。勝幸さんは両親がC地区に疎開しているときに生まれ、父が再び上京するまでの三年間をC地区で過ごしている。中学校は大学の附属中学校へ進学したが、友人を家に呼ぶことは避けていた。なにか皮革業に対しては「恥ずかしい」思いがあったから、あえて家業について話すことはなかったという。恋愛結婚だったが、とくに妻の親から反対されることはなかった。

勝幸：あの人によって、あの肉だとか革、そういうもの扱っていると、あの、／／＊＊：そう思いこんでいる人／／うん、そう思いこんでいる人とそうじゃない人といらっしゃるじゃないですか。こっちから話しかけて、長いこと話しているとわかるんですけど、そういう人にはいっさい言わないことにしてるんですけど。

＊＊：そうね、あるつきあいをしていけば、わかりますね、その感覚。（中略）奥様自身は、そんなことまったく関係がないというか、（・・・）

勝幸：そうですね。（・・・）ああ、やっぱ、子どもの大学入試のときとか、私の住所とか仕事内容、書くとき、書いちゃっていいかねえ、とか言われましたけどね。

＊＊：仕事のときはなんて書くんですか。自営とか？

勝幸：会社役員とか、自営とか。

＊＊：ああ。

勝幸：皮革と言えないので、

＊＊：ああ、皮革というとやっぱまずいですか。

勝幸：はい、かなあ、と。

＊＊：そういうふうに自分が思ってしまうとか（・・・）

勝幸さんの小さいころからの経験を思い出しても皮革産業への差別は現実のものとして意識せざるをえない。しかし、被差別部落に相当する「部落」意識はあるのだろうか。単刀直入に聞いた。

＊＊：仕事の問題はありますね、皮革がどう見られているかということはありますね。でも、いわゆる部落っていう言い方で、あるいは解放同盟の反差別、部落っていう、そのへんはどういうふうに考えていらっしゃるんですか。

勝幸：部落っていう意識はないんですけども、たぶん、あの他人から見ると、部落の人、地域の人たちの外の人から見ると、そういうふうには見てるんだなっていう意識はあるんですよね。

＊＊：ああん、それはやっぱつながるんですか。

勝幸：ええ。

この地域が「部落」という意識は希薄だ。しかし、「東墨田」あるいは「木下川」という地域に対する差別的な見方が厳然としてあるかぎり、それが「部落」といわれるものなのだろうと思っている。

ところが、さらに話をしていくと、移住一世の世代とは異なり、「部落」といってもかれと同年代の人は「たんなる同業者が集まってる」所という見方をしているという。それが生活史のほとんどをこの地で刻んできた勝幸さんの認識である。被差別カテゴリーは、皮革産業やその関連業種に従事する職業によって象徴される。地域を基本に系譜（血筋）が強調されてきた「部落」に凝縮される被差別意識はもはや希薄である。この地域で生まれ育った二代目にとっても、たしかに他者からの差別的なまなざしを地域に対して感じとることはあったが、それは皮革産業に代表される地域だからである。

地域や系譜という門地から職業へと、言い換えれば属性的なものから選択的なものへと差別のまなざしの根拠が変わってきている現実がある。もとより、食肉・皮革業は被差別身分の職業世襲による属性的な根拠で差別されているという意味で、部落差別を基盤としていたが、最近の状況はむしろ職業そのものへの差別感・忌避感が強い。こうした状況をふまえて、私たちは従来の属性的な意味の強い「部落」カテゴリーを越えて現代の差別の構図にせまらなければならなくなっているのである。[5]

注

1　本文の中の語り手の名前は、原則として仮名にした。ただし、歴史的な人物は、すでに文献でふれられているので実名を使っている。

2　ここでは、片山さんから若林仙次郎という名前があがっていて、A地区へ出た「草分け」とされている。同じ語りは、『荒川の部落史』のなかに収録された語りにも登場する。「草分けできたのは、私のお母さんの親、仙次郎というのが、A地区〔実名が書かれている〕から草鞋もって、汽車がないので、一二、三日かけてきたんですって。明治の初め頃じゃないかと思うんです」（大橋たつ、一九一二年生）。仙次郎は、A地区で皮革業を営んでいた丸山家を継ぐ人だったが、父親の死によって、母親とともに丸山家を出て、ひとり上京したという。ただ、皮革業の歴史の最初に登場する滋賀県出身者の名前は、のちにふれるB地区出身の秋元や大野といった製革業者が知られている。

3　ここでいう「当事者」は、従来「部落民」という言葉で表現された言葉に代わるものとして使われている。詳しくはコラム欄を参照。

4　「理由動機」と「目的動機」は、いずれもA・シュッツの概念である。

5　食肉・皮革産業がどのようなまなざしの下にあるかの一端は、たとえば桜井・岸編（2001）を参照。

参考文献

「荒川部落史」調査会編 1999『荒川部落史　まち・くらし・しごと』現代企画室
木下川沿革史研究会編 1994「木下川地区のあゆみ」『明日を拓く2・3月』東京部落解放研究会
木下川沿革史研究会編 2005『木下川地区のあゆみ・戦後編』現代企画室
桜井厚 2005『境界文化のライフストーリー』せりか書房
桜井厚・岸衛編 2001『屠場文化──語られなかった世界』創土社
別冊スティグマ編集委員会 2004「座談会　経験を語る──食肉産業のうつりかわり」『別冊スティグマ　部落産業』第16号（社）千葉県人権啓発センター

08 一九八〇年代の教育問題「管理教育」を聞き取る

塚田守

はじめに

筆者は、一九八一年から一九八九年までアメリカの大学に留学していたので、日本の一九八〇年代のほとんどを経験していない。その時代についての常識を持ち合わせていなかった。一九九五年から一九九七年にかけて、愛知県の公立高校の教師たちに大学受験についてのインタビュー調査を行った時、「組合闘争」「管理教育」という言葉が当然のように語られた。教師たちにとってのこの二つの常識語は筆者にとっては新鮮な言葉であった。「組合闘争」とは、インタビュー当時五〇歳代の教師たちが経験した新任時代の壮絶な闘いだったようだ。そして、教師のなかには「管理教育」が教育の問題であると熱心に語る人たちもいた。教師たちの受験体制に対する意見を聞きたいと始めたインタビュー調査の中で偶然出会ったトピックスが「管理教育」問題であった。

一九八〇年代中期に突然、「管理教育」が社会問題としてクローズアップされ、教育問題として注目されたように、筆者には思われた。なぜ、「管理教育」が一九八〇年代に問題になったのか、その背景にあるものは何かを考えてみたいというのが、本稿を書こうとした出発点である。一九七〇年前後、愛知の教育で問題となっていたことは、教職員組合の「経済闘争」路線に従った教師によるストライキであり、一九六九年には一三万人以上の教師たちが何らかの処分を受けるという学校教育の中に政治活動の高まりであった。愛知県県下では、「東郷高校が設立される半年前の一九六七年一〇月に愛知県教職員組合がストに突入、高校教師一九二九人が参加し、その処分問題で揺れていた」(中日新聞一九八四年八月二二日)。また、高校・大学においても学園紛争が起こり、教育の「荒廃」が問題となっていた。教育の「荒廃」、学校の「病理現象」が問題とされ、一九七〇年代半ばから、「校内暴力」「対教師暴力」「いじめ」などが学校

column

一九八〇年代の愛知県の「管理教育」批判

東郷高校の設立

愛知県教育委員会が一九六〇年代の学園紛争や組合闘争組合対策として、「教育の正常化」を目的として、組合組織を排し、管理職主導型の東郷高校を一九六八年に設立した。愛知県では東郷高校以降に設立された高校は特殊な意味をこめて「新設校」と呼ばれている。一九八〇年代には、「新設校」で「管理教育」が行われているとして、マスコミで広く批判された。「新設校」のモデルとなった東郷高校は、「〇東訓練」という軍事教練まがいの集団行動訓練が行われ、スパルタ式の教育が行われていると批判された。組合組織を排し、「学園紛争も職員のストライキもない学校」「教員は管理職や主任に従い、生徒は教員に従う学校」として、生徒と教員の人権侵害が行われている批判された。

新設校での「管理教育」批判

東郷高校と類似した傾向をもった新設校も同じように批判された。その批判として、三つの点が言われた。

まず、「管理教育は生徒の「創造性」「主体性」「個性」を奪い、「画一的人間」を育てる。生徒の行動を規制する厳しい校則が批判された。また、大学受験準備のために生徒を駆り立てて、生徒の自主性を認めず、上からの一方的な受験指導をしているとも批判された。「生徒には自主性はいらない。とにかく教師のいうことに従え。それが結局生徒のためだ」として、補習や学習合宿の実施、小テストの反復練習、模擬試験の多さなどが具体的な批判対象であった。第二として、学校運営でほとんど職員会議も開かれず、運営委員会や科長会議がいっさいを握り、一般の教職員は、「作業層」とみなされているという批判がされた。第三として、学校には民主主義が育たず、生徒に自治能力を身に付ける機会を与えず、国家主義、ファシズムの温床になると批判された。

「西の愛知」「東の千葉」

ルポライターとして全国的に知られた鎌田慧が『教育工場の子どもたち』を出版したことで、「管理教育」批判が、単に、愛知県だけにとどまるものではないことが指摘された。都市部の高校生徒の増加が著しい都市部の現象として、千葉県でも「管理教育が行われているものとして、全国的に「管理教育」批判が一九八〇年代中盤から一九九〇年代初期まで続いた。愛知県の場合、一九九〇年代半ばになると、「管理教育」という言葉がマスコミからほとんど消え、「管理教育」批判が終焉したと思われる。

「管理教育」批判と組合、高校入試改革

愛知県の場合、「管理教育」批判が、組合闘争との関連で起こってきた。組合とマスコミが協力態勢をとり、「管理教育」批判を展開していったが、組合の組織率が低下し、組織として衰退し、「管理教育」批判が教師の中だけでなく、人々にも受け入れなくなった。また、一九八九年の「複合選抜方式」の高校入試改革によって、「新設校」も高校の序列に組み込まれてしまい、私立高校を含む愛知県の高校の序列が強化されることによって、マスコミのk教育批判は、「管理教育」批判よりは、公立の「困難校化」問題や中退・不登校をターゲットとするようになり、「管理教育」批判は、一九九〇年代半ばには消滅した。

の中の教育問題・青年問題として、マスコミで特集が組まれ、学校教育の歪みが表面化された時期であった。まさにその後の一九八〇年代に、マスコミがとりあげた問題が「管理教育」であった。

本稿では、マスコミの言説は時代を映す一つの鏡であると考え、まず、「管理教育」が教育問題として、マスコミでいかに語られていたかを見てみる。そして、その「管理教育」の言説の背後に「組合闘争」の政治的な要因があるのか、あるとすればどのようなものか、政治的文脈を考えるために、「愛知高等学校教職員組合」発行の文献から、組合が批判する「管理教育」について読み取り、「管理教育」批判のモデル・ストーリーを特徴づけたい。

本稿は、「管理教育」について書かれたものを解釈し論じるのではなく、「管理教育」が教育問題とされた時期に実際に教育現場にいた教師たちの語りから[1]読み取れるオルタナティブ・ストーリーを描写することを目的とする。そのために、まず、「管理教育」批判をしている教師たちの語りを整理したうえで、次に、「管理教育」批判を批判する教師たちの語りを描写し、「管理教育」に対する解釈や態度の違いについて論じるつもりである。そして、最後に、「管理教育」がいかに一九八〇年代の愛知県の世相、さらに、高度経済成長が安定期に入った都市部を含む日本の世相を反映しているかを考察し、本稿の結論としたい。

マスコミにおける愛知の「管理教育」批判

「愛知の管理教育」と呼ばれ、管理教育批判がマスコミで展開されていく。鎌田慧（1986）の愛知県と千葉県を取材し「管理教育」批判をした『教育工場のこどもたち』というルポルタージュがもっとも有名であるが、愛知県の「管理教育」批判をしている新聞の論調を読み取ることで、一九八〇年代中期の「時代の気分」が明らかになるであろう。

「管理教育」が社会問題としてマスコミに現れだしたのは、愛知県地域の地元新聞の「県内版」でとりあげられた「名古屋の市民団体」の討論会あるいは、若者グループによる「かんかん祭」という集会だった。『中日新聞』（一九八四年五月三日）の「県内版」の「くたばれ管理教育、若者グループが〝がんかん祭〟」の記事は次のように予告報道している。

「新設校を中心に行われている管理教育は許せない」と〝告発〟を進めている教師、若者らのグループが中心となって、五日にロックコンサート、各地の高校生との交流会などを盛り込んだ「かんかん祭」を名古屋市昭和区の愛知県労働会館で開く。

また、同じ新聞の翌日（五月四日）の「県内版」の「愛知の管理教育　討論会でヤリ玉、名古屋市民団体」の記事では、次のように報道された。

〝愛知の管理教育〟をマナ板のコイにし、あらゆる角度からメスを入れる「愛知の教育どうする・こうする大討論会」が三日、名古屋市の中区教育会館で開かれた。市内の反原発グループなどの主催で、親子づれなど百二〇人が参加。三時間三〇分にわたり、管理の実態をあばき、議論した。五日には昭和区の県勤労会館で別のグループが「管理教育あかん会」をもじった「かんかん祭」を企画していて、名古屋は今、ちょっとした〝管理職教育ブーム〟だ。

と報告し、市民を中心とした若者、教師などが管理教育批判のためにさまざまな運動を展開しているという報道をした。その後、『中日新聞』は「県内版」ではなく、第一面に、第一部「シリーズ　揺れる教育、『管理教育』って何だ」を一九八四年の七月一四日から七月二三日まで、第二部「シリーズ　揺れる教育　なぜ『管理教育』なのか」を八月二二日から九月一日まで、さらに、第三部「シリーズ　ゆれる教育　『管理教育』はどこへ」九月二三日から一〇月六日まで、それぞれ一〇回ずつ、延べ三〇回の特集を掲載している。

シリーズ　揺れる教育

「管理教育」ってなんだ

断絶

批判の声　教委黙殺

「シリーズ　揺れる教育、『管理教育』って何だ」（「中日新聞」1984年7月14日付）

その「管理教育」批判とはどのようなものか、「『管理教育』で芽を摘むな、反発の動き強いが年々定着の勢い、『個性奪う』批判を背に」という記事を引用し、見てみよう。

反「管理教育」考え方は、ざっとこんな内容だ。「中学や高校の年ごろは自我に目覚め、創造性の芽が息づく時なのに、一律に規制する管理教育はこれらの芽を摘み取ってしまう。同時に、個人の自由や主体性を認めないから、自主性や個性を奪い、画一的な人間を育てる。さらに、子どもの人権を無視したファシズム的要素も強く、憲法や教育基本法に触れる疑いもある」。「管理教育の先進県」とも呼ばれる愛知県では「管理教育」の具体的実態として、学力別クラス編成や学習合宿など予備校まがいの進学指導▽服装や頭髪などについてのこまごまとさだめた校則▽集団規律を高める軍隊調の集団訓練▽生徒会や文化部など言論や出版にかかわる活動の制限▽始業前の早朝や放課後遅くまで行う部活動による子どもたちの長時間拘束、などが指摘されている。

「管理教育」に反対している人たちの話だと、これらの実態は年とともに拡大強化されていると言う。「数年前までは新設高校が中心だったのに、最近では伝統高校や小・中学校にまで広がり、質的にエスカレートしながら、確実に定着しつつある」という。

別の人は「子どもたちもこれが当たり前のように受け取り、疑問や反発も抱かず、反発も減っているそれと比例しているように、子どもたちの無気力化現象が進み、いじめや登校拒否も増えている」とも。

それでも、九月二九日には今年四月に開校されたばかりの県立瀬戸北高校で、服装や頭髪などの厳しい規定に不満を持つ一部生徒約百人が規定の改革を求めて授業をボイコットする騒ぎが起きた。

また、県内一の伝統を誇る県立旭丘高校では、制服を自由化する学校決議に県教委が白紙撤回を求めたため、生徒会などが反発している。

このような事情に「管理教育」の反対運動も活発化し、多くの市民団体が反対集会やシンポジウムを催したり、県教委などに改善をもとめている。（毎日新聞、一九八四年一〇月一一日）

この記事にみられるように、「管理教育」は生徒の「創造性」「主体性」「個性」を奪い、「画一的人間」を育てることになると言う。そして、「受験準備の過熱化」、「厳しい校則」などの問題を指摘し、それが、子どもの「無気力化」を生み、「いじめ」を起こす原因になっているとし、「管理教育」は批判されるべきものであるという「時代の気分」が支配的であった。

また同じ新聞の記者座談会でも同じ論調で、「東海の教育この一年、管理教育三県で、もっとも話題に、分刻み日課、モノサシ検査、教育荒廃、「〝いじめ〟がふえてきた、暴れる気力なく陰湿化、受験教育、「大検」へ異常な人気、本来の趣旨はずれる恐れ」と管理教育の浸透ぶりの問題を指摘する（毎日新聞、一九八四年一二月二五日）。

さらに、校則の厳しさについて、「制服自由化推進……旭丘校長の更迭、不明朗感、指摘の声」（毎日新聞、一九八五年四月三日）「制服問題が影響？ 旭丘校長が転任」（中日新聞、一九八五年三月八日）という記事で、生徒の制服を自由化させようとして、愛知県教育委員会から白紙撤回させられた同県立旭丘高校の校長が定期異動で昭和高校校長に代わったが、「この転任に『見せしめ人事ではないか』という見方も少なくない。つまり、校長裁量でできることでも県教委のメガネにかなわないと、人事でケリをつけられることがはっきり示され、はみ出しにクギをさしたというのだ。校長権限で取り組める行為までそのように扱われるなら、県教委の顔色うかがう校長がますます増え、教育の管理化や画一化が一層強まるのではないかという声が聞かれるのだが。」と、「管理教育」批判が県教育委員会をターゲットに行われた。

「管理教育」は生徒を管理するだけでなく、教師たちにも影響していると指摘する新聞記事もある。『中日新聞』（一九八四年八月二七日）は教師像の変化に注目し、愛知の教育現場に広がる「管理教育」について書いている。その中でさまざまな表情を見せる教師として、愛知教育大学の学生に見られる教師像について言っている。学生たちの中には「聖職意識」は少なく、「なんとなく教師」組が増えているという。偏差値一辺倒の進学指導に合わせ、小、中、高校一貫の「管理教育」によって「純粋培養」された教師の増加を問題視する。そして、そのような教師の予備軍である学生たちは、「一つの目標や基準を与えられないと、何もできないのが共通点」であると。そして、彼らが教師になった時は「管理教育の信奉者」として、「教育熱心で、思想的偏りがなく、まじめな先生」になるのではないかと、「管理教育」を受けた将来の教師たちへの危惧について述べている。

このように、一九八〇年代中期、愛知県では「管理教育」が大きな社会問題としてマスコミによる批判の対象になっていた。マスコミのこのような論調にはどのような政治的背景があるのだろうか。次の節では、その背景として、教職員組合の政治的要因を考えてみたい。

「愛高教」からの「管理教育」批判

「新設校」の特徴

「愛知県高等学校教職員組合」の視点からすると、「管理教育」は「新設校」の特徴である。愛知県においては、現在でも「新設校」という言葉は特別な意味合いを持って使われている。「新設校」とは一九六八年設立の東郷高校をモデルとして設立された高校のことをいう。その「新設校」の三つの特徴が、組合の支部合同会議で配布された職場討議案（一九七九年一月）の中で指摘されている。そこで指摘されていることが組合の「管理教育」批判のモデル・ストーリーであると考えられるので、少し長いが引用してみる。

　その第一の特徴は、「話し合いによる合意などはありえない。時間のムダ」とされ、職員会議がほとんど開かれない。具体的な生徒指導も含めて上命下服の職場体制が確立しているところです。運営委員会や科長会議がいっさいを握り、一般の教職員はまさに「作業層」でしかありません。

　第二の特徴は、生徒にたいし本来的な自主活動をいっさい認めず、集団管理と集団訓練、進学ないし検定試験をめざす受験競争へ上から一方的な指導、しめつけをつよめているところです。「生徒の自主性はいらない。とにかく教師の言うことに従え。それが結局は生徒のためだ」と言われ、……テスト攻勢が生徒を追い、序列づけます。そして、こうしたことの結果と評価が、教師自身の評価にもはねかえって、教師もまた、考える暇もないほど忙しく競争させられるしくみになっています。……

第三の特徴は、学校に民主主義が育たない、生徒に自治能力がつかない。むしろそれらから遠ざけられて国家主義、ファシズムの温床になるということです。ほとんどの学校行事に君が代、日の丸が定着しているのは言うまでもありません。

……

新設校を頂点とする以上のような教育反動的再編と職場・教職員の困難をつくりだしたのは、なによりも国の教育政策であり、それを先取りした県の教育行政であることは言うまでもありません。またとくに愛知の場合、六十八年以来の新設校が組合の影響を排除し、校長（教頭）を中心とする「新設校連絡会議」を定例化し、東郷をモデルに意思統一、情報交換をはかってきたことも無視できないものであります。（愛知県高等学校教職員組合、一九九九年、四二―四三頁）

新設校が教育行政策的につくられたものであり、組合の排除、民主主義の否定、上からの一方的な管理統制しながら、「管理教育」を実践していると批判している。

新設校のモデルとなった東郷高校

そして、愛高教はまた、その本の中で新設校のモデル高校になった東郷高校の役割も批判的に詳しく検討している。広い政治的な文脈で考えると、東郷高校は、「教職員のストライキや大学・高校での学園紛争を『下克上』と捉え、支配体制の危機と見た県や教委首脳部が、戦後（民主）教育は失敗だったとおさえ、中教審にいう『第三の教育改革』のモデルスクール」であり、「従来の高校とは一線を画し、原理を異にする学校として出発した。生徒の人権、教職員の自由、学問と文化に支えられた教育……日本国憲法や教育基本法の原則は無視ないし敵視され、『黙って言うことを聞け。それが結局はおまえのためだ』として生徒らはしごかれ管理された。常識では考えられない管理や体罰も堂々と黙認された」学校であったと、批判する。

さらに、東郷高校の特徴を具体的に詳しく説明している。

東郷高校では生徒・教職員が考えたり悩んだりすることからすべて「解放」され、与えられた目的の実現をひたすらめざすことが強く求められた。大学入試に合格すること。上位者の期待に応じられる人材になること……教育の目的はここに限定されていた。学校批判は厳禁で一切「問答無用」だった。高校に入った途端に自我・自己への誇りを捨て、上位の者に言われたら黙って身体を動かすよう訓練された。命令一下、条件反射のように身体を動かす集団訓練＝「○東訓練」が真の東郷生となる一種の通過儀礼とされた。生徒も職員も、上から言われたことだけをやればよいように「調教」された。……叱るときはなるべく他の生徒・教員のいるところで叱責した。時には職員室の机に立たせ、みんなの視線の集まるところにおいて集中的に批判することも行われた。……

　大学区制のきびしい競争のなかで「よい」生徒を中学から送ってもらうためには、進学実績こそが不可欠条件だった。……徹底した反復ドリルが行われ、毎日のように小テストが繰り返され、こなしきれないほどの宿題がだされた。……統一試験では、生徒だけでなく教員も競争させられた。補習・模試も際限なく行われた。組合は排除され、生徒の人権や一人ひとりの意向を大切にしながら仕事をすすめる人、いろんなことに疑問をはさむ人、考える授業を探る教員は孤立させられ排除された。逆に、東郷高校など新設校で苦労すれば人事異動、昇格などで見返りが期待された。（四八頁）

　東郷高校は、「学園紛争も教職員のストライキもない学校」「教員は管理職や主任に従い、生徒は教員に従う学校」を実現したものを「教育の正常化」と言うなら、「東郷方式」はみごとに県教育委員会の要請に応えた、組合を排し、管理職主導型の学校を設立したものであると、県教育委員会の政治的意図を愛高教は批判している。（四八頁）

「新設校」の「管理教育」批判が世論を揺さぶった時

　愛高教は、反新設校の運動の一環として『愛知の県立学校白書』（一九七九年一〇月）を刊行し、「新設校方式」の調査を実施し、第一部「学校はこれでよいか」で新設校の職場・教育実態や校長会の姿勢や事実に即して厳しく批判したうえ、第二部「よりよい教育を求めて」では、愛高教が練り上げた「私たちのめざす教育」もかかげて職場・教職員と父母・県民に問うた。マスコミにも大きく注目され、のちに毎日新聞が独自に東郷方式の特集（シリーズ「教育を追う」）を組む先駆けとして、新設校の批判を展開していった。その批判の展開は、マスコミを巻き込み、世論に訴えるという方法であった。

　そして、一人の東郷高校生が自殺し、地元新聞である『中日新聞』が明確に批判する立場をとり、ＮＨＫでも放映されたことで、東郷方式が広く批判され、新設校全体への批判となって展開された、と愛高教は指摘する。

　一九八二年四月二三日、東郷高校の新一年生、佐々木みどりさんが「○東訓練（東郷高校独特の集団行動訓練）中に校舎の四階から飛び降り自殺をはかる痛ましい事件が発生した。新設校方式の拠点で、その「通過儀礼」の最中に飛び降り自殺があった事件は、新設校教育に対する社会的評価を変える大きな役割を果たした。[2]……

もう一つ世論を揺さぶったのは、同年一一日六日、午後二時間にわたって放映されたNHK総合TVでの東海ビジョン討論会「教育に今、何を求めるか―愛知新設校方式をめぐって」の映像であった。そこには、まさに軍隊式の「〇東訓練」が、また生徒らに最初から最後まで罵声を浴びせ続ける同教論の「授業」テープが、そして、病弱で同校を中退した女性徒の証言するすさまじい体罰（暴力）の数々や、直立不動の全校生と日の丸・君が代の朝礼風景が、さらにこうした「教育」への「信念」を語る何人もの管理職の発言がそのまま収録されており、見る者にすさまじいショックを与えた。番組にでていた小金学校教育部長も「新設校」の行き過ぎを一部認め、「考えなおさなければならない点もある」と語らざるをえなかった。

地元新聞による新設校批判の特集、さらに、それを映像で示したNHKの放映によって、東郷高校を始めとする「新設校」への批判がその時代を表す風潮になっていたようである。その結果、マスコミは、一九八〇年代中期に「新設校」で行われているとされる「管理教育」を徹底的に批判することになる。

以上、新聞を中心とするマスコミによる「管理教育」批判と県教育委員会と対立する愛高教による政治的文脈で語られた「管理教育」批判についてまとめてきた。これらの言説を見る限り、一九八〇年代の愛知県の高校教育、特に、「新設校」における「管理教育」は大きな社会問題であった。それはまた、愛高教が愛知県教育委員会の教育行政を批判するために展開された運動であり、マスコミに働きかけ、「新設校」を追い詰めることができたと、運動の成果として組合本部が出版している本に記録された社会問題でもあった。

そこで私たちの疑問は、「管理教育」は実態としてあったものなのか、それとも、組合側がマスコミに働きかけ、社会問題として政治的に構築しただけの実態のないものであったのであろうか、ということである。次の節では、このような言説が教育現場の教師たちにはどのように受け止められていたのか、また、教師たちが語る「管理教育」とはどのようなものか、教師たちの語りを聞きながら考えてみたい。

「管理教育」批判――教師たちの声から

「管理教育」の定義

マスコミと同じ論調で、「管理教育」批判をしたのは組合活動をしている教師に多いようである。彼等の言説は「管理教育が子どもの「自主性」「個性」を失わせ、学校現場における「民主的な教育」を崩壊させているという「管理教育」批判のモデル・ストーリーを基本的に語っている。愛知県の組合本部に専従の委員として働いた経験を持つLさんの当時の教育運動のターゲットは、マスコミで取り上げられた「管理教育」問題であった。Lさんの「管理教育」の定義についてみてみよう。

「管理教育」というのはやっぱり結果で計るというのがあると思うんです。計る結果というのが一つは生徒指導という面と受験指導という面があると思いますね。その結果、生徒を管理するという。それから教職員を管理するという面、それからはみ出しを許さないという生徒の自主性を損なう、軽視する、敵視するという三つの側面があったんじゃないかなぁと思ってますね。

「新設校」の僕の考える特徴を言いますと、要するに非常にきめ細かな指導をやらないと今の子は駄目だという認識のもとに、小テストを繰り返すんですね。定期考査の回数を増やしたりだとか。五条高校の場合だと毎月実力テストと校外模試を入れて、それで競わせると。校外模試の前には、前年度の問題をプレテストでやらせるとか。とにかく点数を出させて、例えば、職員室のところに他校との同じようなレベルと言われている他校との比較をして、「今年は勝った、負けた」とか。それは「新設校」だけじゃなくてうちの学校でもやっていますけども。競争をやって、教職員の競争心をあおるというようなことがやられとる。生徒も管理するけども職員も管理する。

実は勉強だけじゃなくて、本来ならば非人間的競争になることが無縁の文化的な活動、例えば、新年の百人一首のカルタ取り大会も担任同士で競争するとか、掃除なんかも草取りの量をはかって競争するとか。なんでも競争が行われるということですね、それからあと、遅刻の数を減らす競争とか。そういうことが果てしもなく続いたというのが一九八〇年代。

Lさんの「管理教育」の描写は、マスコミと組合と同じモデル・ストーリーそのものである。その批判は、受験体制下で、教師にも生徒にも「競争心」を煽り、教師も生徒も管理しているというものであった。その「非人間的な競争」は単に、本来なら競争という枠で考えられない文化活動、生活指導面でも導入されているという「管理教育」批判である。

「管理教育」と「民主教育」の区別

次に、一九七〇年の組合闘争の時代には、実際にストライキにも参加し、管理職になるよりは、「ヒラ」の教師のままで生きることを決め、今でも組合員であると公言するTさんの「管理教育」批判を聞いてみよう。

「管理教育」と「民主教育」とどこが違うんだっていうね。やっぱりその生徒を指導する表向きのやり方においては、暴力とかそんな具体的なことがあっちゃぁいかんけれどもね、厳しく接することが「管理教育」とは限らんとね。彼らを人間として大事にしながら、彼らが勉強を含めて自分たちで考えて決断し、実行していけるようにしていくことの現象面が「管理教育」と「民主教育」とどこが違うかは簡単に区別できるもんじゃぁないはずだと。一番大事なのはやっぱり、あくまでも生徒たちを人間として見ていく。それから、「人間として目の輝く生徒を育てるものだ……」っていうんですかね、そういう生徒たちにすることであると。で、「管理教育」というのは、あくまでも生徒をぎゅうぎゅう絞って、それを自分の手柄にする方向じゃないのかというね。

Tさんは、組合のモデル・ストーリーが批判している「暴力」「厳しく接すること」自体は必ずしも「管理教育」ではないと言う。Tさんは困難高校に勤務し、「荒れた学年」の担任になり、「勉強をしない限りは妥協しない」という厳しい態度で臨んだ。そのように厳しく指導していたTさんに対して、「組合なのに管理主義教育」をやっているという批判が向けられた。Tさんは、厳しく指導するという現象だけでは「管理教育」とは呼ばない。基本は、「生徒が自分でものを考える力」を損ない「輝く人間」が育たないようにさせることが「管理教育」であると言う。そして、その厳しい指導が教師たち自身の「実績」を上げるために行われている点が「管理教育」の特徴であり、生徒への視点が欠如していると指摘する。

生徒の人権無視の「問答無用のスパルタ教育」

LさんやTさんとは違い、愛知県の組合闘争に関わることなく奈良県の問題をかかえた農業学校で一四年間の教職経験を持つMさんもまた、「管理教育」批判のモデル・ストーリーで使われるキーワード「問答無用のスパルタ教育」を使い、「新設校」の実態を描写する。

E高校って、いわゆるスパルタ教育ね。「問答無用のスパルタ教育」。両面あって、あれも一定の信念があってやったというけど、私からみれば、あれは問答無用のびんたの教育ですよ。E高校では、「必ず一人の生徒に二人以上の教師で、職員室のど真ん中でやれ」って言うんですよ。職員室のど真ん中で小さな生徒に体育科の教師二人が、のしかかるようにみんなのまえで罵倒する教育なんです。私、それたまらなくてね。校長に直訴したんですけど。「奈良から来たわけのわからんおばさんが何言っとる」って、無視されてね。よくびんたの音が聞こえていました。

生徒指導の一環として生徒を叱る時に、新設校方式である「複数で叱る」「見せしめとして叱る」いう実態を目の当たりにしながら、「管理教育」批判をするMさんであるが、その視線は生徒の人権に向けられていた。奈良で教えていた時代に「同和地区」の生徒が多く、生徒の人権を尊重することを基本としていたMさんが「管理教育」を批判する時には、生徒の人権尊重の欠如がその批判の中心となる。

Mさんの「管理教育」批判はまた、点数オンリーで競争させる点にも言及する。

> E高校では、点数オンリーの教育なのね。小テスト、小テストで。生徒の情なんてまったく省みない学校でしたから。上クラス、並クラスって作るんですよね。一、三、五、七、九は優秀二〇〇番以上。二、四、六、八、一〇は二〇〇番以下。そうすると、一番いいのは端っこだけね。上クラスの下っていうのは、やっぱり劣等感感じるんですよ。下位クラスの上も劣等感感じるんですよ。下位クラスの下位ってもっと劣等感感じるんですよ。

点数の結果で計る点が「管理教育」の特徴であり、それは「生徒の情はない」教育である。

さらに、この学校は教員構成から見て、新設校の特徴を持っていたと言う。進学を目指すこの「新設校」では若い教師が多く、平均年齢が二九・九歳であった。若い教師たちは朝七時半から補習を行い、夜遅くまで生活・進学指導を行っていた。そのことを「文句も言わず」やれる教師だけが一人前で、女性教師、特に、Mさんのように補習を拒否する教師は担任を持たされることはなかった。

テストで追い立て補習をやっていることが、「管理教育」の一環であり、批判されるべきだとするモデル・ストーリーをMさんが語るのに対して、その補習を実施している学校方針に賛同している生徒たちは「新設校」で教育された「産物」であると批判的になるMさんであった。生徒がMさんに対して言ったことは、

> 「先生はバカだ」って。「一石五鳥ぐらいなんだ」って。学校の補習は授業料が安い、K塾に比べて。交通費がいらない。学校の先生がやるから進路がだぶらない。それから夕食代がいらない。K塾だと夕飯食べてから行かないといけない。それから、帰りが心配ない。「一石五鳥」って言われたの。それも一理ありますよね。かあちゃんの立場からすると。K塾だと一教科一万円でしょ。当時補習では、五〇〇〇円ぐらいだったと思うんです。授業料安いわ、定期券で来れるから交通費いらないでしょ。知らない先生じゃなくて、学校の先生でしょ。進路のこと、だぶらないでしょ。相談できるでしょ。帰り危なくないでしょ。「先生、何でそんなことに反対せなあかんねん」って言われてね、私、絶望的になった。

Mさんは、「管理教育」の枠で考え行動していると思われる生

徒に対して、「絶望的になった」と落胆している。Mさんのこのような心情には、学校に従順な生徒を作りだしている「新設校」のあり方を問題とする前提があるようだ。そこには、生徒たちが学校生活に適応し、従順に生活し満足しているかもしれないという視点はない。奈良の農業高校で接した自らの権利を主張する生徒と比較すると、自らの人権意識すら持っていないように思える生徒は「絶望的な」生徒なのである。

「管理教育」批判する教師たちの声にも、愛高教やマスコミで構築された政治的批判として「管理教育」批判のモデル・ストーリーがあった。そのストーリーに含まれている特徴とは、一、「管理教育」は生徒の「個性」「主体性」を認めず、上からの画一的は受験競争への駆り立てである。二、「管理教育」は教師も管理し、上命下服が一般的である。三、民主主義がないなどであった。

しかし、教師たちの声からは、「管理教育」批判のモデル・ストーリーから少しずれる指摘もあった。そのうちの一つは、「組合なのに管理教育をしている」と批判されたTさんの語りに見られるものである。ドリルの徹底した反復を含む「厳しく指導する」いう現象面だけで「管理教育」とみなされるべきでなく、厳しい指導が何のためになされているかを問うべきであるという点。もう一つは、生徒の人権に注目して「管理教育」を批判している点である。ただ、これらの二点もまた、「管理教育」批判の組合・マスコミによるモデル・ストーリーの枠内で語られ、組合対県教育委員会との政治対立として展開され、一つの世論として特定の教師たちにも受け入れられていった。

さて、次に、「管理教育」を肯定する教師、「管理教育」をしていると批判された教師たちの語りに注目し、その語られ方の特徴について見てみたい。

「管理教育」批判への批判―管理職の語りから

「管理教育」批判を聞いて

Oさんは、ある時期まで組合活動に熱心であったが、活動を通して組合に対する不信感を持ってしまい、その後は、受験指導に熱中し管理職になった教師である。「管理教育」という言葉をマスコミから聞いた時の頃を思い出して次のように言う。

僕が「管理教育」とよく話聞いたのが一宮高校にいた頃なんですよね。その時は実際そういうことをよく知らなくて「管理教育」という言葉をマスコミから聞いてますし、実際に当時の東郷高校に出かけて生徒の実態を見ることもなく、「管理教育」をやってる中身を知らんままイメージを作り、言葉だけが先になったというきらいはありますよね。だから、僕も特に興味はなかったんですけど、「管理教育」をやっとる学校がある。三Tとか言いましたよね。なんかえらい変なことやっとるのかなみたいな、あんまりね、賛成も（しませんでした）。
ところが実際に中身を知るようになってきますとね、「いや、そうじゃないんだ」ということがね、すぐ気がつくことですけどね。東郷高校が実際どういうことをやってるかっていうことは知らずに、「管理教育、管理教育」ということで、「どっか合宿に行って、いなごで食べさせた」と。「本当にむちゃなことやっとる」と。「これが管理教育だ」と新聞記事に出てくるわけでしょ。何列かにして号令と言ってやっとって、これもなんか軍隊を思わせるようなことやっとるというのを（新聞で）見ましてね、「これが管理教育だ」とこういうふうだから。「おかしいなぁ」と。「まぁそうやってやらないかん生徒たちなのか、そうでもないと思うが」っていう感じですよね。だからよくわからんまま、言葉とイメージだけが、「ぱっ」とこう宣伝されたという感じはありますね。

Oさんの「管理教育」批判に対する語り方の背後には、「組合による裏切られ体験」があり、組合に対する不信感があるかもしれないが、Oさんは「管理教育」を実行しているとされた教師たちと直に接し、教師たちから情報を得て、マスコミによる「管理教育」は実態がないものであったと指摘する。

「管理教育」批判は、現場を知らない人の批判

田舎の高校で教頭をしているPさんによると、「管理教育」に対しての批判は、第一に、教育現場を知らない者の批判である。第二として、マスコミによって「作り出された」情緒語にすぎない。第三に、「管理教育」の定義そのものがあいまいであり、実際は誤った使い方をしていると、言う。

まず、「管理教育」批判をする人たちは、教育現場を知らない人々であるとPさんは言う。

……人によって「管理教育」という言葉がどうも先走ってるなぁという感じもするんですけどね。現場をよく知らずに、一部の人が言う例の東郷方式やら3Tとか言うようなことをきっかけにして、マスコミでも取り上げられてね。そこから急に「愛知の管理教育」って、言われるようになった気がするんですけども。一部ではそういう言葉が当てはまる部分もあろうかと思うんですけども、……

……実は学校はいろいろと教えてやるところですからね。だから、そういうものを野放しにしといて、教員としてやるべきことをやらないというのは、いけないと思うので、教えてやる。その時に簡単にこちらの方が手をかけずにわからせるという意味で、ときには、管理的な手腕をとる場合もあるかもしれませんけどね。でも、僕は、「管理教育」という言葉は大変嫌いな言葉ですし、それから本当にそうだったら反省しなならんということは思ってます。でも、世間一般で言うようなことを仮にやったならば、僕は学校としてやるべきことをやらずに終わってしまう場合が出るんじゃないかと思います（生徒が）「わがままなだらしない、やるべきことをやれない子」になってしまう心配も、あるような気がするんですね。

教育というものは、本質的に、管理を含むものであり、その教育の果たす重要な役割を誤解して、マスコミが報道しているに過ぎず、「教育現場の論理」がわからない批判であると。特に、校則に対しての批判があるが、規則を守らせることによる効果は重要であると教育現場の経験から語る。

　ある種の人が言うように「校則なしで自分で判断できる子を育てる、自由な中から自分で育っていく……」なんて、ある意味では、教員としての指導力がない人が言うことじゃないかなぁと。だって、現実に効果あるんですもん。例えば「遅刻しちゃぁいけないんですよ」っていう、遅刻の時間をきちっと示す。それから「学校の生徒としてユニホームをきちっと持つんですよ」、「ユニホームを簡単に自分でアレンジするということは、本当はよくないことですよ」、それは当たり前のことじゃないですか。（それを「管理教育」だと言う）本当に特殊な人の大きな声が、マスコミに受け入れられたという、使われたという。そういう点では校則を見直すという、いいきっかけになりましたけどね。あれを鵜呑みにする必要はないと思うんですね。間違ってるかもしれないけども、僕はそう思う。

そして、最後にPさんはマスコミの取材方法の持つ特殊性について批判する。

　マスコミっていうのは、よく「マッチポンプ」なんていわれることありますけどね。「火をつけといて、それでもっとそれを話題にしてく」っていうね。だから、マスコミのシナリオの上にのっておれば、のる材料があれば、マスコミのシナリオのってくんですよ。だけども、そのシナリオにのらなければ、マスコミはあんまり関心ないんですわ。それでもって、世論を創るっていくという部分、あるんじゃないかと思いますね。事実、世論としては、一つの流れはできていきますからね。だから、本当にマスコミのみなさんは、いろんな情報を集められるけども、それについての表現あるいは、そのもっていき方っていうのが、なんとなくみんな同じような方向についちゃうような気がするんですけどね。……確認してもそのシナリオにのらなければ、確認したことが全部ボツなんです、と僕は思う。

「管理教育」していると批判されて

「管理教育」を実行していると批判された当事者のQさんは、マスコミの取材方法について、自分自身の具体的な例を引きながら、批判的に言う。

私はH新聞やI新聞にE高校の頃にいわゆる「管理教育」の大家ということで書かれました。……私のところに取材にくる前にもう記事はできとる。それで「N校長と会って、いろいろだ」と。私が二時間ぐらいしゃべったうちの一言か二言は載るけれども、全部組合からの情報で「管理教育」をやっとるとふうに書いちゃうんだね。そういうふうにもう記事がちゃんとできとる。ほんだから、「また来る」って言ったから、新聞記者に電話ではっきり断りを言いますわ。そうすると「先生、それは取材拒否に当たりますよ」ちゅって。そしたら「取材拒否というのはどういうことだ」って聞いたら、「そりゃぁもう取材を拒否された以上、後は私どもの自由に書きますよ」って言うわけだ。「あんたたち来ても自由に書くじゃないか」って、それからますます向こうの勝手なこと書かれましたね。

Qさんはこのような一連の「管理教育」批判が続いたのは、新聞業界の労働組合と組合の教師との協力体制であり、プロジェクトを組み、「愛知の管理教育」全体を批判するキャンペーンを張っていたからだと見る。だから、新聞記者の取材は、すでに、物語が決まっていたと新聞社を批判する。

マスコミと組合の関係を批判し、そこには、選挙に絡んだ政治的関係も存在するとQさんは指摘する。

私は新聞社に猛烈に攻撃されてますからね。だから来た新聞記者に「組合というのはさぁ、勝手に授業出てって、組合会議出てく」と。「それも年休も出さずに行くよ」と。……いっさいそれは書かない。それは何かって言うとね、新聞労連はいわゆるH系の組合じゃぁないんだよね。I党いわゆるJ系の組合だわね。で、愛知県の高等学校教員組合もいわゆるI党です。J系です。だからねぇ、そういういわゆるI党の裁量でねぇ、「一つ今年は教育問題をやろう」と。そうすると「新設校」を「管理教育」で攻撃して、民主的なI党の票を伸ばしていこうという作戦に出るわけなんです。それで各学校で組合活動をする。で、新聞社もそれに応援する。

「管理教育」批判は、新聞労働組合、愛高教、I党が関係した政治的運動であり、その運動の矛先をPさんたちに向けたのだと、その政治性について指摘している。

「管理教育」こそ、本当の教育

Qさんと同じように、「管理教育」を推進されたRさんは、マスコミが使う「管理教育」という言葉の定義は問題であると批判する。

マスコミなんかがやったのが「愛知県の管理教育」なんですよ。……昭和五六から五七年にかけての話で。管理ということはある面では守り、ある面では育てるということだから。……僕らがやってる同人雑誌にね、その「管理」という言葉についてね、「ジャーナリストは勝手に使ってるから、共通の理解がない言葉で、やりあってる」という原稿を書いたんですよ。従って、「管理教育」なんていうのも、論争したところが、実態は別のことなんですよ。……結局ね、今でも「管理教育」っていう言葉は、ジャーナリストは使いますよ。いじめの時ね。僕らから言わせれば、「きちっとした管理教育をやっておれば、そういうことはないはずだ」と言うのよ。ところが、「管理教育」をやるからこれが起こるというんだから、話が全然すれ違ってしまっている。

マスコミによって、「管理教育」の元凶のように批判されたRさんは「管理教育」が教育のあるべき姿であり、「自由放任」「自主性」を重んじる教育は、「教育を放棄する」に等しいと批判をする。「管理教育」とは何かを尋ねてみた。

指導をきちっとすること。だから、草取りと言えばね、ジャーナリスト式「管理教育」って言うのは、その時間になった時に、「ここの草取りやれと言うだけでいっとれば、「管理教育」でない」と。それをきっちりと並べて、点呼して、仕事の分担を決めて、やっとるかやっとらんか、監督する。これは「管理教育」だというような捉えかただと思うんです。

……ジャーナリストは、放任と自由とは区別せんといかんと言いながら、「管理教育」なんていってかかってくると、ごっちゃにしてしゃべっておると。……ついでですからね、申し上げますけれども、管理っていう言葉はね、これは一時期よく使われて、とにかく愛知県は、「管理教育」が……。我々なんか元凶の一人とされとったわけなんですけれども。だから、私なんかそういう考え方だから、そういう風に言われても、全然気にしないわけなんで、「知らん奴らが何を言っとるか」と。……もっと極論すれば、「生徒がどうなっても、どういう風になろうとも、手を出さん方がいいか」と言う。

マスコミで批判されている「管理教育」批判というのは「指導をしないこと」であり、真の意味での「管理」はなされなければ教育が成立しない、と。また、Qさんは随筆のなかで、「管理教育」とは何かについて触れて言う。

「のびのび教育」と「管理教育」……これに関する論説や意見が不明確な定義のまま横行し、その借り物で話し合われるので、問題点が不明瞭になったり、誤解を生じたりする。「躾、学習、根性」等体得させる教育が「管理教育」ではあるまい。「放任、気まま、おだて」等をすることが「のびのび教育」ではあるまい。基礎、基本となることを正確に教え、努力や根性で「やる気」を起こさせ、未開の能力、個性を啓発、伸長することが教育であることに、教師も親も異存はないと信じる。ところが「のびのび教育」の礼賛となったり、「管理教育」の否定をさけんだりするのはなぜであろう。その根源の内を覗き見ると「手抜き」「責任転嫁」「依頼心」の三つが存在する。四〇年余りの私の教師経験からすると（狭い範囲であろうが）「のびのび教育」を唱える教師に信頼できる人は少なく、「管理教育」を危惧する親に、健全な家庭生活を営んでいる人が必ずしも多くないのではなかろうか。

「管理教育」批判のモデル・ストーリーとは異なり、「管理教育」批判への反論をする教師たちのオルタナティブ・ストーリーをまとめると、一、「管理教育」批判は、組合運動の一環として展開された運動のひとつであり、新聞社の労働組合、それを政治的にサポートするI党、それに、愛高教が協力して作った批判である。二、「管理教育」を批判する人は、学校現場を知らない人である。三、それゆえに、教育活動の中に、管理的な指導があることが不可欠であるという教育の基本を理解していない、ということであろう。

さて、いままで、マスコミの中で展開されたある程度社会的に受け入れられた社会問題としての「管理教育」批判は、多くの人によって共有されたストーリーという意味で、モデル・ストーリーと呼ぶことができるであろう。そして、これに対抗するオルタナティブ・ストーリーとして、管理職経験を持った教師たちの語りがあった。一九八〇年代にこの二つのストーリーが存在していたにもかかわらず、「管理教育」批判が当時の世相を表現するモデル・ストーリーとなったのはなぜであろうか。最後の節である「結びに代えて」でその要因について論じ、本稿の結論としたい。

結びに代えて

「管理教育」批判が一九八〇年代の一つの世相、潮流となった要因はどこにあったのであろうか。社会的、歴史的背景に言及しながら、論じてみたい。

まず、第一に、戦後民主主義教育理念に基づいた組合の一連の運動は歴史的文脈で理解できるのではないだろうか。自民党政府が確立した「五五年体制」により、終戦直後の「民主教育理念」に基づいた教職員組合は、教育の保守的政策を推進する文部省と厳しい政治的対立関係を持ち、反体制勢力としての役割を果たしながら、政治運動を展開していた。そして、組合が「政治闘争」路線から「経済闘争」路線に組合の方針を転換した一九六〇年代後半に、教師の労働条件が争点になり、組合闘争が多くの教師を巻き込み、ストライキを含む運動として過激化していった。しかし、その「経済闘争」は「人材確保法」（一九七四年）という教師の大幅な賃上げによって運動の明確な目的を失い、組合活動そのものが衰退していった。当時の文部省、愛知県教育委員会は、一九六〇年代後半から一九七〇年代初期の組合闘争を経験し、「教育を正常化」するために、組合活動の規制するさまざまな施策を行った。愛知県において、それは、東郷高校という組合を排した学校の設立であったが、「管理教育」批判は、その後作られる「新設校」行政に対する政治的運動として、組合、マスコミが協力して展開され、教育行政への批判として構築されたものである。もし、一九八〇年以前に、組合闘争がなかったら、「管理教育」批判は一つの世論にはならなかったであろう。

　第二として、「管理教育」批判は、千葉県、神奈川県、そして、本稿で対象になっている愛知県という高校生の「人口爆発」により高校が急速に増加した都市部の社会的現象であって、過疎化が進む地域では起こらなかったことではないか。高校の急増による高校間の生徒の学力による序列化とそれに伴う学校間の大学進学競争の結果と関わっているのではないか。愛知において、東郷高校が設立された一九六八年以前の高校が約一〇〇校あり、その後、現在まで、約八〇校が設立されている。そして、東郷高校以降の学校は「新設校」と呼ばれ、平等化を目指した「学校群制度」[3]でもその改革の対象になっておらず、新しく設立された高校として、愛知県全体の序列の中で低くランク付けられることになった。低くランク付けられた「新設校」が自らの学校の名誉と大学進学実績の向上をめざし、学校として管理的手法を用いて組織的に大学受験競争を推進していったその受験・生活指導方法が「管理教育」として批判されたのであった。それは、戦後民主教育の理念を持つ教師たちからは、「非人間的競争」として批判されるべきものであった。

　また、序列化された高校の中で、「管理教育」と批判されるのは、比較的学力レベルの低い「新設校」である傾向がある。たとえば、多くの東京大学進学者を多く送りだしている県立伝統進学高校である岡崎高校に対して、「管理教育」であると批判はされずに、どちらかというと「自由な」進学校という評判が一般的である。また、名古屋市内の伝統進学高校には、多くの組合志向の年配教師が多数を占め、受験競争を推進する体制ではないという事実に加え、名古屋市内にある予備校で受験準備をしている傾向が高いので、学校そのものとしては、「管理教育」的体制をとる必要がない。さらに、このような都市型の伝統校では、愛知県特有の大二学区制入試制度により、幅広い地域から伝統校へ受験が可能であり、入試の結果として、学校として「管理教育」的体制を組む必要のない学力レベルを持った生徒が大半であるということも関係するであろう。このように見ていくと、「管理教育」は、学力レベルの低い学校が、大学進学の実績を作るために、学校全体として行った取り組みであるとみなされるべきであるが、その取り組みが学校外部から見られた場合、「管理教育」と批判された。愛知県の私立進学高校

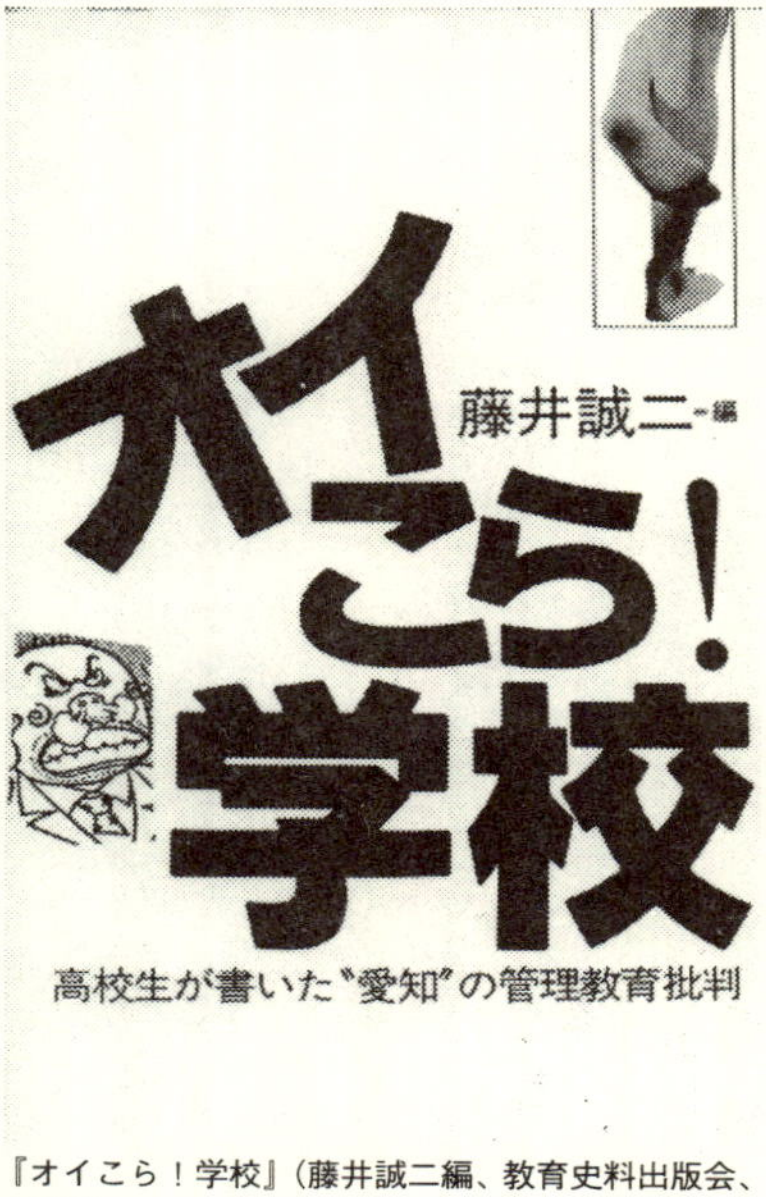

『オイこら！学校』（藤井誠二編、教育史料出版会、1984）

である東海高校在学中の藤井誠二は、自らが通う自由で余裕のある学校生活と比較し、「新設校」で行われている進学・生活指導が強烈に違和感を持ち、『オイこら！　学校』（藤井 1984）という本[4]を書き、「新設校」の「管理教育」を批判した。

藤井には、高校三年生の一年間の三六五日のうち三六四日、高校に通い、大学受験準備をしている高校生は、「管理教育」の犠牲者だとみなされる。しかし、藤井は、「新設校」に通う生徒たちが、休日であるにもかかわらず、学校を開放し受験勉強を教えてくれる熱心な教師たちに対して持った感謝の気持ちは共有できないであろう。彼らにとって、藤井が批判する「管理教育」は学校の教師の熱心さの表れなのではないであろうか。もちろん、影山（1984）が「管理教育」批判を目的とした雑誌『かんかん』で言うように、大学生になり「自分たちはいかに管理されていたか」と高校時代を振り返り、高校時代に経験したとされる「管理教育」批判を反省的にとらえるかもしれないが、それは、受験体制という枠から自由になった大学生という立場からみた「語り」に過ぎないのではないか。彼等は、そのような学校の受験準備によって大学に入学できたことに満足していたのであって、当時の高校生が「管理教育」で苦しんだということではないのではないか。

現在、「管理教育」批判が世論として影響を持たなくなってきているようである。一九八四年の「シリーズ　揺れる教育」を特集していた『中日新聞』の一九八五年以降の縮刷版のインデックスに「管理教育」という言葉はほとんど見られなかった。さらに、図書館の新聞検索機能を用いて「管理教育」というキーワードで、現在から一九九〇年代までの記事を検索してもほとんどヒットしない。この現象をみるかぎり、マスコミによる「管理教育」批判は、一九八〇年代独特のものであったと言える。愛知県の場合、一九八九年の高校入試改革である「複合選抜方式」により、私立高校が推薦入試により中位の生徒を受け入れ、高校の序列化が強化され、伝統校の復活の傾向があると指摘されている（朝日新聞、一九九二年、四月六日）。そして、『中日新聞』（一九九一年）は、「いま、愛知の高校生は」の特集の中で、「新設校」では、補習の過熱化がすすみ「過熱、食われる授業、新設校生〝休息〟なし」状態で高校本来の意味を失っていると批判し、教師は、「出勤、気が重い、六三%、授業や人間関係に悩む」のが実状であると指摘している。しかし、その記事の中にはもはや、「管理教育」という言葉はほとんど見られない。一九八九年以降、高校の序列化が確立された大学受験体制のなかでは、「生徒のために」「生徒一人ひとりの大学進学希望をかなえるために」と補習を熱心にする若い世代の教師たちが多い。そのような若い世代の教師たちは、かつて「管理教育」批判の一環として補習を拒否する年配の組合志向の教師たちに不満を持ち、「自分の権利」だけを主張する人だと批判している（塚田 2002：168-174）。一九九八年の時点で、全国の新採用の高校教師の組合加入率は、二二・八%に過ぎない（時事通信 1998）。一九八〇年代の「管理教育」批判は、組合組織の弱体化と高校の序列化の強化にともなう大学受験体制の確立により、消滅せざるを得なかったのではないか。戦後民主主義の理念には基づかない学校運営が行われ、新しいタイプの受験・生活指導が始まったことに対する批判、すなわち、「管理教育」批判は、政治的に構築されたストーリーであり、「新設校」が高校の序列化に巻き込まれていく過程で生まれた言説に過ぎないのではないか。高校の序列が確立されてしまった今、学校現場で行われている受験・生活指導が一九八〇年代当時と大きく変化していないが、その現象を「管理教育」とマスコミは批判することもなく、「管理教育」批判は、人々には説得力を持たないものになってしまっている。

注

1　モデル・ストーリーとオルタナティブ・ストーリーをいう言葉を用いているが、通常の議論では、モデル・ストーリーが主流の語りを代表するもので、支配的で権力をもった語りで、オルタナティブ・ストーリーは、モデル・ストーリーに対抗している語りという位置づけであるが、本稿においては、その権力関係を問うのではなく、一九八〇年代中期の世相を代表した語りをモデル・ストーリーと理解し、オルタナティブ・ストーリーを語る教師たちが必ずしも、権力がなかったということを意味していない。教師の語りのデータは、筆者が一九九五年から二〇〇〇年までに行ったインタビュー調査をもとにしている。男性教師一九名、女性教師八名を含むものであるが、本稿で使われているほとんどは、塚田守『受験体制と教師のライフコース』多賀出版、一九九八年、塚田守『女性教師たちのライフヒストリー』青山社、二〇〇二年から使われているが、本稿の執筆の際に、もう一度テープ起こしをしたものも含んでいる。

2　この生徒の自殺が果たして、管理教育の結果なのかどうかは不明であるが、愛高教は、この事件をその政治的文脈の中に位置づけている。『オイこら！ 学校』の著者である藤井は、当時のある新聞記者に聞いたら、「男女関係」であったという証言もあったといいながら、「管理教育」に批判的な彼もまた、「管理教育」が決定的な原因であるかのように書いている。

3　「学校格差、受験地獄をなくす」を目的として、一九七三年に導入された制度である（『教育時報』一九七二年一一八号）。複数の学校間で学力が平均化するように合格者を振り分ける方法であった。愛知県の場合は、京都府や兵庫県のような包括的な「総合選抜」ではなく、名古屋市内の伝統高校三〇校の一五学校群、豊橋一群（時習館と豊橋南）豊橋二群（豊橋東と豊丘）一宮学校群

（一宮と一宮西）、岡崎学校群（岡崎と岡崎北）苅谷学校群（苅谷と苅谷北）に学校群は限定されており、他の既設高校や「新設校」は、学校群制度の対象にはならなかった。学校群に入った高校とそれ以外の高校の間には大きな格差が存在する。

4　この本は、二ヶ月で約一五〇〇部も売れ、三省堂名古屋のベストセラーになり、著者自身がさまざまな「新設校」を訪問し、観察した本で、生徒の視点からの「管理教育」批判の代表的な著書とされた。

参考文献

愛知県高等学校教職員組合 1999『愛高教五〇年史』下巻

影山健 1984「愛知の管理主義教育を考える」『かんかん』創刊号二八—四一頁

鎌田慧 1986『教育工場のこどもたち』講談社

時事通信 1998『教育データランド』時事通信社

塚田守 1998『受験体制と教師のライフコース』多賀出版

塚田守 2002『女性教師たちのライフヒストリー』青山社

藤井誠二 1984『オイこら！　学校』教育資料出版会

09

〈完全参加と平等〉をめぐるストーリー

ある男性の国際障害者年という〈経験〉

土屋 葉

1　はじめに

　ある年齢以上の読者のなかには、約四半世紀前の国際障害者年（一九八一年）に、障害者がメディアに大きくとりあげられたり、さまざまなイベントが行われたことを覚えている方もいるかもしれない。国連は一九五七年以降、毎年国際婦人年や国際家族年といった国際年を制定し各国にとりくみを呼びかけてきたが、とりわけ国際障害者年にかんしては日本のとりくみが他国とくらべて突出していたこと、国内でも他の国際年にくらべて国、地方自治体、民間団体をあげた大々的なキャンペーンが張られたことが指摘されている（板山・仲村 1989：40）。まだ幼かった私にとってはおぼろげな記憶でしかないが、何人かの年上の知人は、著名人を起用した政府広告や、障害者を主人公としたドラマを印象的なものとして記憶していた。

　後に、国際障害者年は日本における障害者福祉に大きな影響を与えたメルクマールとして位置づけられることになる。テキストでは軒並、障害者福祉の歴史の大きな転換点として国際障害者年がとりあげられ、これを機に〈ノーマライゼーション〉や〈自立〉という言葉が一般化し、政策が施設福祉から在宅福祉へと転換、施策の拡充がはかられたとされ、身体障害者福祉法の改正にも大きな影響を与えたと記述されている（三ツ木 1997，小澤 2000）。これは国際障害者年をめぐるいわゆる〈マスター・ナラティブ〉であるといってよいだろう。一方で、障害者運動にコミットしている人びとにより、〈対抗的モデル・ストーリー〉も提示されている。「国際障害者年は行政やマスコミのお祭り騒ぎにすぎなかった」というこの年に対する批判的なストーリーである。またこれに付随して「マスコミが描いた障害者像は一面的だった」というストーリーもある。

　本稿は国際障害者年をめぐる出来事を、障害をもつ人がどのように経験したのか、かれらの視点から今一度読み解いていく

障害者をとりまく状況の変化
——政策と運動を中心に

国際障害者年が「福祉の転換点」として不動の位置を占めている背景を知るために、戦後から現在までの障害者施策を中心として、障害者をとりまく状況の変化を概観してみよう。

戦後から一九六〇年代までの障害者施策では、重い障害をもつ人たちの存在はほとんど無視されており、かれらは家族の扶養か生活保護などに頼らなければならなかった。一九六〇年代に入ると、重度障害児／者を抱える家族から運動が起こってくる。文字どおり「家族へ放置」されていた現状を打破し、「親亡き後」に入所できる施設の建設と拡充を求める運動が展開された。一九六〇年代後半からはこの運動の影響を受け、収容施設の拡充政策が行われた。この背景には高度経済成長期において福祉予算が増えつづけたことがある。

この施設拡充施策に変化が訪れるきっかけが、一九八一年の国際障害者年だった。ここで力を発揮したのが「障害者は、その人間としての尊厳が尊重される生まれながらの権利を有する」と高らかにうたう、国連による「障害者の権利宣言」（一九七五年）だった。注目すべきは、政府がこの宣言をもとに収容施設拡充政策に対する一定の反省を語り、在宅での生活への援助を説いたことだろう。

一方で、すでに入所している障害者自身から施設を批判する運動が行われていたことを忘れてはならない。一九六〇年代後半から一九七〇年代初頭にかけて、東京都府中療育センターの入所者たちから管理体制に対する批判の声が挙がった。大部屋に収容され、起床、就寝の時間のみならずトイレの時間も決められている、持ち物や飲食物は規制され、終日パジャマを着せられる……などの現実。親の悲願であった入所施設での日常は「尊厳が尊重される」生活とはほど遠いものであることが明らかにされたのである。こうしたことを鑑みると、外からの強い圧力があったとはいえ、かれらの主張が一部は取り入れられたかたちで「施設から在宅へ」という「政策の転換」が示されたことは画期的だっただろう。

さらに、国際障害者年をきっかけに、いくつかの政策が前進した。障害をもつ当事者が行政に対して発言する場を得、大規模な年金制度改革とともに、障害基礎年金制度が創設された。また「国連・障害者の十年」とあわせた「障害者に関する長期計画」（一九八三～一九九二年）が策定され、「障害者基本法」（一九九三年）、つづけて「障害者プラン：ノーマライゼーション七ヵ年計画」（一九九六～二〇〇二年）が策定された。「地域で暮らす」、「社会的自立を促進する」といった言葉が並び、少なくともこれらのなかでは施設ではなく地域で生活をするという方向性に揺るぎはない。しかし、「施設から在宅／地域へ」というスローガンが掲げられたときに、そこに内包されていたのは実は家族による介護力であった。つまり、障害者の住む場所である「地域」とは、家族という領域を拡大したものを意味しており、その意味で家族介護を中心とする政策が大きく転換したわけではなかった。

たしかに「国際障害者年」を機に、福祉サービスはかつてよりも整備され、家族による負担は軽減したかにみえる。しかし家族による扶養や家族による介護は、より見えづらいかたちで制度のなかに組み込まれてきたし、現在も継続されている。障害をもつ人自身によって語られた、「コクショウネンがあったからって、生活はなーんにも変わらなかったね」という言葉がこの現実を如実にあらわしている。

ことを目的とする。この際、重度の身体障害をもつ田中さん（仮名）の語りに注目する。田中さんの生活史、語りの構成、ここに含まれている対抗的モデル・ストーリーをみていくと同時に、彼独自の経験との関連に着目し、国際障害者年への言及を通じて「語られたこと」が何だったのかを考えてみたい。

2　インタビューのあらまし

田中さんにはじめて会ったのは一九九九年だった。都内の自立生活センターから紹介を受けた彼に、私は、自分の関心は家族関係にあることを伝えた上で、誕生から現在までのライフストーリーを聞かせてほしいとお願いし、この年の二月に二回聞きとりを行った。これをいったん彼の生活史としてまとめた（未発表）のちに、さらに二〇〇〇年の二月と三月に一回ずつ、この内容の確認をかねたインタビューを依頼し、引き受けていただいた。全四回、延べ九時間の聞きとりを行ったことになる。

国際障害者年について尋ねたのは、三回目の聞きとりの時だった。この回は時系列的に障害者運動との出会い、バークレーへの旅行の経験、地方都市からの上京、現在の生活について語られ、上京後運動のとらえ方が変化したというストーリーに終結した。ここまでですでに二時間以上が経過しており、聞き手と語り手の間で終了をみこんだ会話が交わされていた。私は最後の質問のひとつとして、つけたし的により精確には衝動的に、国際障害者年について尋ねてみたのだった。

当時、障害者施策の歴史に関心をもっていた私は、「国際障害者年が政策を含めた障害者をとりまく状況を一変させた」という、多くの教科書的な記述に疑問を抱いていた。国際障害者年は障害をもつ当事者にとって、それほどに大きなイベントだったのか、状況を一変させるほどインパクトを与えたのか、人びとはどのような思いを抱いたのかを知りたいという気もちがあった。

彼は、聞きとり当時も一定の距離をとりながらではあるが運動に携わっていた。したがって語りは〈現在〉に近づくにつれ、運動と関連づけられたものが多くなっていた。聞き手である私に、〈運動家〉としての彼から、マスター・ナラティブを批判する「国際障害者年は国主導の単なるイベントだった」という対抗的モデル・ストーリーを引き出したいという気もちがあったこと、この期待を彼が読みとっていた可能性は否めない。

質問に対して彼は、インタビューの終わりが見えていたにもかかわらず、回答に比較的長い時間を費やした。そして聞き手の期待どおり、この年に高い評価を与えなかった。私は対抗的モデル・ストーリーを聞き出せたという感触を得、「どうやら教科書的な記述とは異なり、この年が障害者の生活に劇的な変化をもたらしたわけではないらしい」と納得したのだろう。また、この年をめぐる出来事についてこれ以上追求する（つまり、このような原稿を書く）つもりもなかったため、この一連のやりとりをすっかり忘れたまま月日が経過した。

今回、国際障害者年についてもう一度考えてみたいという欲求に動かされ、押し入れから古いテープをひっぱりだし、それを聞きながら記録を作成しなおすところからはじめた。結論を先取りすれば、当時の私の解釈が非常に浅いものだったことを思い知り、そもそも、このなかで彼は、国際障害者年について語っていたのだろうかという疑問と、あらためて向き合うことになった。

迂遠するようであるが、この論考を田中さんの生活史をたどることからはじめたい。彼の国際障害者年をめぐる経験に、いくつかの出来事が大きな影響を与えていると思われるからだ。以下「　」は基本的にインタビューからの引用とする。

3　田中さんの生活史

「頭で生きるしかない」人生

田中さんは一級の障害者手帳を有する男性である。電動車いすを使用し、日常生活全般に介助を必要とする。言語障害はない。一九五六年X県で生まれ、二歳でポリオにかかり障害をもった。就学年齢に達し養護学校が併設された施設へ入所。自宅は車で二〇分ほどの距離ではあったが、面会日は月に二回、外出禁止、帰宅は年に数回一週間程度という厳しい規則があった。しだいに施設という閉鎖的な空間のなかのみでの生活に慣れ、施設の職員が「親代わり」、寄宿舎の子どもたちとは「きょうだいのような」関係となっていったという。

養護学校中等部を終える年に、親たちを中心とした働きかけにより高等部が設立された。しかし、小学部・中等部と比較して寄宿舎の職員数は少なく設定されていたことから、ほかの子どもより障害が重度であった彼は不合格とされる。通学なら入学を許可するという学校側の申し出に対し、同じ通学という労力を払うならと、普通高校を受験することにした。にわか受験勉強の結果「県で一番成績の悪い」高校へ合格。「いっさいの設備も手助けもないがそれでもよければ」という条件のもと入学を果たし、自宅から母親の送迎により通学する日々が始まった。

しかし入学後すぐに、「ものすごく自分は違う、みんなと違うってことを突きつけられ」、「ショック」を受ける。障害をもつ「仲間」のなかでの生活から、健常の同級生に囲まれる生活への変化はあまりに大きかった。とまどいのなかで「やっぱりもう勉強するしかない」と考えたこと、「お前は頭で生きるしかないんだから」という教師の言葉から、三年間は勉強に没頭した。結果、学年で一、二を争う成績を維持したが、一方で同級生との関係はうまくいかず、卒業するまで話もできない状態が続いた。「楽しかった思い出っていうのはほとんどない」という。

一見、彼は普通高校に進学したことにより一般社会への統合を果たしたかのようにみえる。しかし、学校側や同級生は障害をもつ彼を受け入れたわけではなかった。少なくとも、彼はそう認識しており、高校時代は「今考えると異様な三年間だった」と語られることになる。

転機1：「こんな世の中では生きられない」ことへの気づき

　卒業後二年間の自宅浪人を経て、通学可能な県内の大学に合格する。車いすの学生の入学は開学以来初ということで、マスコミにも大きく取り上げられた。大学側は出された要望に全面的にこたえるという姿勢をとったため、ハード面での環境は高校時代とは一転して整ったものとなった。エレベータやスロープが設置され、トイレも整備された。また彼自身も完全に殻を破ったわけではなかったが、人に頼むことへの抵抗感も少なくなっていった。理解ある教員とゼミの仲間にもめぐまれた。ゼミ旅行では友人の介助で温泉に入り、はじめて肩の荷がおりた気持ちになったという。

　卒業年度を迎えた年に指導教授と相談し、資格取得の勉強のため、大学に籍をおいていた方がよいという判断のもとに留年することにする。結局大学に八年間在籍し、何人かの仲間と勉強をつづけたが、この間の合格はならなかった。

　卒業後、家のなかに閉じこもり勉強をする生活がはじまった。三十歳を超えて「先が見えないというか、行き詰まっちゃった」と感じ始めたとき、資格取得のための専門学校が設立された。自宅からは片道三時間以上かかる場所にあったが、親に反対されながらも一人で通うという一大決心をした。

　ともかく公共交通機関を使って通い出したが、当時は設備が整っておらず、行くたびに駅員の手を借りなければならなかった。何回目かの時に、駅の職員に「いつまで来るの」、「付き添いはいないの」と言われ「すごくショック」を受ける。それまで大学にも通い、「自分は社会の一員として生きていると思っていたし、車いすに乗ってるけど、まともに対等に扱ってもらえると思っていた」が、大学以外の社会からは迷惑がられ、子どものような扱いを受けるなど、社会の一メンバーとしてすら見られていなかったことに、彼ははじめて気づいたのである。落ち込みながらも、一晩中自分の存在について思いをめぐらせた。考え抜いた結果、障害者である自分が世の中に入っていくときの軋轢は仕方がない、どんなことを言われても通いつづけようと決意を新たにする。

　そうして通い続けるなかで、見知らぬ人が助けてくれたり、駅側がエレベータ設置を検討しはじめたりということがあり、自分の存在が社会のなかに「はまってきた」と感じるようになった。この時期、障害者である自分自らが出て行かない限りは世の中は変わらない、少なくとも変わる可能性はまったく生まれて来ないことを実感したという。そのうちに資格試験の勉強は「どうでもよくなった」。勉強以上に「すごいもの」が得られたと感じ、勉強よりも「自分はやることがあるんじゃないか」、障害者として社会のなかに「存在をはめこんでいく作業」をしていかなければという気もちが「強烈に起こって」きた。「こんな世の中では生きられない、本ばかり読んでいてはいかんと思ったんだよね」。

ここで注目したいのは、彼の社会のメインストリームから排除されていたことへの気づきである。大学生活や家での生活では車いすであっても「社会の一員」であると認識していたが、いったんこの世界から一人で出てみると、明らかに障害者である自分を排除する行為が突きつけられた。専門学校へ通学するなかでの体験は、勉強一筋できた彼が自らを排除する「こんな世の中」（＝社会）に向き合うことを決意させた、マイルストーン的な出来事としてとらえられているのである。

転機2：「障害者としての生」のはじまり

ある日、テレビでバークレーの障害者たちの生活を知る。「すごいなぁ、こういうところに行ってみたいなぁ」と思っていた矢先、アメリカから輸入された自立生活運動を普及させる試みの一環として、ピアカウンセリングの講座が近県で開催されることを知った。申し込んでいたが仕事で行けなくなったという知人の代わりに、偶然、彼が出席することになった。自立生活運動やピアカウンセリングについての前知識はまったくなかったが、とにかく障害を全肯定するところからはじまるという姿勢に大きな「衝撃」を受けたという。また、言語障害をもつ講師、小山内美智子の「しぼり出すようにしゃべる彼女の言葉がものすごい、衝撃だった」という。

さらにそこで出会った他の障害者と意気投合し、障害者運動にもかかわりをもつことになる。ここからネットワークは格段に広がっていき、三年後には運動の仲間たちと米国のバークレーへの旅行を実現させた。バークレーでは障害者運動のリーダーと出会い、障害をもつことに意味がある、障害それ自体がキャリアになるという発想に大きな刺激を得た。「これこそが障害をもった人間がやることだ」と思うに至り、帰国した翌年、自ら自立生活センターを立ち上げた。このことは「ここから展開してくるわけだよ、自分の障害者としての生き方が」と語られ、第二のスタート地点として位置づけられている。

しかし、X県ではめざしていた一人暮らし（＝「自立」）を実行するのは難しかった。またセンターを立ち上げたものの、介助者が集まらないなどで二年もしないうちに運営が立ち行かなくなった。その頃、東京の自立生活センターで障害者の職員を募集しているという話を聞き、迷った末に上京することにした。「家を出る最後のチャンスだと思った」という。上京し職を得て一人暮らしをするなかで、徐々に自信がついてきた。「肩肘はって運動をすることはない、障害者も世の中の人間の一部の存在なのだから、その調和を考えていくべきだ」という考え方に変わってきた、という。

障害者運動と出会い、障害者としての自分を肯定できるようになったところから、新たな人生がはじまったとする語りは、運動のコミュニティではよく聞かれるモデル・ストーリーである。彼はこのストーリーに沿ったかたちで、自己の人生を再構成するとともに、聞き手である私に障害者運動の意義を示そうとしていたのかもしれない。

「人並みに生きていく」ことからの離脱

本稿のテーマである国際障害者年に話を戻す前に、Ｙという施設とのかかわりという側面から彼の生活史をみておきたいと思う。彼が国際障害者年を語る際に——私には唐突にも思えるかたちで——登場させたのがＹだった。実はＹは語りにおいて頻繁に登場するキーワードでもある。

Ｙについて若干の説明を加えておこう。原型は彼が幼い頃、実家近くにつくられた障害者施設だったが、次第に拡大し現在は企業と連携したかたちの巨大な社会福祉法人となっている。パンフレットには〈保護より機会を〉がモットーとあり、障害者に就労の機会を与えることを一つの目標としているようだ。障害者は共同出資会社、協力企業、福祉工場などで雇用され、さらに〈多くの障害者が仕事の後や休日に陸上や車いすバスケットボール、サッカーなどさまざまなスポーツを楽しみ、国内外の大会に参加しています〉とある。彼の記憶によると、ある時期から街は「Ｙの城下町」のようになったという。現在、街の中には工場や会社のみならず、協力企業が経営し障害者が多く働くスーパーや銀行、寮やグループホームなどが点在している。この周囲では障害者はすべてＹの関係者として認識されるという。たとえば二回目の聞きとりでは、自宅で勉強をしていた頃のエピソード——散歩中に見知らぬ人から「あら、Ｙは今日はお休みなの」と声をかけられたというもの——が語られた。車いすを見かけることはめずらしくないため、子どもから指を指されたり、笑われたりといった経験は皆無であるが、「車いす、押しましょうか？」と言われた経験がある（もっとも彼は「うるせぇなぁ、いいよ」と一蹴するのだが）。

ところで、彼がはじめて「Ｙっていうところがあるんだけど」とＹを登場させたのは、大学に籍を置きながら資格試験の勉強をしていたという文脈においてであったが、これは、いささか唐突であるという印象を受けた。彼は私のそうした思いを感じたのだろう、Ｙについて簡単に説明を加え、そして勉強の結果がなかなか出なかったときに「一回だけ血迷ったというか、人並みになりたいと思ったことがあって」Ｙの入社試験を受けたが不合格となった事実に言及した。不自然に思われたＹの登場は、職業的達成という一貫性をもったストーリーのなかに位置づけられていたのだった。

Ｙに対しては終始ネガティブな意味づけが行われているが、その根拠として二つのことが示されている。一つはここで働く知人から得た情報である。軽度の障害者たちは夕方五時で仕事を終え、パンフレットのうたい文句どおり車いすマラソンやバスケットボールなどを楽しんでいるが、一方で重度の障害者は生産ラインにおいつくため毎晩遅くまで残業をしていること。重度障害者は正式な社員にはなれず、月給数万円の研修生という立場におかれつづけていることを聞き、重度の障害をもつ立場から「自分はとても耐えられないだろう」と考えていた。

いま一つは、同じ聞きとりの回に親戚との関係について質問をなげかけた際、やはり唐突に語られた親戚たちによる言葉である。大学卒業後も定職を得ないままでいた彼に、親戚たちは「大学を卒業して、Yに就職しないっていうのはどういうことだ。」「障害者には障害者の生きる場があるのに、それを拒否するのはおかしいじゃないか。」と意見をした。彼はかれらに対して「障害をもっている人間に対する理解がぜんぜんできていない」と評価を下している。このなかには、親戚への批判にとどまらず、Yのような場所が唯一の「障害者の生きる場」として想定されてしまうことへの批判が含まれていることが読みとれる。

さて、「一回だけ血迷った」のは、Yに出資している大企業の課長から声がかかったことがきっかけだった。たしかにYが、大学卒の肩書きをもち地元に居住する彼を、未来の幹部候補としてスカウトしたのは不思議なことではない。「人並みになりたい」と思って面接を受けたが、かつてから抱いていた批判を込めて、「障害者は健常者と完全に同じ条件ではやれない。もともとの能力に差があることを認識して仕事をさせてほしい」と主張した。さらに体力のなさから残業などはできないことも話した。しかし、この主張は真っ向から否定され、「最初から残業しないという人間は会社にはいらない」と試験で落とされたという。

結局この経験が、Yとの障害に対する認識の違いを浮き彫りにさせることになった。彼はこれを機に「そういう世界ではないところで生きていく」ことを考えるようになったという。この時彼はまだ障害者運動には出会っていない。したがってこの面接の際に運動論的な視点から発言を行っていたとは考えにくい。しかし、障害者をある一定の場所に集め、重度障害者にも軽度障害者にも、同じように努力によって仕事を達成させることにより社会へ〈同化〉させようとするYの姿勢に、大きな違和感を抱いていたことは間違いない。ただしこの違和感が言語化されたのは、障害者運動に出会った後であり、多くの経験を経た〈いま、ここ〉から〈あのとき〉の出来事が再解釈され、「そういう世界」、すなわち健常者への〈同化〉を志向する障害者のメインストリーム「ではないところ」で生きていく、という表現になったとみるべきだろう。

4 国際障害者年を語る

運動側の対抗的モデル・ストーリー

さらに迂遠するが、国際障害者年とこれをめぐる出来事についても概観しておこう。国連が定めた国際障害者年および、国際障害者年行動計画は、当時の厚生省社会局が担当することになった。日本では、「障害者対策における夜明けを迎えるチャンスとなる」（仲村、板山 1989：42）という認識のもと、完全参加と平等というテーマを掲げ、きめ細かくかつ広範な取り組みがなされたとされる。

国際障害者年ポスター

　具体的に政府サイドの動きとして、一九八〇年には総理府に国際障害者年推進本部が設置され、一九八三年から一九九二年の障害者対策に関する長期計画、一九九三年から二〇〇二年の「障害者対策に関する新長期計画」が策定された。また一九八一年には政府行事が多数行われたという。また民間・運動サイドにおいても、一九八一年に国際障害者年推進会議という大規模な組織が結成された（立岩 1990→1995：204-210）。こうして、とくに障害者福祉の分野において国際障害者年は、歴史的な転換点として位置づけられ、その役割の大きさに言及されるのが常であるようになった。

　これに対して障害者運動側のモデル・ストーリーとして、運動側にとっても運動をすすめていく一つの契機となったというものがある（三澤 2001：217）。この例として、当時の厚生省のなかに全身性障害者問題研究会がつくられ、行政との関係に変化がみられるようになったことなどが挙げられる（立岩 1995：209）。一方で、国際障害者年をめぐる行政側の動きへの批判という文脈での対抗的モデル・ストーリーがある。二日市安のように、実質的な政策としてはまったく意味がなかったとするものである。

　「昭和五六（一九八一）年が国際障害者年というものになるのだという話は、障害者たちの多くにとっては、かなり唐突な話として受けとめられた。」

　「行政側は、国際障害者年といういわば外から押しつけられようとしている〝改革〟を最低限の範囲で抑えこもうとする姿勢を着々と整えつつあった。昭和五五年度障害者実態調査が（……）強行実施することができたのも、行政側の自信を強める一つの要素となった。なおこの実態調査実施にあたっての障害者各団体との話し合いのなかで、厚生省の板山更生課長は「厚生省がこれまでとってきた施設中心政策は誤りであり、今後は在宅対策中心に転換する」と言明したが、これは後に記すように、実質的にはほとんど積極的意味を持たないものであり、前後関係から考えても障害者運動の成果とはとてもいえなかった。」（二日市 1985：37）

同様に、しょせん「お祭り騒ぎ」に過ぎなかったという批判も、典型的な対抗的モデル・ストーリーである。森修は、この年の「お祭り騒ぎ」と対比して、「いつでも殺される側になる」自らの状況について述べている。

> 「国際障害者年の一九八一年は行政やマスコミのお祭り騒ぎであった。でも、ぼくにとっては、その年に起こった障害児とその親の無理心中事件のほうがショックやった。ぼくの住んでいる四条畷市でも、この年の一月四日に親子心中事件があった。大阪産業大学に通っているごく軽度の障害者と、藤井寺養護学校へ行っている障害児、この二人の子をもつ親がドライブウェイでダイビングして、子ども二人が死んでしまった。
>
> 　この心中事件の新聞記事を見ると、見出しに大きく「国際障害者年、悲しい幕開け」とある。その新聞記事を見て、「次は自分は殺される番や」と思った。また、あらためて自分の住んでいる地域を変えていかなアカンと思った。（……）電動車いすが広がって、エレベータができて街に出られるようになっても、いつでも障害者は、「殺される側」になるということを覚えておいてほしいと思う。」（森 2001：326-327）

マスコミ報道とその影響

これに付随するかたちでマスコミが描いた画一的な障害者像への批判という対抗的モデル・ストーリーがある。彼の語りの特徴の一つは、マスコミによる報道、とくに「がんばる障害者」という言葉で表される一面的な障害者の描き方への違和感や批判が多いことである。マスコミ報道についても押さえておくことにする。

すでに述べたように、国際障害者年のキャンペーンは大がかりなものであったようだ。この結果、「国際障害者年のめざした『完全参加と平等』、その基盤となるノーマライゼーションは行政やマスコミを通じて国民に知れ渡るようになった」（小澤 2000：85）。国際障害者年のさなか、九月に行われた全国世論調査では、二〇歳以上の約九割が国際障害者年を知っていたという。

マスコミは実際にどの程度国際障害者年を取り上げ、どのように報道したのだろうか。雨森勇は、テレビや新聞等マスコミの影響力を強調している。雨森によればＮＨＫ一三番組、民法一〇〇番組を超える関連番組が制作されている。また、連載企画を載せた新聞は通信社配信のものを含めて約七割弱で、掲載した新聞の一紙平均記事数は三～四本だった。年間企画あるいはほぼ年間を通しての企画ものを掲載した新聞は二〇紙を超える。一番長いもので七部構成一四一回（山陽新聞）であった。内容については、障害者の自立や雇用を扱ったものが多い。また、障害者の「生きる姿」に焦点化した記事として、「しっかり生きているぞ」（新愛媛）、「きみは強い」（岐阜）、「ハンディを越えて」（熊日）などがある（雨森 1982：84-86）。

ここからは、〈完全参加と平等〉が障害者の雇用に偏向したものであったこと、また「がんばって」ハンディキャップを「乗り越え」、「強く」、「しっかり」生きている障害者像が提示されていたことが推し測られる。

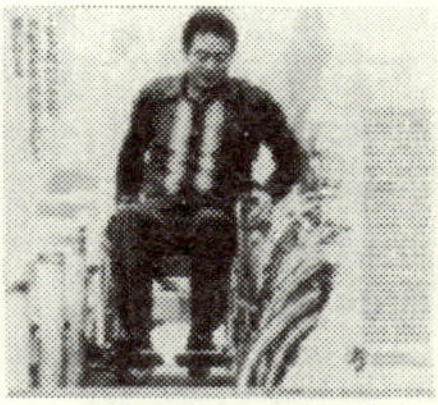

車椅子（金田正一）

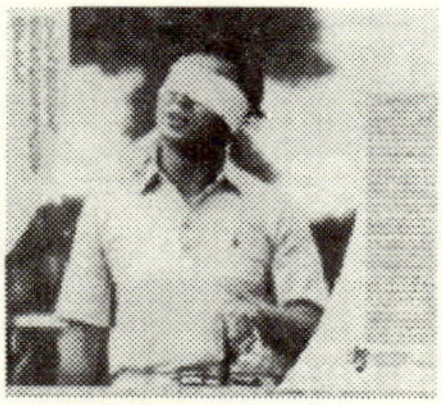

目隠し（王貞治）

「考えてみてください。ひとりひとりでできること」（新聞・雑誌・テレビ・ラジオ）

語りの構成

ようやく田中さんの語りにたどりつくことができた。ここからは彼が国際障害者年に言及した語りについて丁寧に読み解いていこう。語りは大きく三つのストーリーにわけられるが、いずれも聞き手の質問を契機として始まっている。

最初のストーリーは聞き手の国際障害者年にかんする印象的なことへの問いかけからはじまる。これに対してまず、「実感がない」という思いを抱いたことが語られる。次にマスコミ報道が描く「がんばる障害者」像への違和感、さらに「とりたてて八一年に思ったとかじゃないけれども」という前置きのあとに、やはり、常に称揚されてきた「がんばる障害者」への批判、これとの国際障害者年の共通性――語りのコンテクストとの一貫性――が示されたのちに、国際障害者年のスローガンである〈完全参加と平等〉の批判へとつながっていく。

二つ目のストーリーは、聞き手が「国際障害者年のあとから、（生活が）よくなったという実感はあるか」という質問に端を発する。これは即座に否定されるが、つづけて再びマスコミ報道が描く一面的な障害者像への批判が語られ、地方の障害者の置かれている現状についての語りが展開される。

三つ目のストーリーは、前の質問から連続したものとして国際障害者年の変化をさらに尋ねる聞き手の質問によって開始される。これに対して、地域差があるというひとまずの回答があり、しかし報道の影響により変化してきているという語り、つづけて再度マスコミが描く「がんばる障害者」像への批判、これと対となるかたちで、地方における「ちゃんとした障害者」でいなければいけないというプレッシャーの存在が語られる。

まずマスコミ報道が描く一面的な障害像への批判をみていき、次に彼独自の経験に基づくこの年への違和感や批判に言及する。順番にみていこう。

マスコミ報道への批判

マスコミ報道と関連する語りにおいて、くりかえし批判されるのはマスコミが描くあまりに一面的な障害者の姿である。最初のストーリーにおいて、国際障害者年という年の実感のなさが語られた直後に、マスコミ報道への違和感が次のように語られている。

田中：ま、テレビとか見ると、やっぱ東京の情報とかがあるから、それ見ると、ま、すごく障害者が、とりあげられてるけど、とことんこう、障害者がある一定の像みたいな／／うーん／／、あるべき像というか＝

聞き手：＝あるべき像＝

田中：というか、がんばる障害者、こうやって仕事もがんばってますとか、そういうことしか、とらえられていない。

さらに二つめのストーリーにおいて、国際障害者年前後の生活の変化を尋ねた質問への回答として、マスコミ報道による影響に言及されている。

田中：（前略）登場することが多くなったわけじゃない？　いろんなマスコミとか、そういうところに、障害者っていうものが。とりあげかたは別としても、いいとか悪いとかあるけれども。ただ目に触れる機会が／／うーん／／できて、車いす乗ってる人間にとってはすごく、だからあのー、一般化はしてきたっていうか？

聞き手：ああ。

田中：ただ不満なのは、車いすに乗ってる障害者っていうひとくくりの、ものがあるわけじゃないっていうことは知らせたかった。車いすに乗ってる障害者っていうのが、いろいろな映像とか、マスコミのあれを通して、世の中に流布されてきた、ことで逆に？　ひとりひとりの、車いす乗ってる障害者にも、一人一人違うんですよっていう部分が欠落してる。（中略）それとあと、おれはそうは思わなかったけど、軽い障害者？　障害者っていうと車いすっていう感じでとらえられてる部分があって、それは八一年以降にすごくそいつが言ってたね。

彼が、障害者がメディアに登場すること自体を否定しているわけではないことは、これらの語りからも推測される。むしろ偏ったものではあるが、障害者像が「一般化」してきたことには肯定的であるようにもみえる。ただし「がんばってます」といったかたちで描かれることに対する違和感や、障害者＝車いすというイメージが流布されることにより、障害者個々人の差異が看過されたり、車いすに乗らない障害者が排除されることへの危惧が表明されている。

さらに三つめのストーリーにおいては、後に登場するYがマスメディアに取り上げられる際に、やはり同じような視点で報道されることに言及し、その「固まったイメージ」の共通性が指摘される。

田中：（前略）よくがんばってるよねっていう視点の方が、比率としては非常に高いから。Yが、マスメディアに登場する仕方もそうだし／／うんうん／／、でまたそれを受けとる側もそうとしかとれないわけだから／／ああ／／。「あんなに働いてるよ、がんばってるよ」と。そういうこう、なんていうかな、固まったイメージ？／／うん／／　そういうなかでしかとらえられていない。

ここで語られたマスコミ報道における一面的な障害者像を批判するというストーリーは、実は典型的な運動側のモデル・ストーリーでもある。少し長いが、金満里が書いたものを引用する。金は自らの経験をまじえつつ、マスコミに描かれる障害者のステレオタイプに激しく反論している。

「そして、一九八一年。政府は、国際障害者年という、わけのわからないものを打ち出してきた。私たち障害者仲間は、「そんなもの関係ないで」と話していたが、世間ではどうも違うようだ、というのをしだいに感じだした。

たとえば駅の階段では一般の乗客に頼んで車イスをかかえてもらうのだが、そのとき、今まではほとんどの人たちが黙って手伝って去っていったのに、「今年は障害者年ですね」と声をかけられるということに何度か出くわし、私たちにとってはたいしたものではないと思えても、一般の人にとっては声一つでもかけやすいものなのだ、ということがわかりだした。

しかし一方で、国際障害者年というもので振りまかれているイメージといえば、パラリンピック（障害者のオリンピック）の選手よろしく、車イスの障害者が、ボールさばき鮮やかにバスケットのシュートを決め、「僕も、頑張ってます」という字幕と、最後に〝政府広報〟と出るテレビ・コマーシャル。それと、機械に向かって作業にはげむ姿を大写しにし、「僕も、働いてます」〝政府広告〟と出るコマーシャルと、いずれにしても、上半身は健常な中途障害者（生まれつきではなく、事故などで障害を負った人）が頑張る姿の美しさを強調するといったステレオタイプなものばかりだった。

冗談じゃない。国際障害者年というのは一般の人たちがコミュニケーションを取ってくれるきっかけにはいいかもしれないが、肝心の、主人公である障害者に関してふりまかれているイメージが、あまりにも一面的すぎる。どうしてそんなに障害者が、清く正しく美しく、なければいけないんだ！」

（金 1996：167-168）

金のこの文章は、マスコミ報道への批判という文脈での対抗的モデル・ストーリーのパターンの一つである。ここで先に引用した田中さんの語りも、こうした文脈に沿ったものであったことが見えてくる。すなわち、一連の語りは彼でなくとも語ることが可能なものであるといえる。また、金は前半部分において、国際障害者年について「わけのわからないもの」、「関係ない」ととらえていたが、「世間ではどうも違うようだ」と感じはじめたことを、一般の人から声をかけられた経験などに絡めて書いている。これは「国際障害者年にかんして印象的なことは？」、といった質問に対する、典型的な回答パターンの一つだろう。

田中さん独自の経験

これと対照的なのが、私の投げかけた同じ質問に対して、彼が自分自身の経験をより浮き立たせるかたちで語った一連のストーリーである。ここに多く登場するのが先に言及したYなのである。以下は、最初に私が国際障害者年にかんして尋ねた際に語られたものである。ここでは〈完全参加と平等〉というスローガンを一貫した軸として、語りが展開されている。

聞き手：なんか、こう、印象的な、こととか。その、国際障害者年にかんして？

田中：ああ（・・・）印象的ねぇ。（・）あの、今度Yっていうところ、見学に行くといいと思うんだけど、そこの、あのー、壁に、〈完全参加と平等〉っていうのが、フフ／／ああー／／、あのーなんていうの、でっかく、貼られていて、友だちと見たのかな、なんだか、ほんとに言葉だけが一人歩きしてるよなぁっていう。二人で語ったのがすごく、おれは今でも思い出すけどね。ほんとにねぇ、その実感なんてぜんぜんわかないわけだよ。その、それが出たときに。ああもうぜんぜんこれー、実態はそんなのないのに、ただあれで、掲げたら、それでなんか、なにかができたような、感覚なのかなーっていうようなことを話したのを覚えてるけどね。ま、それぐらい、実感がないっていうかんじがして。

国際障害者年の「実感のなさ」がYの掲げた横断幕に象徴されるものとして語られている。つづいて、国際障害者年の文脈とはやや離れたところから、「がんばる障害者」像への批判が、車いすマラソンというイベントと絡めて語られている。

田中：それからあとまぁ、これは、とりたてて八一年に思ったとかじゃないけれども、結局X県の福祉の施策っていうのが、Yと車いすマラソンだった／／はあはあ／／。国際車いす、世界中から呼ぶわけ。けどおれたちが言っていたのは、車いすマラソンっていう、ほんとに数日間なんだよね、車いすが街にあふれるのは／／うん／／。で、その大会が終わると、ぱたっと、車いすの人間っていうのは街にいなくなる、これはなん、なんなのかな、なんのために、＊＊＊予算の何千万とか、なんか、数字は正確には覚えていないけど、県がもう毎年それはもう、予算に組み込んでるわけ。そしてあれだけの一大イベントをやるわけだよ、世界中から呼んで。でもそれがあの、じゃあ日々の？　車いすとかに乗る障害者にとって、どんな影響をもってるかっていうと、非常に疑問なんだよ。「車いすに乗ってるのにすごい、あんなにがんばってるんだから自分もがんばらなきゃ」みたいな。そこがすごくおれがなんか、そういう、そういうことのために、あんなことをやるのかな、と。金使ってね。それでおれが一人暮らししたいっていっても、なかなかできないこの現実？

聞き手：うん。

田中：それとのギャップ。で、おれなんか、おれたちは、健常者、障害のない人たちに、感動を与えるために、生きているわけではない、っていうのはそのころからよく思っていて、でその八一年の〈完全参加と平等〉、国際障害者年のテーマが出たときに、またそういうことを強く、感じたわけだよな、改めて。そこにすごく、疑問というか、なんかずれてるよなー、障害者の施策、X県はおかしいよなと。

最後に障害者施策に対して抱いていた違和感が、〈完全参加と平等〉というスローガンに対する違和感と同じであることに言及され、語りの一貫性が保たれている。さらに〈完全参加〉と〈平等〉についての批判が、Yのあり方への批判とともに鋭く語られる。

田中：あとYにしても、前言ったかもしんないけど、なんで多くの障害者を一カ所に集めて、企業は大企業ばかりが入って、工場とかもやってるけど、なんでここに全部集めなきゃいけないんだ、という。そういうところとか、他のところで自然にさ、障害のないやつを雇うように障害のあるやつも雇えばいいじゃない／／うん／／。どうしてここに、ばかでかいのつくらなきゃいけないのかっていう、それはもうずっと疑問だった。そこにその〈完全参加と平等〉が出たから、ま、そこが、そういうイメージで、そういうことを言ってるっていうのを感じたわけだ。これが〈完全参加と平等〉だって思えたから、自分とこで掲げたんじゃないの。

聞き手：うーん、ああなるほどね＝

田中：＝別に役所がそこに掲げろとか言ったわけじゃないんだから、自分で勝手にそれを掲げたわけだから、これは模範ですみたいな、おれはそれにさらに違和感を感じていたっていうか。どっかおかしいよね、と考えてた。完全に参加したことになってないじゃないかって。平等っていうけどさ、重度の障害者の方が大変だっていうのはよくわかってるから。

その、なかで、残業を何時間もやらされて、軽度のやつはバスケットボールとか、車いすマラソンの練習を五時からやってるからね。（・・）そういうのを感じたな、確かに。

Yは企業と連携することにより障害者を一括して雇用するという形態をとり、これを〈完全参加と平等〉であるとみなしている、と彼はとらえている。しかし、これが果たして社会への〈完全参加〉であるのか、と問いかける。地域のなかに「自然に」障害者が存在するのではなく、「一カ所に集めて」いくことが社会に参加するということなのかと。さらにYが掲げる〈平等〉は、軽度障害者と健常者の間の〈平等〉であり、実は軽度障害者と重度障害者の間での不平等の存在を隠蔽していることにも、鋭く言及する。

モデル・ストーリーに沿った語りと、彼自身の経験の語りにわけてみてきた。次節ではとくに後者の語りにおいて、彼の経験にYが大きな位置を占めていること、社会との関係をYとの関係に象徴して語っていることに注目して議論をまとめてみたい。

5 〈排除〉のストーリー

国際障害者年は、当事者にとってはお祭り騒ぎに過ぎず、〈完全参加と平等〉というスローガンは、実際に制度が整っていない状況のなかでの生活との比較から、多大な違和感をおぼえさせるものだった。マスコミ報道の影響は大きかったが、ここで描かれる障害者像ともギャップがあった……。インタビュー終了後、私が考えていたことは以上のようなことだった。国際障害者年は教科書の記述とは異なり、障害者の実感としての生活が激変したわけではなかった。むしろ、そこで掲げられたスローガンやマスコミ報道との齟齬の方が大きかったのだと納得し、ここで思考を停止させた。

しかし今回あらためてテープおこし記録を作成しなおしたことで、新たに語り手と聞き手の作用がみえてきた。一つは聞き手の意図と語られたこととの齟齬である。田中さんの語りは、国際障害者年というテーマに沿って一貫したかたちで構成されてはいたが、実際に語られていたのは国際障害者年そのものについての経験ではなかった。このことにあらためて気づいたのである。同時に語りの相互行為の側面や、聞き手の意図や存在自体を無として解釈していたことへの反省をうながすことになった。

彼は、国際障害者年にかんする経験を情報リソースから引き出し、きわめて誠実に答えてくれた。今も古いテープを聞きなおしながら、いくどもくり返される私の唐突な質問に、言葉を慎重に選びつつ真摯に向き合ってくれた彼の姿を思い起こすことができる。しかし、国際障害者年を語ることを通じて、彼がおそらく意識せずに表明していたのは、実は、運動として申し立てておくべき社会への異議や、障害者の社会のなかでの生き難さではなかっただろうか。

あらためて、彼の生活史をふりかえり、そのなかで国際障害者年がどのような経験として位置づけられているかを確認していこう。彼のライフストーリーは、障害者としての生き方を確立するに至るまでの物語として再構成されている。

高校進学時に、養護学校高等部という障害者であれば当たり前に受け入れられる社会から拒絶された。その代わり、普通高校という一般社会のメインストリームに統合されたかにみえたが、内実はやはり学校にもクラスの友人のなかにも溶け込めず、ひたすら勉強にうちこんだ高校生活だった。大学に合格し、大学という限定された空間や人間関係には受け入れられたが、ここから一歩外に出たところでは、「社会の一員として生きている」のではなかったこと、すなわち全体社会からは排除されていたことに気づく。同時期に、企業で雇用されるエリート障害者としての生き方を選択しようとした――大学卒の肩書きをもつ田中さんにとっては有力な選択肢の一つだった――が、障害程度に応じた働き方を希望する田中さんの考えは否定される。そして、「そういう世界ではないところで生きていく」しかない、すなわち一般社会でのメインストリームはもちろん、エリート障害者のメインストリームでもない、オルタナティブの人生を選ばざるを得ないことを自覚していくのである。

一方、国際障害者年にかんして、田中さんは一貫してネガティブな評価を行っている。もちろん運動にコミットしている障害者に国際障害者年について尋ねれば、〈お祭り騒ぎ〉や〈メディアに描かれる障害者像との齟齬〉といった運動のコミュニティに適合的な対抗的モデル・ストーリーが語られるのは、ある意味で当然だろう。これに合致したかたちで、田中さんによって、マスコミが描く一面的な「車いすに乗ってる障害者」像や「がんばる障害者」像への批判が語られたことはすでにみたとおりである。

目を向けるべきは、彼独自の経験を織り交ぜて語る際のＹへの言及の多さである。三つのストーリーのうち二つにＹが登場し、とくに一つめのストーリーではＹに掲げられた横断幕を違和感の象徴として語り、ストーリーの一貫性を担保している。ここで、Ｙの存在は彼が「障害者としての生き方」を獲得するまでの象徴的な〈仮想敵〉であったのではないかという仮説が成り立つ。身近でありながら良い感情をもっていなかったとはいえ、いや、だからこそＹの方から就職をあっさりと拒否された経験は、彼の生活史に大きな影を落としていることだろう。

さらにいえばこれは、単に就職に失敗したことを意味するのみならず、もともと漠然とした嫌悪感を抱いていた場所との、理念上の対立が浮き彫りにされた経験であったと解釈すべきだろう。「人並み」になりたいと願った田中さんであったが、彼のいう「人並み」とは決して健常者並みに働くことを意味していたわけではなかった。おそらく自分の能力を生かしつつ、「障害者として」働くことをイメージしていただろう。しかしＹはあくまでも健常者と同様に働くことを求めた。ここで彼が気づいたのは、自分を含めた重度障害者が、Ｙのイメージする社会への「参加」からすら、排除されていたことだったと推測できる。そして、のちに障害者運動と出会い、その理念的な対立が明確化されるにしたがい、Ｙは常に論破すべき存在となっていったことは想像に難くない。

このように考えると、国際障害者年について語る際に、いかにも唐突にＹが登場したのも不思議ではなくなってくる。彼はＹに掲げられた横断幕〈完全参加と平等〉への違和感を語ることで、実はＹという施設の健常者への〈同化〉を求める姿勢そのもの、さらにその〈同化〉は、軽度の健常者に近づくことの可能な軽度障害者のみを対象にしており、ここから自分を含めた重度障害者は排除されていることへの批判を行っていたのである。

付け加えておくが、彼の運動側の対抗的モデル・ストーリーに沿った語りから、この年に多大な違和感を抱いていたこと、とくにマスコミの描いた障害者像については、一面的であるという思いをもっていたこと、またとくにこの年の前後で生活に劇的な変化があったと感じてはいなかったことが推測される。これは彼の経験における〈真実〉であるといえるだろう。ただしいま一つの、彼自身の経験を織り交ぜた語りに着目したことにより、重度障害者を排除する社会への批判のストーリーが提示されていたこと、つまり国際障害者年を通じて語られていたのが、大きな社会のあり方への批判であったことが、新たに見えてきたのではないか。

参考・引用文献

雨森勇 1982「『国際障害者年』にみる新聞報道」『新聞研究』三六八号、八四―八八頁

二日市安 1985「障害者差別と人権の歴史」磯村栄一・一番ヶ瀬康子・原田伴彦編集『差別と人権――心身障害者』雄山閣、一七―三一頁

二日市安 2001「やれるときに、やれるだけのことを」全国自立生活センター協議会編、一七七―一八七頁

樋口恵子 1998『エンジョイ自立生活――障害を最高の恵みとして』現代書館

樋口恵子 2001「日本の自立生活運動史」全国自立生活センター協議会編、一二―三二頁

板山賢治・仲村優一 1989「対談・近年における障害者福祉の展開「国際障害者年前後」」『月間福祉』10号、三五―四六頁

金満里 1996『生きることのはじまり』筑摩書房

厚生省編 1981『厚生白書――国際障害者年「完全参加と平等」をめざして』

楠敏雄 2001「私の障害者解放運動史」全国自立生活センター協議会編、三一三―三二一頁

牧口一二 2001「時の流れに身をまかせ……なんてね」全国自立生活センター協議会編、二九七―三〇五頁

丸山一郎 1981「国際障害者年と政府のとりくみ」『季刊教育法』三九号、一二九―一三二頁

三ツ木任一 1987『障害者福祉論』放送大学

三ツ木任一 1987「障害者福祉の動向」三ツ木編、一一―二一頁

三澤了 2001「同じ頚損仲間の運動から障害種別・国境を超えたDPIの運動へ」全国自立生活センター協議会編、二一五―二二四頁

森修 2001「障害者として生きるということ」全国自立生活センター協議会編、三一二―三一七頁

大熊由紀子・北野誠一・中西正司・仲村優一 2001「シンポジウム 自立生活運動の21世紀への展望」自立生活センター編、三八五―四〇二頁

小澤温「障害者福祉制度の流れを理解する――歴史とその展開」佐藤久夫・小澤温『障害者福祉の世界』有斐閣、六七―一〇一頁

阪本文雄 1982「国際障害者年――岡山県からの〝こだま〟」日本障害者リハビリテーション協会『リハビリテーション研究』三八―三九頁

清水寛 1981「国際障害者年の基本課題――平和的生存権と発達権的生存権の統一的実現」『季刊教育法』三九号、一三五―一三七頁

立岩真也 1990→1995「はやく・ゆっくり――自立生活運動の生成と展開」安積他『生の技法――家と施設を出て暮らす障害者の社会学』一六五―二二六頁

寺田純一 2001「「青い芝」と四三年」全国自立生活センター協議会編、一九六―二〇四頁

内田みどり 2001「障害者であり、女であることの狭間で」全国自立生活センター協議会編、二八〇―二八八頁

我妻武 2001「楽しみながらネットワークを――国際障害者年から二〇〇二年DPI世界会議札幌大会へ向けて」全国自立生活センター協議会編、一五四―一六〇頁

山田昭義 2001「名古屋の「愛の実行運動(AINO JIKKO UNDO、AJU)」の軌跡」全国自立生活センター協議会編、四九―五六頁

吉本哲夫 1981「国際障害者年に対する国内団体のとりくみ」『季刊教育法』三九号、一三一―一三四頁

全国自立生活センター協議会編 2001『自立生活運動と障害文化――当事者からの福祉論』現代書館

http://www.duskin.co.jp/ainowa/page2004/t-ainowatte2004.html(ダスキン「広げよう愛の輪活動基金」)

10 「エイズ予防法」案に反対したレズビアンたち

飯野由里子

はじめに

一九八七年三月六日、厚生省（現、厚生労働省）は当時急激に社会問題化していたＨＩＶ感染への対策として、後天性免疫不全症候群の予防に関する法律（以下「エイズ予防法」）案の要綱を発表した。この法案は、第一にＨＩＶ感染者を発見した医師に対して感染者の性別、年齢、感染原因を都道府県知事に報告する義務を定め、第二に感染者が医師の指示に従わず、多数の者に二次感染させる恐れが生じた時には、その氏名と住所を知事に報告しなければならないとしている。そして第三に、知事に対してはＨＩＶに感染している疑いのある者に健康診断を受けるよう勧告・命令する権限を、都道府県の職員に対しては感染経路の調査を行う権限を与えるという内容のものであった。これらの内容からも分かるように、「エイズ予防法」案は、ＨＩＶ感染者や感染していると疑われる人たちを危険な存在として位置づけ、かれらの把握と管理を目的とするものであった。このため法案の要綱が発表された当初から、この法律は自発的受診を妨げ感染者の潜在化を招く可能性があること、またエイズ患者やＨＩＶ感染者への差別を助長する恐れが強いことなどが指摘されていた。法案の有効性を疑問視する声が多かったにも拘わらず、「エイズ予防法」は法案提出から一年九ヶ月後の八八年十二月二十三日に成立することになる。本稿で取り上げるのは、この「エイズ予防法」案に反対したレズビアンたちの語りである。

本稿では詳しく触れないが、この法案に対しもっとも敏感に反応しもっとも粘り強く反対運動を展開したのは血友病（ヘモフィリア）患者とその家族である。当時、日本におけるＨＩＶ感染の九〇パーセント以上は血友病治療薬である非加熱血液製剤によって感染した血友病患者であった。厚生省や製薬企業、血友病治療にあたってきた医師等は、八三年の時点で非加熱血液

ＨＩＶ／エイズ

ＨＩＶ／エイズはどのような問題か？

ＨＩＶとは、Human Immuno-Deficiency Virus（ヒト免疫不全ウイルス）のことである。ＨＩＶは主に性分泌液や血液を介して感染するのだが、感染すると免疫機能が低下し、通常の健康状態ではかかりにくい感染症にかかったり、悪性腫瘍等が発生したりする。ＨＩＶ感染により引き起こされるこうした症状をＡＩＤＳ（Acquired Immune Deficiency Syndrome：後天性免疫不全症候群）と呼ぶ。

エイズと認定される患者が初めて報告されたのは一九八一年のアメリカ合衆国であるが、以降十数年の間にそれは世界の「流行病」と呼ばれるまでに広まった。今やエイズへの対策は国際的な問題であり、ＷＨＯ（世界保健機関）やＵＮＡＩＤＳ（国連合同エイズ計画）等の国際組織により国境を越えた協力が進められている。

だがエイズは単に身体的な病の問題ではなく社会的な問題でもある。この病の治療法が未確立であることへの「恐怖」のため、またこの病が発見された当初、患者の多くはゲイ男性であると報告されたため、エイズには「死」をめぐるメタファーのみならず、懲罰的色彩をおびたメタファーが付与されてきた。したがって感染者や患者は、病そのものに加え、病に対する偏見との闘いを余儀なくされたのである。事実、この病との闘いは新たな社会運動を登場させた。たとえば、多くのゲイ男性がＨＩＶに感染した合衆国では、性的少数者が中心となり従来とは性質を異にした運動を展開した。なかでも「ＡＣＴ ＵＰ（AIDS Coalition to Unleash Power）」や「ネームズ・プロジェクト」の活動は有名である。

日本におけるＨＩＶ／エイズ問題

日本のＨＩＶ／エイズ問題において特徴的なのは、血友病（ヘモフィリア）患者の大規模なＨＩＶ感染である。血友病患者は血液製剤等によって血液中の凝固因子を補充しなければならないのだが、血液製剤にはドナーが保有していたＨＩＶをも伝播する危険があった。欧米の製薬会社はこの危険性が指摘された八三年に、加熱処理をした血液製剤を開発したが、日本ではその使用が八五年まで許可されず、結果、全血友病患者の約四割にあたる一八〇〇人がＨＩＶに感染してしまったのである。こうした感染拡大は防げたはずであると考えた血友病患者等は八九年、当時の厚生省と製薬会社を被告として訴訟を起こした。これが「薬害エイズ」訴訟として知られている運動である。

この運動のきっかけとなったのが、感染者や患者の把握と管理を第一義的な目的とし、八七年に提出された「後天性免疫不全症候群の予防に関する法律」案と、それに対する反対運動である。この運動は法案提出から成立までの約二年にわたって展開され、予防法案がエイズという病、及びこの病と結び付けられた人々に対する偏見を強化することを懸念した人々（血友病患者、フェミニスト、ゲイ・レズビアン等）の共闘を可能とした。

現在、様々な治療により、ＨＩＶに感染していてもエイズの発症進行を抑えることが可能になりつつある。しかし二〇〇四年時点においても、世界で約三一〇万人もの人々がエイズにより死亡したと報告されている。とりわけ日本では、近年、若い世代を中心にＨＩＶ感染者が増加傾向にある。こうした意味でもＨＩＶ／エイズは、未だ終わっていない問題なのである。

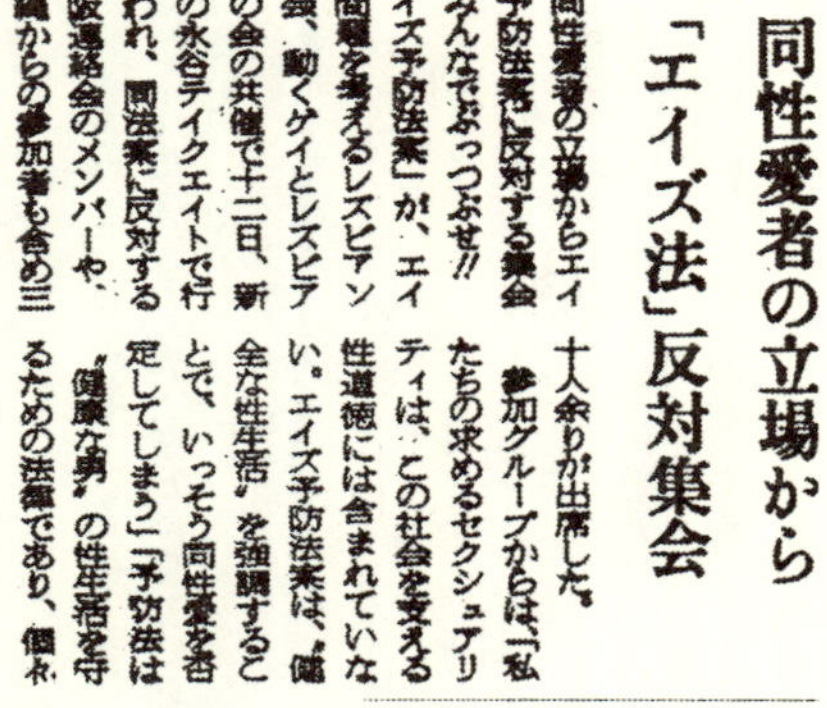

同性愛者の立場から「エイズ法」反対集会

同性愛者の立場からエイズ予防法案に反対する集会「みんなでぶっつぶせ!! エイズ予防法案」が、エイズ問題を考えるレズビアンの会、動くゲイとレズビアンの会の共催で十二日、新宿の永谷テイクエイトで行なわれ、同法案に反対する大阪連絡会のメンバーや、沖縄からの参加者も含め三十人余りが出席した。

参加グループからは、「私たちの求めるセクシュアリティは、この社会を支える性道徳には含まれていない。エイズ予防法案は、"健全な性生活"を強調することで、いっそう同性愛を否定してしまう」「予防法は"健康な男"の性生活を守るための法律であり、個々

「同性愛者の立場から『エイズ法』反対集会」
(『社会新報』1988年6月24日)

製剤からHIVへ感染する危険性を把握していた。しかし日本の製薬企業が加熱処理製剤を開発する八五年までの約二年間、血友病患者に対する非加熱血液製剤の使用は続けられた。この結果、日本の血友病患者の四割に相当する約二千名がHIVに感染するという事態が引き起こされたのである。血友病患者のHIV感染が「薬害」であったとされる所以はここにある。ところが、厚生省は自らの責任を認めないばかりか、「エイズパニック」[1]の混乱に乗じて「エイズ予防法」案を発表した。このため血友病患者らは、この法案によって自分たちに対する差別がより一層助長されるのではないかという恐れと不安を抱き、まさに命がけで反対運動を展開したのである。[2]

予防法案に恐れと不安を抱いたのは血友病患者だけではない。八五年三月二十二日、厚生省エイズサーベイランス委員会[3]はアメリカ在住で「同性愛者」の日本人芸術家の男性を第一号患者として認定した。海外在住のゲイ男性が第一号患者として認定された背後には、日本におけるHIV感染の大半が「薬害」によるものであるという事実を隠蔽し、薬務行政や製薬企業さらには血友病治療医に対する批判をかわそうとする狙いがあったのではないかとされている。そのことを裏づけるかのように、エイズサーベイランス委員会は第一号患者の認定から二ヶ月後の八五年五月、血友病患者のHIV感染をようやく認めるに至っている。当時日本においても、アメリカ合衆国で多くのゲイ男性がHIVに感染していると報道されていた。そこに、ゲイ男性が「日本人エイズ第一号患者」として認定され、またマスコミがこのことをセンセーショナルに報道した結果、日本においてもエイズは「ゲイの病気」であるという強固な意味付けが与えられることになった。そして多くのゲイ男性は、エイズについての「正確な」情報を与えられることなく、恐怖や混乱、不安だけを煽られたのである。当時はまだHIV感染者の数が少なかったとはいえ、ゲイ男性もまたこの法案が自分たちに与えるかもしれない影響をいち早く見抜いていたのだと言える。

他方多くのレズビアンにとって、予防法案は緊急性に乏しい問題であった。当時レズビアンの間においても、エイズは「ゲイの病気」であるという誤解が広く浸透しており、レズビアン

には関係のない問題だと考える者が多かった。しかしそうした中でも、ゲイ男性らとともに予防法案の反対運動に積極的に参加したレズビアンたちがいる。本稿ではそうしたレズビアンたちの語りに耳を傾けることで、彼女たちがこの法案に反対した理由を探っていくとともに、彼女たちの語りがＨＩＶ／エイズをめぐる現在の状況においても力をもち得る可能性について指摘したい。

分析に当たっては、筆者が行ったインタビューにおいて（文字通り）「語られたこと」だけではなく、ミニコミ誌等において「書かれたこと」も語りとして用いる。前者は予防法案への反対運動に参加したレズビアンの一人であるＷｎさんの語りである。Ｗｎさんへのインタビューは、二〇〇二年四月から五月にかけて計三回、ライフヒストリー・インタビューという形で行われたが、本稿ではその一部分のみを取り上げる。後者は、予防法案への反対運動が行われていた時期に、Ｗｎさんを含む複数のレズビアンによって「書かれたもの」である。これらの語りは、一九八八年五月から八九年二月にかけて発行された『れ組通信』（「れ組スタジオ・東京」というレズビアンの団体の機関誌）と、法案成立後の八九年十一月に、「エイズ予防法案を廃案にする女たちの会」（「れ組スタジオ・東京」の呼びかけにより、「女（わたし）のからだから’82　優性保護法改悪阻止連絡会」というフェミニストのグループの他、予防法案に反対する女性たちによってつくられた団体）[4]から発行された小冊子『女たちのエイズ問題：わたしたちはなぜ反対したのか!!』から得られたものである。

1　語られなかったこと

本節で取り上げるのは、予防法案への反対運動に参加したレズビアンの一人であるＷｎさんの語りである。ここでは、インタビューにおいて何が語られたのかを見出していくとともに、Ｗｎさんと聞き手であるわたしとの間で何が語られ、逆に何が語られなかったのかを明らかにしたい。

語り手であるＷｎさんは一九四七年に東京で生まれた。大学卒業後の七〇年、ウーマンリブ運動と出会い、「リブ新宿センター」を中心に活動していた。七五年六月に渡米し、そこで数多くのレズビアンたちと出会うことで、自らの中にも異性愛ではないセクシュアリティのあり方を発見していった。渡米から一年後の七六年六月に帰国した後、次第にレズビアンの運動に関わるようになる。同年に発行された、日本で初めてのレズビアンのためのミニコミ誌『すばらしい女たち』の編集作業に参加したほか、八七年三月に設立された、日本で初めてのレズビアンによる事務所「れ組スタジオ・東京」の設立メンバーの一人でもある。「エイズ予防法」案への反対運動に参加するようになったのは八八年のことである。

筆者（以下＊）：（前略）どういう、あの、何がきっかけで、これ（「エイズ予防法」案）に興味を持ち始めたんですか？
Ｗｎ：一番最初はあれだったんですよね、「アカー」から、そのー、「動くゲイとレズビアンの会」から「れ組スタジオ」に、エイズセミナーっていうのがあるっていうお知らせが来たのね。／／＊：うん／／うん、で、それに参加したんですよ。それで、私は、あのー、「エイズ予防法」っていう法律は、どういう法律かっていうことが初めてその時に分かって、／／＊：うん／／で、やっぱり何か反対運動をしなきゃいけないなっていう風にね、思ったのがきっかけですね、はい。

　ここに登場する「アカー（動くゲイとレズビアンの会）」とは、八六年三月にゲイ男性を中心として結成された団体である。前述したように、この時期日本においても、エイズは「ゲイの病気」であるという強固な意味付けがなされていた。しかしその一方でＨＩＶ感染についての具体的な情報が報道されることはなく、ゲイ男性たちはエイズという病気に対する恐怖や混乱、不安だけを煽られていた。そこで「アカー」はその結成当初から、ＨＩＶ／エイズに関する情報の提供に積極的に取り組むことになった。さらに「エイズ予防法」案が国会に上程された八七年三月以降は、『エイズ・インフォメーション』というミニコミ誌の発行、配布を開始した。「……大体六―八ページ程度の『エイズ・インフォメーション』というミニコミを二週間おきに新宿、上野、池袋、渋谷にあるゲイバーやゲイ・サウナに配布したのである。（中略）その目的は、恐怖を煽ることとは異なる『正確な情報』を伝えることであり、予防法案という具体的な問題をゲイの立場から考え、社会の偏見を改善していくことにあった」（風間 1999:415）。Ｗｎさんの語りの中に出てくるエイズセミナーも、こうした一連の流れの中で、「アカー」によって開催されるようになったイベントである。
　そして、この時Ｗｎさんが参加したエイズセミナーでスピーチを行ったのが、「全国ヘモフィリア友の会」の保田行雄である。

Ｗｎ：（前略）で、まあ、あたしがやっぱり保田さんのお話で興味を持ったというか、「ああ、そうなのか」と思ったのは、結局実際に血友病の患者で、子どもたちが随分その輸入の血液製剤によってエイズに感染していると。でー、やっぱりその時っていうのは、エイズってゆったらもうすごくもう怖いっていうか、すごくマイナスのイメージがあったわけですよね。それに対して、だから誰もが自分がエイズにかかった場合言えない、自分がエイズにかかってるなんて言ったらもう村八分だし、すごく差別されるっていうのがもう、あからさまだから、病人であるにも拘わらず、自分の病気のことを言えない、／／＊：うん／／で、っていうことは、そういう子どもたちが自分の将来に対して希望を持てない、でもそれやっぱおかしい。エイズにかかった子どもたちが希望を持って生きられるような社会を作んなきゃいけないっていうのと、それからこの「エイズ予防法」っていうのが、一人ひとりの個人の性生活まで、やっぱりこう入ってくる法律である。で、それは、もしエイズにかかってるってことが分かったら、あなたはじゃあ誰とセックスしたのかっていうことも言わなきゃいけないし、あの、そういう個人のプライバシーのことですよね。んで、あと、それから、やっぱりこう、隔離していくみたいな、あのー、社会の中でそういうサポートを受けて、安心して生きられるようにしていくんではなくて、エイズにかかった人は社会から隔離して、排除していこうっていう、そういう法律なんだっていうようなことが、保田さんが説明されて、「ああ、そうか。それはすごくひどい法律だな」と思ったんですよね、／／＊：うん／／うん。それがきっかけでしたね、／／＊：うん／／うん。

『朝日ジャーナル』（1988年11月25日号）に掲載された、エイズ予防法案の廃案を訴える意見広告

　保田さんの話を通してＷｎさんは、予防法案がエイズ患者やＨＩＶ感染者を社会から隔離、排除しようとする法律であり、かれらのプライバシーの侵害を正当化してしまう危険性があることを知る。また日本のエイズ患者の九割以上が血液製剤から感染した血友病患者で、その半数は子どもたちであること、そしてこの法案ではかれらが自分たちの将来に対して希望が持てないことなども知り、彼女は「ああ、そうか。それはすごくひどい法律だな」、「反対運動をしなきゃいけないな」と思うに至ったのである。

　実際この時のエイズセミナーがきっかけとなり、Ｗｎさんが活動の中心としていたレズビアンの団体「れ組スタジオ・東京」は、その後「アカー」と協力して「エイズ予防法」案に対する反対集会を開催することになっていく。なかでも積極的に取り組んだのがＷｎさんである。彼女は反対集会の内容を「れ組スタジオ・東京」の機関誌『れ組通信』で報告するなど、レズビアンに向けて法案反対を積極的に訴えた。だが彼女の予想に反し、予防法案に関心を寄せたレズビアンは少なかった。

＊：その当時の／／Ｗｎ：うん／／レズビアンたちからの反応っていうのは／／Ｗｎ：うーん／／どういうものがありま

したか？
Ｗｎ：うーん、やっぱり、だから、私はもうちょっとみんなこう、たくさんの人たちが、//＊：うん//立ち上がるかなーって思ったんだけど、//＊：うん//現実的にはそうではなかったっていうかね。//＊：うん//それはちょっとやっぱり残念だなって思いましたね、うん。（・・・）
＊：現実的にはどういう反応の方が多かったんですか？
Ｗｎ：うーんとね、だからまあ、あのーー、（・・・）だから、ま、はっきりとね、だから露骨に、その「エイズはゲイが乱交するから、その、それではやる病気なんだから、レズビアンは関係ない」っていう風なとこまで言う人もいたけど、だから、「なんでレズビアンが、そういうゲイの問題をね、レズビアンがやるんだ」みたいな、でも、そういう意見はすごく数は少なかったですよね。（中略）みんなが関心がなかったって言うわけではないのよね。//＊：うんうんうん//カンパくれた人もいるし。

なぜ予防法案に関心を寄せたレズビアンは少なかっただろうか。以下の語りでは、この問いに対するＷｎさんなりの答えが語られている。

Ｗｎ：そうね、ただひとつは、そのエイズっていうことが、たぶんレズビアンにとって自分の問題っていう風にはやっぱり考えられないっていうか、そういう情報が、やっぱりこうすごく、正しい情報が流れていなかったから、それで知らないっていうことと、（中略）それからもうひとつは、反対運動っていうかな、そういうことに対して、あんまり興味がないっていうか（中略）。で、やっぱ何かおかしいことが起きたならば、それに対して立ち上がって、声を上げていくっていうことはすごく必要だし、まあ、もちろんいつもいつもできるとは限らないんだけれども、黙ってるよりは、やっぱり声を上げることっていうのはすごく大事だし//＊：うん//力が、有効性があるんだっていうことを、あんまり知らないんじゃないかなって私は思ったの。//＊：うん//で、私自身は、ウーマンリブ運動に入った時に、まず優性保護法の改悪案の反対運動があって、で、それで実際こー、（中略）廃案になってるんですよね。//＊：うん//で、それはやっぱり、自然に廃案になったわけじゃなくって、女たちとか、障がい者とか、あの、みんなすごく運動したんですよね、ほんとに。デモしたり、集会開いたり。やっぱそういう声が廃案に持ってってたわけよね、そのひどい法律が出てきた時に。だから、必ず、そのー、んー、声を上げるっていうことは、その、世の中を変える、変えられるっていうか、そういう経験があったからね・・・
Ｗｎ：（前略）実際自分の生活があって、で、ボランティアでやるわけじゃない？／／＊：うん／／大変なことだよね、あのー、そういう運動するっていうことは。うん、だから、やっぱりなかなか、すごく、えっとー、日本の状況の中では、やっぱりー、こういうカミングアウトする、だから、たとえば、議員のとこ行くとか、そういう時「あたしたちは女たちの会で、私はレズビアンです」とか、あのー、やっぱりレズビアンの立場でとか、まあそういうような話をどうしてもするのが、やっぱそういう、そこがあるから、ま、やるわけじゃない？（中略）で、でも、そういうカムアウトをして何かやっていくっていう、そういう政治的な活動というのは、現実的にはすごくやっぱり難しいなっていうか、難しいし、やっぱり抵抗があるっていうのは、やっぱり現実だっていうことがまあ分かったってね、（中略）。だから、まあ、それが現実だったってことだろうねー。

　予防法案に関心を寄せたレズビアンが少なかったのはなぜかというわたしの問いに対して、Ｗｎさんは二つの理由をあげている。第一には、エイズに関する「正しい情報」がなかったため、多くのレズビアンはＨＩＶ感染やエイズを「自分の問題」として考えられなかったということである。第二には、反対運動そのものへの無関心や抵抗感である。Ｗｎさんは、反対運動に興味を持たなかったレズビアンたちは「声を上げる」ことの政治的「有効性」を「あんまり知らないいんじゃないか」と推測する。また反対運動のような「政治的な活動」を行うには同時にレズビアンとしてカミングアウトしなければならないため、多くのレズビアンにとって反対運動に参加することは現実的に困難だったのではないかとも分析する。

　レズビアンの間で「エイズ予防法」案への反対運動が盛り上がらなかったのは、ＨＩＶ／エイズに関する「正しい情報」が欠如していたからであり、反対運動そのものへの無関心や抵抗感があったからではないかとするＷｎさんの語りそれ自体はおそらく間違っていない。しかしこの語りには、何かが欠けている。

　Ｗｎさんへのインタビューの中で、聞き手であるわたしは予防法案に対する当時のレズビアンたちの反応を知りたいあまり、「現実的にはどういう反応の方が多かったんですか？」という問いを投げかけた。そしてわたしの問いに答える形で、Ｗｎさんはレズビアンの多くがなぜこの法案に関心を持たなかったのかを語ってくれた。だが一方でわたしは、Ｗｎさん自身がこの法案に反対した理由について、インタビューという場であえて問うことをしなかった。その結果、聞き手であるわたしと語り手であるＷｎさんとの間には、彼女がなぜ「エイズ予防法」案に反対したのかにまつわる語りが十分に語られないまま残されてしまったのである。

　いま思えばあの時のわたしは、「エイズ予防法」は「すごくひどい法律だな」と思い、「反対運動をしなきゃいけないなって

（中略）思った」というＷｎさんの素朴な語りに満足していた。彼女がなぜこの法案に反対したのかを理解するために、それ以上の理由が必要だとも感じていなかった。しかしＷｎさんがこの法案に反対した理由はそれだけだったのだろうか？　以下に記す二つの断片的な語りの中には、彼女がこの法案の反対運動に参加した別の理由を読み取ることができる。

Ｗｎ：やっぱり、ゲイに対する差別が強まるっていうことは、レズビアンにもそれは引っかかってくるっていうか、あのー、他人事ではないっていうのがあるわけだから・・・

Ｗｎ：エイズの問題って、当時はゲイの問題だっていう人が／／＊：うん／／多かったわけ。で、ゲイが乱交するからエイズって広まるんだから、なんでレズビアンがこんなエイズのことやるの、みたいな反応もあったんですよ、／／＊：うんうん／／うん。でも、あたしはやっぱりそうじゃないと思ったから、これはあたしたちにもすごく関係のある性の問題、（中略）そんな他人事だなんて言ってられないって、すごく思ったから・・・

右に記したいずれの語りからも、Ｗｎさんが予防法案を「他人事ではない」と考えていたことが読み取れる。彼女は予防法案を「あたしたちにもすごく関係のある」問題、つまり「レズビアンの問題」として捉えていたのだ。しかしいずれの語りからも、なぜ彼女がそのように考えていたのかについてはっきりと読み取ることはできない。

　Ｗｎさんへのインタビューにおいて十分に語られなかったこととは、一体どのようなものだったのか。以下、第2節、第3節では別の語りの助けを借りることで、この点について明らかにしていきたい。

2　「同性愛者」として、そして女として

　Ｗｎさんとわたしとの間で十分に語られなかったことがある。わたしがこのことに気がついたのは、「エイズ予防法」案への反対運動が行われていた一九八八、八九年当時に、レズビアンによって発行されたミニコミ誌を読んでいた時のことである。そこではＷｎさんを含む複数のレズビアンたちによって、この法案に反対する理由が饒舌に語られていた。わたしは「書かれたこと」に出会うことで初めて、「語られたこと」の中では十分に語られなかった語りがあることにようやく気がついたのである。

　また「書かれたこと」を検討した結果、前節の終わりで引用したあの二つの断片的な語りに関してある疑いを持つようにもなった。それは、一見同じことを語っているように思われるこれら二つの語りが、実は別々のことについて語っているのではないかというものである。そこでまず本節では前者の語りに注

目し、「書かれたこと」の助けを借りながらこの語りの内容に接近してみたい。

　前者の語りにおいてＷｎさんは、「ゲイに対する差別が強まるっていうことは、レズビアンにもそれは引っかかってくる」と語っている。既に指摘しているように、この語りは「エイズ予防法」案が「レズビアンの問題」でもあるということを示唆している。同様の語りは「書かれたもの」の中にも数多く見出される。以下に記す語りはその典型である。

> 　厚生省はエイズまん延防止を唱え「エイズ予防法案」の衆院通過を強行しようとしています。この法案はエイズ感染者のみならず「感染者であると疑うに足りる者」までをも洗い出し、詰問、監視、指示命令する強権を知事と保健所に与えてしまうものです。
>
> 　厚生省許可の血液製剤の汚染によってエイズに感染してしまった血友病の人々とその家族、厚生省によって「ハイリスク集団」と名指しされてきたゲイ（同性愛）の男性、性産業で働く女性、外国人などは既に〝言われなき人権侵害〟を受けています。この法案によって「感染者狩り」は一層激しくなるでしょう。
>
> 　わたしたち「れ組スタジオ・東京」はレズビアンの解放を目ざす女たちのグループです。私達レズビアンは、同じ同性愛者であるゲイの男性の人権とプライバシーが侵されるのを見て黙ってはいられません。また「売淫常習者」なんてレッテルを貼ってまたもや性行為の責任を女だけに押しつけ、女を取り締まる国のやり方を許せません。（『れ組通信』十四号、十五）

　これは八八年五月五日に発行された『れ組通信』十四号において、「れ組スタジオ・東京」が予防法案への正式な反対を表明する文章の中で「書かれたもの」である。同じ号の通信には、「れ組スタジオ・東京」が「アカー」の「熱意に動かされて（法案に）一緒に反対していくことにな」（『れ組通信』十四号、十四）ったと報告されている。

　実はこの通信が発行される直前の四月一八日、「アカー」はレズビアンやゲイの団体として初めて厚生省に「エイズ予防法」案の廃案を要請し、記者会見を行っている。それは、記者会見という極めてパブリックな場で、レズビアンやゲイとして日本で初めてカミングアウトするということを意味していた。『れ組通信』十四号に記されている「アカー」の「熱意」には、こうしたことも含まれていると考えられる。Ｗｎさんの語りにおいても示唆されていたように、「れ組スタジオ・東京」というレズビアンの団体が「エイズ予防法」案への反対を表明するに至った背景には、「アカー」という団体の存在があったのだ。

　それでは「れ組スタジオ・東京」は、予防法案の何が問題であると考えていたのだろうか。前述した語りによれば、彼女たちがこの法案に反対する理由とは以下のようなものである。すなわち、彼女たちが反対するのは、この法案が「エイズ感染者のみならず『感染者であると疑うに足りる者』までをも洗い出し、詰問、監視、指示命令する」ことを正当化するものであり、その結果「この法案によって『感染者狩り』は一層激しくなる」と考えられるからである。つまりここで「れ組スタジオ・東京」は、エイズ患者やＨＩＶ感染者だけではなく「感染者であると疑うに足りる者」への差別をも助長しかねない点を、予防法案の問題として語っている。

興味深いのは、この「感染者であると疑うに足りる者」たちの存在こそ、「れ組スタジオ・東京」の語りにおいて重要な位置を占めている点である。別言すれば、「れ組スタジオ・東京」が「エイズ予防法」案は「レズビアンの問題」でもあると語る時、両者の間を繋ぐものとして持ち出されるのがかれらの存在なのである。

この点について確認するため、再度、前述した語りに戻ってみたい。するとそこでは、「感染者であると疑うに足りる者」として「厚生省によって『ハイリスク集団』と名指しされてきたゲイ（同性愛）の男性、性産業で働く女性、外国人など」があげられていることが分かる。さらに最終段落では、レズビアンは「同じ同性愛者であるゲイの男性の人権とプライバシーが侵される」ことに、また「性行為の責任を女だけに押しつけ、女を取り締まる国のやり方」に怒りを感じていると語られている。こうしたことからも分かるように、前述した「れ組スタジオ・東京」の語りでは、「感染者であると疑うに足りる者」たちの中でも、とりわけゲイ男性や性産業で働く女性たちへの親和が語られているのである。

つまりこういうことではないだろうか。レズビアンは「同性愛者」であると同時に、女でもある。したがって同じ「同性愛者」であるゲイの男性や、同じ女である性産業で働く女性たちが「エイズ予防法」によってさらなる差別を受けるとするならば、それはレズビアンにとって無関係ではない。なぜならかれらにふりかかると考えられる差別は、いずれレズビアンにもふりかかってくると考えられるからだ。レズビアンたちが予防法案を「レズビアンの問題」でもあると考えた理由の一つはここにある。

さてここで、前述した語りが「れ組スタジオ・東京」というレズビアンの団体による主張という形をとっている点に注目したい。団体として意見を表明している以上、その主張の内容はメンバー間においてある程度合意されていたと考えられる。また予防法案反対を積極的に訴えたレズビアンの多くが「れ組スタジオ・東京」のメンバーでもあったことを考慮すると、この語りは予防法案に反対したレズビアンたちにとっての、いわば〈正式な語り〉として存在していたとも考えられる。このことを裏づけるように、『れ組通信』十四号の二ヶ月後に発行された十六号（一九八八年七月二日発行）では、今度は「れ組スタジオ・東京」のメンバーである「大久」さんと「いなほ」さんの二人から同様の思いが語られている。

大久：（前略）これ（「エイズ予防法」案）は単にエイズにかかった人達の問題じゃないゾ、弱者や少数者にとってとても危険な法律だと直感しました。（中略）だからレズビアンも無関係じゃないのです。ほっとけない、女だから、レズビアンだからこそ。（『れ組通信』十六号、一）

いなほ：（前略）レズビアンはエイズに一番感染しにくい、これはゲイの問題だからあまり関係ない、という意見を聞くことがある。果たしてそうであろうか？　ゲイに対する偏見、差別の強まりはレズビアンに無関係といえるのか。（『れ組通信』十六号、一）

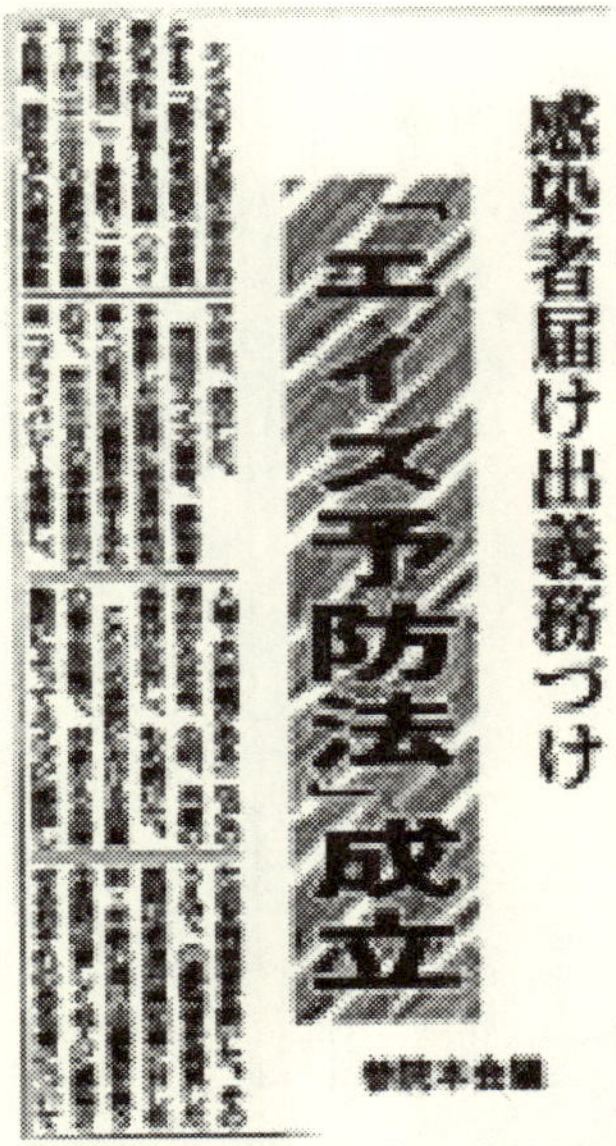
感染者届け出義務づけ
「エイズ予防法」成立
参院本会議

「『エイズ予防法』成立」（『毎日新聞』1988年12月24日付）

同じ「同性愛者」であるゲイの男性や、同じ女である性産業で働く女性たちが「エイズ予防法」によってさらなる差別を受けるとするならば、それはレズビアンにとって無関係ではない。こうした語りが可能だったのは、彼女たちがゲイの男性や性産業で働く女性たちを「ハイリスク・グループ」として名指しする力学の背後に、同性愛嫌悪や性差別が存在していることを鋭く見抜いていたからであろう。だからこそ彼女たちは、当時レズビアンには関係がないと思われていた「エイズ予防法」案を「レズビアンの問題」として語ることができたのである。

しかしその一方で、こうした語りにはいくつかの限界が存在している。第一の限界は、こうした語りがエイズをめぐる問題においてレズビアンを常に二次的な位置に止めてしまう点にある。レズビアンは「同性愛者」としても女としても常に周縁化され、歴史的にも沈黙させられることが多かった。したがってレズビアンを「同性愛者」でもあり女でもある存在として語ることは、そうしたレズビアンの周縁化を反復してしまうという危険を含んでいる。

第二の限界は第一の限界と密接に関わっているのだが、レズビアンを「同性愛者」でもあり女でもある存在として語ることで、結果的にそれぞれのセクシュアリティの間に存在している差異を抹消してしまいかねない点にある。たとえ同じ「同性愛者」であっても、ゲイ男性とレズビアンとでは文化において与えられた位置や意味に大きな違いがある。同様にたとえ同じ女であっても、異性愛と同性愛とではそれぞれの性のあり方に付与される文化的正当性が異なっている。したがって「同性愛者」でもあり女でもある存在としてレズビアンを語ることは、男性と女性、異性愛と同性愛の間に存在している権力関係をも不問にしてしまう危険性を含んでいる。

だが「エイズ予防法」案に反対したレズビアンたちは、本節において位置づけたような〈正式な語り〉ばかりを唱えていたわけではない。彼女たちの語りには〈正式な語り〉から溢れ出すような動きを持つ語りもある。次節ではそうした語りに注目することで、彼女たちが予防法案に反対した別の理由に接近していきたい。

3　「エイズ予防法」案という枠を越えて

第一節で引用した二つの断片的な語りのうちの後者の語りは、〈正式な語り〉とは異なる語りの一例である。後者の語りにおいてＷｎさんは、「エイズの問題って、当時はゲイの問題だっていう人が多かったわけ。（中略）でも、あたしはやっぱりそうじゃないと思ったから、これはあたしたちにもすごく関係のある性の問題、（中略）そんな他人事だなんて言ってられないって、すごく思った」と語っている。

この語りは前節において指摘した〈正式な語り〉と一見似ているが、以下の点で異なっている。〈正式な語り〉とは、ゲイ男性や性産業で働く女性が「エイズ予防法」によってさらなる差別を受けるとするならば、それは「同性愛者」でもあり女でもあるレズビアンにとっても無関係ではないと主張するものであった。これに対し後者の語りは、ＨＩＶ／エイズの問題が「レズビアンの問題」でもあるのはそれが「性の問題」だからだと主張するのである。この語りはＨＩＶ／エイズの問題を「エイズ予防法」案という枠を越え、より広い視野において捉えようとする動きを持っている。

これと同様の語りは、レズビアンたちによって「書かれたもの」の中にもいくつか存在している。〈正式な語り〉は、「れ組スタジオ・東京」というレズビアンの団体による主張という比較的はっきりとした輪郭を持っていた。それと比較した場合、本節で注目する語りは非常に断片的であり、一つひとつの語りの輪郭もあいまいである。したがって本節では、これらの語りを互いに関連させ合いながら読んでいくことで、それぞれの語りが指し示している方向線上に望見できる語り（語られつつある語り）に対して耳を傾けるという作業を行いたい。

本節において最初に注目するのは、『れ組通信』十六号から得られた語りである。「エイズ特集」と題された本号には「れ組スタジオ・東京」のメンバー五人それぞれから、法案に対しての短いコメントが寄せられている。そのうちの一つ「リン」さんのコメントの中には以下に記すような箇所がある。

リン：エイズは性行為からおこり、性行為が日常生活に欠かせないものである以上感染の可能性は誰にでもあります。積極的に性の価値を追求してきた私達レズビアンはこのエイズという病気に対して誰よりも前向きに取り組んでいく必要性があります。（『れ組通信』十六号、十四）

HIVは性行為によって感染するのだから「感染の可能性は誰にでもあ」る。この語りの一行目だけを見れば、予防法案が「レズビアンの問題」でもあるのはそれが全ての人にとって無関係ではないからだということになる。しかし二行目に目を向けると、リンさんがそれ以上のことを語ろうとしていることが分かる。彼女は、「積極的に性の価値を追求してきた」「私達レズビアン」だからこそ、HIV／エイズをめぐる問題に対して「誰よりも前向きに取り組んでいく必要性があ」ると語っているのだ。

わたしはここで、レズビアンが本当に「積極的に性の価値を追求してきた」のかどうかを問題にしようとは思わない。むしろわたしが注目したいのは、レズビアンが積極的に追求してきたと主張されている「性の価値」の内容である。しかし残念ながらリンさんの語りの中では、この点が語られないまま残されてしまっている。

そこでリンさんが意味する「性の価値」の内容に接近するために、同時期に書かれた別の語りの助けを借りることにしたい。それは一九八八年六月十二日に開催された「エイズ予防法」案に対する反対集会での発言である。第一節においても少し触れたが、この集会は「れ組スタジオ・東京」と「アカー」の協力によって開催されたものであり、そこでの発言内容は『れ組通信』十六号において報告されている。集会において「語られた」ことが機関誌上に「書かれた」という意味でもこれは興味深い語りなのだが、ここではその内容のみに注意を向けたい。

この集会で「れ組スタジオ・東京」の「なぎさ」さんは、「法案の背景にある、わたし個人が興味あるなーと思うことを言いたい」と述べた上で以下のように語っている。

なぎさ：（前略）一つは女の人に、わたしたちがレズビアンの立場から言ってきたこと、特に女同士で考えなければいけないことでセクシュアリティのこと。わたしたちの求めるセクシュアリティがこの社会を支える性道徳の中に全く入っていないことを、エイズ問題はもう一度確認させる問題です。（中略）この社会の作られている基盤となっている性道徳は男に対しては「セックスしてもいいけど、こっそりやれ」ということにつきる。女に対しては、「男とやらなければいけない義務であるけど、自発的にするな」と完全に基準が別れ《ママ》ている。女のセクシュアリティとか、からだに対する否定とか蔑視、攻撃です。女の主体的な性を最初から認めていない。（『れ組通信』十六号、八）

なぎささんはここで、ＨＩＶ／エイズをめぐる問題は「わたしたちの求めるセクシュアリティがこの社会を支える性道徳の中に全く入っていないこと」を「もう一度確認させる問題」だと語っている。ここでの「わたしたち」が具体的に誰を指しているのかは明確ではない。しかし彼女の語りから、「わたしたちの求めるセクシュアリティ」の内容を読み取ることはできる。なぎささんにとって「わたしたちの求めるセクシュアリティ」を否定しているのは既存の社会を支えている性道徳である。それは、男女で「完全に基準が別れて」おり、かつ「女の主体的な性を……認めていない」。だとするならば、「わたしたちの求めるセクシュアリティ」とはそうした性道徳ではないもの、つまり性のダブルスタンダードに基づかない「女の主体的な性」のことだと考えられる。なぎささんにとってＨＩＶ／エイズをめぐる問題は、この「女の主体的な性」が相変わらず認められていないということを再確認させるような出来事だったのである。

このようになぎささんは、ＨＩＶ／エイズをめぐる闘争をジェンダーやセクシュアリティをめぐる闘争と重ね合わせながら語る。そうすることで彼女は、前者の闘争において「女の主体的な性」がまたもや犠牲にされているということを訴えているのだ。さらに重要なのは、なぎささんがそこまで「女の主体的な性」にこだわるのは、それが「わたしたちがレズビアンの立場から」他の女性たちに対し「特に女同士で考えなければいけない」と主張してきたことだからだと語っている点である。

なぎささんのこの語りは、「私達レズビアン」は「積極的に性の価値を追求してきた」と主張するリンさんの語りとどこか響き合って聞こえてくる。そこでなぎささんの語りとリンさんの語りを互いに関連させ合いながら読んでみよう。そこからは以下のような語りが登場してくる。すなわち、レズビアンは「女のセクシュアリティとか、からだに対する否定とか蔑視、攻撃」ではない「女の主体的な性」を追求してきた。しかし「エイズ予防法」案において顕著に見られるように、ＨＩＶ／エイズをめぐる闘争はそうした「女の主体的な性」を認めようとしない方向へ進んでいる。だからこそレズビアンは、ＨＩＶ／エイズをめぐる問題に対して「誰よりも前向きに取り組んでいく必要性」があるのだ。

前節において指摘した〈正当な語り〉とは異なり、この語りにおいて語られるレズビアンは、ＨＩＶ／エイズをめぐる問題においてもはや二次的な存在などではない。むしろレズビアンの位置は積極的に前面に押し出され、レズビアンだからこそこの問題に対して前向きに取り組む必要があると主張されるのである。

「エイズ予防法」案という枠組みを超え、より広い視野においてＨＩＶ／エイズをめぐる問題を捉えようとする動きは、以下に引用する「いなほ」さんの語りにおいても見ることができる。

いなほ：（前略）すべての女、男が今後どのような性関係を作っていくのか。エイズ問題にはセクシュアリティの根本をとらえ返さざるをえない大きな要素が含まれているようにわたしには思える。（『れ組通信』十六号、二）

この語りにおいて示唆されているのは、HIV／エイズの登場により、これまでのセクシュアリティのあり方は変容せざるを得ないという認識である。HIVは主に性行為を通じて感染し、感染してからエイズを発症するまでの潜伏期間は長く十年程度だと言われている。HIVのこれら二つの性質がわたしたちに対して突きつけているのは、HIVと性行為、HIVと「性関係」をどのように共存させていくのかを問い、またそのための技法を生み出していくという課題である。これはまさに「セクシュアリティの根本をとらえ返さざるをえない大きな要素」なのである。だからこそいなほさんはここで、「すべての女、男」はこれまでとは違う性関係のあり方を「作っていく」必要があると語っているのだ。

　さらに、「すべての女、男が今後どのような性関係を作っていくのか」と問いかける、いなほさんのこの語りは、以下に記す語りを経由して読まれることで、新たな可能性へと開かれることになる。

（前略）一連のエイズ騒動の中で伝えられた「普通の生活」をし、「健全な性道徳」を守ればエイズにかかりません、というキャンペーンほど不愉快なものはなかった。異性愛、一夫一婦制の結婚を「普通、健全」というなら、わたしたち同性愛者は「普通ではない、不健全」な生き方をしていることになる。冗談じゃないよ。「普通の生活」をし、「健全な性道徳」を守った両親のもとで育ったわたしは、彼女、彼等の生活がちっとも自由でないと思ったし、もっとイキイキと生きたいと望んだ。（中略）女同士の関係だって勿論一〇〇％バラ色ではないし、試行錯誤だけど、わたしにとって同性愛の関係は健康的だし、（健全という言葉はあまり好きじゃない）まっとうな生き方だと思っている。同性を好きになろうと、性関係を持とうと、そのことを一つの価値基準でイイとか悪いとか言って欲しくない。（葉月 1989:27）

この語りは予防法成立後に発行された小冊子『女たちのエイズ問題』の中で、いなほさんが反対運動を振り返り語ったものである。いなほさんはここで「もっとイキイキと生きたい」という思いから「同性愛の関係」を作り上げてきたと語っている。「同性愛の関係」は、これまで「普通、健全」とされてきた「異性愛、一夫一婦制の結婚」とは違う。しかしそれは彼女にとっては「健康的」であり、何よりも「生き方」なのである。「同性愛の関係」はわたしの「生き方」でもある。いなほさんの語りにおいて、性と生は互いに重なり合ったものとして語られている。

いなほさんによるこの語りは、先に取り上げたリンさんやなぎささんの語りとも響き合う。リンさんはレズビアンを「積極的に性の価値を追求してきた」存在として語ろうとし、なぎささんは「女の主体的な性」を訴えてきた存在としてレズビアンを語ろうとしていた。彼女たちの主張が正しいかどうかは別として、リンさんにとってもなぎささんにとっても「レズビアンであること」は単なる性的指向の問題ではなく、それ以上の何かだったのである。いなほさんと同じように彼女たちも、「同性愛」という「性関係を作っていく」過程を自分たちの「生き方」そのものを作っていく過程と重ね合わせながら経験していたのではないだろうか。

しかし同時にいなほさんが素直に語ってくれているように、自ら主体的に作り上げてきたはずの性／生も「一〇〇％バラ色ではないし、試行錯誤」なのだ。もちろん彼女がここで言及しているのは、自分の望み通りにはいかない彼女自身の性／生についてであろう。しかしこの語りをわたしたちの性／生に共通するものとして読んでみたらどうだろう。そこからは以下のような語りが聞こえてくる。すなわち、性／生とはわたしたち一人ひとりが主体的に「作っていく」ものではあるが、それは自分の思い通りに、あるいは誰かの計画通りに作っていけるようなものではない。ましてや既存の性道徳や性規範といった「一つの価値基準」によって作っていけるようなものではない。むしろ性／生とは「試行錯誤」を通して、つまりさまざまな試みと失敗の繰り返しを伴いながら偶然に作り上げられていくものであり、そして何よりも「一〇〇％バラ色ではない」不完全なものなのだ。

いなほさんの語りをこのように読むとするならば、レズビアンが積極的に追求してきたとリンさんやなぎささんが主張していた「女の主体的な性」もまた、それほど完璧なものではあり得ないということになる。したがってこのような読みを展開することは、わたしがリンさんやなぎささん、いなほさんの語りを否定しているかのような印象を与えてしまうかもしれない。しかしそうではない。なぜなら「女の主体的な性」を含む、これまでとは違った性関係の可能性とは、わたしたちの性／生を「作っていく」「試行錯誤」の真っただ中においてこそ望見できるものだからである。たとえそれがどんなに不完全な性／生であったとしても、自らの性／生を「作っていく」「試行錯誤」の過程にこそ意味がある。リンさんやなぎささん、いなほさんを含む多くのレズビアンたちは、自らの経験を通してそのことを知っていたに違いない。だからこそ彼女たちは「エイズ予防法」案の背後に、「一つの価値基準」によって「普通」「健全」だとされている性／生のあり方を奨励し、その他を「普通ではない、不健全」だとして貶めるような力学を見抜くことができたのだ。

そうした力学に対して彼女たちが感じたであろう反発は、「冗談じゃないよ」と言い放つ、いなほさんの苛立ちの中にも表現されている。しかしそれは単に、自分たちの作ってきた「同性愛」という性／生が「普通ではない、不健全」だとされたことへの反発ではない。むしろそれは、「一連のエイズ騒動の中で伝えられた『普通の生活』をし、『健全な性道徳』を守ればエイズにかかりません、というキャンペーン」が、一人ひとりの性／生を「作っていく」「試行錯誤」の過程をあまりにも軽視していることに対する反発であり、反対表明だったのである。

八八年十二月、「エイズ予防法」は成立し、翌年八九年の二月に施行された。[5]「一部の感染者や感染していると疑われる人」からその他の「普通」で「健全」な人たちを守るという社会防衛的な発想で作られたこの法律は、「一部の感染者や感染していると疑われる人」への偏見や差別を助長したばかりか、「普通」で「健全」な人たちを守ることすらできなかった。後者の人たちがＨＩＶ感染を「自分の問題でもある」と考え始めるようになったのは、予防法成立から数年後の九一、九二年以降である。この時期ＨＩＶ感染者及びエイズ発症者の報告件数は急激に上昇し、その多くが異性間の性的接触によるものであることが報告された。またこの時期には、一〇代、二〇代の若者が感染者に占める割合も増加していた。そこでようやく日本においても「エイズ教育」に目が向けられるようになった。だが、その代償はあまりにも大きかった。

「エイズ教育」[6]に目が向けられるようになり、「エイズ予防法」が廃止された現在においてもなお、ＨＩＶ感染者の数は増え続けている。法定報告に基づく報告数だけを見ても過去一年間の新規ＨＩＶ感染者は七五二件であり、そのうちのほとんどが性的接触による感染である。[7]このことは未だ多くの人たちが、ＨＩＶ感染を「自分の問題でもある」と切実には感じていないことを意味しているのではないだろうか。だからこそわたしたちは、当時のレズビアンたちの語りにおいて語られつつあった、自らの性／生を「作っていく」「試行錯誤」の過程にこそ意味があるという語りにもっと耳を傾ける必要がある。なぜならＨＩＶ／エイズと性、ＨＩＶ／エイズと生を共存させていくための技法を見出すことができるとするならば、それはわたしたちの性／生を「作っていく」「試行錯誤」の真っただ中においてでしかないからである。

おわりに……聞けなかった理由

本稿ではＷｎさんとわたしとの間で語られなかった語りの内容に接近するために、Ｗｎさんを含む複数のレズビアンたちによって「書かれたもの」へと目を向けるという作業を行ってきた。「なぜこのような回りくどいことをするのか」、「分からないことがあるならもう一度インタビューすればいいではないか」と疑問に思われる方も多いだろう。本稿が明らかにしてきたいくつかの語りに関しては確かにそう言える。たとえば第2節で見た〈正式な語り〉などは、わたしがＷｎさんに適切な問いを投げかけさえすれば語られたはずの語りである。しかし第3節で見たような語りはどうだろうか。「レズビアンだからこそＨＩＶ／エイズをめぐる問題に対して前向きに取り組む必要がある」という語りや「自らの性／生を『作っていく』『試行錯誤』の過程にこそ意味がある」という語りも、わたしがＷｎさんに適切な問いを投げかけさえすれば語られたはずの語りだったのだろうか。

　また「聞く」という行為に対して、何の戸惑いや抵抗を感じなくてもいいものなのだろうか。レズビアンやゲイの語りを「聞く」ことの暴力性については、すでに河口和也によって指摘されている。河口が指摘しているように、レズビアンやゲイの語りは、それを「見せ物（スペクタクル）あるいは覗き見趣味の対象としている権力関係においては」（河口 1998:151）、あるいは「研究者によって所有される『新たな知識』とする権力関係においては」（153）、単なる「情報」や「知識」へと変換され、語っている本人たちの手から奪われてきた。そのような権力関係の下では、「分からないから教えて欲しい」とか「興味があるから教えて欲しい」といった聞き手の問いは本人が思っているほど無垢なものではない。

　もちろん、そうした暴力性について知りつつ「聞く」ことと、知らないまま「聞く」こととの間には大きな違いがある。聞き手はそうした暴力性に注意を払いつつ、あるいは聞き手である自らの位置を批判的に捉えなおしつつ「聞く」しかないのだと考える人もいるだろう。そうなのかもしれない。しかしそうした決着のつけ方は、たとえ聞き手の側が納得したとしても、語りが奪われる側である語り手にとってみればとうてい納得のいくものではない。だからといって「聞く」ことを止めてしまえばいいというのも、あまりにも非生産的だ。

　本稿は「聞く」ことにまつわるこうしたせめぎ合いの真っただ中で書かれたものである。[8] わたしがこのような回りくどいことをしなければならなかった理由は、Ｗｎさんにもう一度「聞く」前に、聞き手であるわたしができることについて考えてみる必要があったからだ。もちろんここまでの作業を終えても、「聞く」という行為に対するわたしの戸惑いや抵抗は残ったままである。しかしここまでの作業を終えたことで初めてわたしは、もう一度「聞く」という作業へと移っていけそうな予感がしている。

注

1　一九八七年一月十七日、厚生省エイズサーベイランス委員会は、兵庫県神戸市に住む女性を日本で初の女性エイズ患者と認定した。同女性は、三日後の一月二十日にカリニ肺炎で死亡した。このことが報道されると、三月十七日から十九日までの三日間に、神戸市のエイズ対策本部と兵庫県内の保健所を訪れた人は三一九五人に達し、血液検査の依頼者は一九一二人にのぼった（朝日新聞、一九八七年一月二十一日夕刊）。また、一月十七日から二週間あまりの間に、東京のエイズ・テレフォン・サーヴィスには、ほぼ二十五万件の電話がかかってきた。このように、エイズという病気への恐怖や不安によって引き起こされるパニックを「エイズパニック」と言う。日本の「エイズパニック」に関しては、菊地（1993）を参照。

2 「薬害エイズ」をめぐる闘いに関しては、赤瀬（1991）、石田・小西（1991）、川田・保田（1993）、毎日新聞社会部、ＰＲＣ（患者の権利検討会）企画委員会（1992）を参照。

3 「エイズサーベイランス委員会」は、行政について国民一般に幅広く理解を得る観点から、一九九七年十一月、「エイズ動向委員会」に改称された。

4 本稿では詳しく触れないが、こうしたフェミニストたちの存在と彼女たちとの共同作業が、予防法案反対運動へのレズビアンの参加を支えたことを付記しておきたい。

5 採決された法案には「血友病患者は医師の報告義務の対象から除外する」という修正が加えられたため、その後、厚生省のエイズサーベイランス委員会の報告には加えられないことになった。血友病患者は専門医の治療を受けており、感染状況を把握されているからという理由からである。

6 一九九八年九月、「感染症法」（正式名は、「感染症の予防及び感染症の患者に対する医療に関する法律」）が成立し、翌年一九九九年四月一日より施行されたことで、従来の「伝染病予防法」や「性病予防法」とともに「エイズ予防法」も廃止された。「感染症法」は、その前文において、「我が国においては、過去にハンセン病、後天性免疫不全症候群等の感染症の患者等に対するいわれのない差別や偏見が存在したという事実を重く受け止め、これを教訓として今後に生かすことが必要である」と宣明しており、また、これまでの社会防衛中心の政策から感染症予防と患者等の人権尊重との両立を基盤とする政策への転換を図るものであるとされている。

7 この数字は、平成十五年九月二十九日から平成十六年九月二十六日までの約一年間に、厚生労働省エイズ動向委員会に報告された件数である。

8 本稿は二〇〇五年六月に書かれたものである。今回の出版にあたって、若干の加筆修正を行った。

参考文献

赤瀬範保 1991『あたりまえに生きたい――あるエイズ感染者の半生』木馬書館

石田吉明・小西熱子 1993『そして僕らはエイズになった』晩聲社

葉月いなほ 1989「レズビアン＝女の立場から」エイズ予防法案を廃案にする女たちの会『女たちのエイズ問題――わたしたちはなぜ反対したのか!!』二六―二八頁

風間孝 1997「エイズのゲイ化と同性愛者たちの政治化」『現代思想 総特集 レズビアン／ゲイ・スタディーズ』青土社、二十五（六）、四〇五―四二一頁

河口和也 1998「同性愛者の『語り』の政治」風間孝、キース・ヴィンセント、河口和也『実践するセクシュアリティ――同性愛／異性愛の政治学』動くゲイとレズビアンの会、一四五―一六〇頁

川田悦子・保田行雄 1998『薬害エイズはいま新しいたたかいへ』かもがわ出版

菊池治 1993『つくられたＡＩＤＳパニック』桐書房

「れ組スタジオ・東京」『れ組通信』十四号―二十三号、一九八八年五月五日―一九八九年二月五日

毎日新聞社会部編 1992『隠されたエイズ』ダイヤモンド社

ＰＲＣ（患者の権利検討会）企画委員会　技術と人間編集部 1992『エイズと人権』技術と人間

11　ある家族の不登校をめぐる物語

不登校児の親の会のモデル・ストーリーとその抑圧性

石川良子

1　ある語りへの驚き

＊：子どもが不登校になってとか、それによって変わったことかってないの？

A：むしろあたしはさ、変わったよりも、それで、逆に何て言うのかなー？　皆と同じ道じゃない方に行ってもいいっていうかさ。何て言ったらいいんだろう。女の人は何でこうでなきゃいけないの？とかさ。どっちかって言うと学校に行って普通に行くとさ、女はこうあるべきっぽい方に行かなきゃいけないのが、そうじゃない方に行っていいから、それこそフェミニズムじゃないけど、そういう方に余計に生きやすくなった。あたしなんかはラッキーなんだよね。様さまよ、お子様。ほんっとにそうだよ。

＊：子どもをどうにかしなきゃっていう雰囲気をあんまり感じられないもんね。

A：だからないの。あんまり。

＊：あ、ないんだ。

A：むしろ迷惑してるかもね、子どもの方がね。

＊：皆たいてい何か、学校に行けなくなっちゃったっていうと、何かがガラガラガラガラと崩れたような気がするっていうような話をするでしょ？／／A：あーー／／ああいうのなかったの？

A：ないんだよ、あたし。ほんとにないの。

＊：不思議なんだよね。

A：ねえ？何でだろうね？　分かんないんだけど。（・）なんでだろう？　分かんない。あんまりだからさ、こうでなくっちゃっていうのがもともとなかったんだよね。

＊：（不登校児の）親の会に行って、（そういう考え方に）拍車かかっちゃった？

登校拒否・不登校の語られ方の変遷

1病理としての「登校拒否」（一九六〇年代）

疾病や貧困などの「やむを得ない事情」がないにもかかわらず、長期にわたって通学しない（できない）児童に関心が向けられるようになったのは一九六〇年前後のことである。当初は児童精神科医による「学校恐怖症」と名づけられ、神経症の一つとされた。「登校拒否」という用語が朝日新聞紙上に初めて登場したのは一九六五年である。ここでは本人の性格傾向や、それを生み出した養育環境に原因が帰属されている。一九七〇年代半ばまでは、このように登校拒否を神経症の一種とする論調が主流であった。

2学校問題としての登校拒否（一九七〇〜八〇年代）

一九七〇年代後半からは、登校拒否の背景として学歴・競争社会や詰め込み教育、イジメなど、教育環境の悪化が強調されるようになる。そして、登校拒否の増加が喧伝されるに伴い、「登校拒否は一部の特別な子どもの問題ではない。通学できない児童を大量に生み出す学校側にこそ問題がある」という論調が広まっていった。

こうした流れのもと、自身も不登校児の親であり「登校拒否は病気だ」との見方に長年苦しめられてきた経験を持つ奥地圭子が中心となって、一九八四年に登校拒否児の親の会の草分けである「登校拒否を考える会」が発足。翌年、フリースクール「東京シューレ」が設立された。同会は一九八八年に朝日新聞に掲載された「三〇代まで尾引く登校拒否症」という記事に対して組織的な抗議活動を展開し、「登校拒否は病気ではない」と強く世間に訴えた。このとき開催された全国集会を機に各地で数多くの親の会が立ち上げられ、こうした認識が徐々に定着していった。

また、「不登校」という呼び名が用いられ始めたのも一九八〇年代末ごろからで、現在ではこちらの呼称の方が一般的になっている。これによって「学校に行くことを拒否している」のではなく「学校に行きたくても行けないでいる」という葛藤したイメージが強調されるようになった。

3生き方としての不登校（一九九〇年代）

以上のような流れを受けて、文部省もまた、登校拒否（不登校）への認識転換を余儀なくされた。一九九二年「学校不適応対策調査研究協力者会議」の最終報告において、登校拒否は「一部の特別な子どもの問題」ではなく「誰にでも起こりうる問題」であるとの見解を明らかにした。そして、原因の帰属先も、本人の性格傾向から学校や家庭、社会全体へと変更されている。また、文部省は個々の子どもに合わせた対応を目指し、フリースクールなど民間施設の利用日数を学校の出席日数として認めたり、学校選択の弾力化を図ったりするなどの措置がとられた。

こうした中、不登校を子どもの「個性」や「生き方」として理解しようという主張が新聞などで繰り返されるようになり、さらには子ども自身が不登校を自らの「選択」として積極的に意味づけるような語り方も登場した。

しかし、一九九〇年代後半になって不登校児たちの進路にも目が向けられ、その一つの形として「ひきこもり」が注目を集めたことから、近年では「不登校の容認が行き過ぎたのではないか」という語りがあらわれている。現在、不登校も若者の自立をめぐる問題の一つとして、新たな局面を迎えているといえるだろう。

Ａ：そうそうそう（笑）。そんな感じそんな感じ。／／＊：あはは／／おお、やった。合うじゃん、みたいなさ（笑）。そう、もともとだから、ＰＴＡでさ、学校に逆らってたところがあって、親の会も、何か逆らってるぽくって、すごい気が合っちゃってさ。ああ、ここおもしろい、みたいなね。あたしの方がおもしろがっちゃったみたいなね。

これは、神奈川県内で活動している不登校児の親の会（以下、親の会）の世話役を務める女性との間で交わされたやりとりである。Ａさんはインタビュー当時五三歳（一九五一年生まれ）、二十歳の娘（Ｂさん／一九八四年生まれ）、二四歳の息子（Ｃさん／一九八一年生まれ）、同い年の夫（Ｄさん）と三人で暮らしている。子どもはどちらも不登校を経験したが、今はアルバイトなどをしながら各々の生活を楽しんでおり、子どもはもう親の手を離れたという感覚があるようだ。

私とＡさんは今から四年ほど前、「ひきこもり」に関心を持つ人なら誰でも参加できる集まりで知り合い、現在その会の運営メンバーとして一緒に活動している。自分の子どもがひきこもっているわけではないのに、その会をはじめ講演会など様々な集まりに積極的に参加し、また今でも親の会の世話役を務めるＡさんは、私にとってどこか興味惹かれる存在だった。子どもが学校に通わなくなってから十年以上経つ今でも失せないその熱心さは、一体何に由来するのか。それが知りたくてＡさんにインタビューを申し込んだのだが、インタビューの間中、私は彼女の独特な語り口に面食らい続けることになった。冒頭のやりとりは、その中でもとりわけ印象深かったものである。子どもの不登校を経て「余計に生きやすくなった」、親の会での活動を「あたしの方がおもしろがっちゃった」――こうしたＡさんの語りに、その時の私はただ圧倒されるばかりだった。この驚きは一体何に由来するのだろうか。

端的に言えば、その驚きは私が不登校を乗り越えるべき「問題」とみなしていたことから生じている。おそらく、こうした視点は多くの人によって共有されているものだろう。それは親の会の参加者であっても例外ではない。まず、親の会の参加者たちによって、子どもの不登校をめぐる経験がどのように語られてきたのか、そして私自身がどのような認識枠組みに基づいてＡさんの話を聞いていたのかを明らかにすることから始めたい。

2　親の会のモデル・ストーリーと調査者のストーリー

不登校は長らく治療・矯正の対象とされ、主に児童精神科医などの「専門家」によって語られていた。語り手として親が登場するのは一九八〇年代半ば以降で、この頃から手記などが出版されるようになった[1]。そのうちの何冊かに目を通してみると、多くの親たちが似通った筋書きに沿って各々の経験を語っていることに気づく[2]。典型的には次のようなものだ。

わが子が学校に行かなくなった親たちの多くは、それまでの平穏な生活の土台が足元から崩れ去るような驚愕を味わっている。そして、まずは、あの手この手で子どもの再登校を促した。けれども、子どもはガンとして動かなかった。根負けした親は、とりあえず「行かなくてもよい」と言うほかなかったのだ。それでようやく、子どもは少なくともわが家に「居場所」を得ることができた。そうして、遅ればせながら、親たちは問い直しはじめたのである。そもそも何を願って子どもを学校に送り出していたのか、を（山田 1998：206）。

この「問い直し」の過程が、親たちの物語のメインとなる。彼らは子どもとの葛藤や親の会で出会った仲間との語らいを通じ、やがて〝学校は当然通うべきところであり、学校に通わなければまっとうな人生は歩めない〟という価値観――いわゆる学校信仰に囚われていたことに気づく。そして、その囚われゆえにわが子を受け容れられず、そのことが子どものみならず自分をも苦しめていることに思い至り、自らをそこから解き放とうとしていくのである。さらに、学校信仰を相対化した地点から家族関係を見つめ直し、今までとは異なる関係のあり方を模索しているところだと語る人もいれば（松本 2004）、さらには子どもの不登校が〝親として〟だけではなく〝一人の人間として〟自らを振り返る契機となり、新たな生き方の可能性が開かれたと語る人もいる。[3] いずれにせよ、親たちの物語の多くは〝内なる学校信仰の発見と克服〟というテーマのもとに展開し、それがさらに〝自分自身の生き方の追求〟へ発展していくものとして理解される。

昭和40年6月11日　金曜日　3版▲　（8）

登校拒否症児

全国的にふえる傾向

市川には〝病院学校〟誕生

「登校拒否症児」全国的にふえる傾向（『朝日新聞』昭和40年6月11日付）

しかし、Aさんの物語はこのように素描される物語とはかなり異なるものとして、私の耳には届いていた。彼女の場合は〝内なる学校信仰の発見と克服〟を飛ばして、いきなり〝自分自身の生き方の追求〟というところから物語が始まっているように思われたのである。私が戸惑いを覚えたのは、主にこのことに対してであった。

小中学生だった頃の私にとって学校に行くのは当たり前のことで、そもそも「行かない」という状況を想像することさえなかった。それゆえ、私にとって不登校とはあってはならないもの（というより想像外のものであり）、あくまで克服すべき「問題」だった。実際のところ、今でもそうした感覚が自分の中にあることは否めない。このように、インタビューに先立って見聞きしていた話や私自身の経験から、不登校とはあくまで「問題」であり、それを乗り越えるには自身に内在する学校信仰との対峙が不可欠である、という認識枠組みがあらかじめ出来上がっていたのだろう。そのために、私はAさんの話をどう理解すればよいのか分からず、ただ当惑するしかなかったのである。

　さらに、私の関心はAさん本人から彼女の家族にも向いていった。このような母親との関係を通じて、子どもたちは学校に通わない（通えない）という自身の経験をどのように眺めているのか。夫は妻の活動をどう評価し、また父親として子どもの不登校をどう考えているのか。そこで、私はAさんの家族全員にインタビューをお願いすることにした。幸い全員から快諾をもらい、それぞれの話を聞くことができた。[4] 次節以降では子どもたちが学校に通わなくなり始めた頃に焦点を当て、Aさん一家が不登校とどのように向き合ったのか、その一端を、私自身の戸惑いや驚きとともに描いてみたい。

3　「やっぱり来たか、みたいなのは後から考えるとある」
——不登校の始まり

　二人の子どものうち、先に学校に通えなくなったのは妹のBさんの方だった。しかし、Aさんからすれば、兄であるCさんの方が学校に対する拒否感が強いように見えていた。

A：あの人はだから、ずーっと幼稚園の終わりぐらいから、要するに学校入る前から、学校入っても、そういうことはなくても風邪ひいたりとかでねー、しょっちゅう休んでたよ。何かで見たらね、年間三十日とか平気で休んでるの。いまだと不登校だよね、その時点で。

＊：でも、病気だったら、カウントされないんでしょ？

A：そうそう、そうなんだね。

＊：そんなに、そんなに（体が）弱かったんだ。

A：ねえ？　弱いっていうかねえ、何なんだろうねえ、そうやって行き続けてたのよ、だから。そうやってたから行けてたんじゃない？

＊：あー、休みながらでも。

A：うん。本人にも親にもそういう意識はないけど。

　幼稚園に入った頃からCさんは体調を崩すことが多くなり、小学校に入学してからも年間三十日以上の欠席は当たり前のことだった。[5] Aさんはこうした出席状況をCさんの体質に結びつけるのではなく、「そうやってたから〔学校に〕行けてたんじゃない？」と学校に対する無意識的な拒否感として解釈している。ただし、それも全て現在から振り返って見えてきたことであり、

「その当時に、そういう強い自覚があったわけではない」という。

一方、体が弱く手のかかったCさんとは対照的に、Bさんは非常に「いい子」だった。AさんはCさんの世話にかかりきりだったため、近くに住んでいた両親の家にBさんを預けることもしばしばだったという。それでもBさんがぐずったり、学校に行き渋ったりすることはなかった。ところが、先に学校に通えなくなったのはBさんの方だったのである。

小学三年生の二学期ごろからBさんは朝になると体調不良を訴えて断続的に欠席するようになり、四年生になってからは一切登校しなくなった。毎朝学校に行く行かないとヒステリックになるBさんを見かね、Aさんが「これはもうね、やってらんないっていうか、もうやめよっかって。行くのやめよう、みたいな」感じで決定を下し、担任教師にもそのように伝えたそうだ。その教師は子どものことを「理解しようとしてくれてる人」だったため無理に登校させられるようなこともなく、Bさんは自宅で過ごすことになった。以来、Bさんは一度も学校に足を踏み入れないまま現在に至っている。

さて、AさんはBさんが学校に行かなくなった頃のことを次のように回想している。

＊：で、そっからCくんがそんな感じで休みつつも学校に行き、で、Bちゃんは小学校に入学して。

A：あの人はその反対で休まないの、全然。

＊：休まないんだ。

A：幼稚園も学校もほとんど休まない子だった。対照的だった。おもしろいでしょー? 何か絵に描いたようだよ。何か、すごいよ。（・・）そしたら、だから、そっちの方から（学校に通わなくなって）、えーみたいな。えー!みたいな。あっはっはっは。でもやっぱり来たか、みたいなのは後から考えるとあるけど。

＊：ああ、そう。やっぱり来たか。

A：いい子が何とかっていうのはちょっと思ってたからさ。そういう話する友達がいたのね。その頃もうね、Cと同じ学年に不登校の人がいてさ。結構そういう話を聞いたりしてたから。それでね、うちのお兄さんは学校は合わなさそうだなと思ってたのね。むしろCの方はね。でもまあ、（Bさんは）（両手を使って、まっすぐな感じを表現しながら）やったらこういう感じで、いい子にしてきた。やっぱりそっちからきたんだわって感じ。

朗らかに笑いながら「やっぱり来たか」と過去を振り返るAさんに対して、私は「ああ、そう」と相槌を打ちつつも内心驚いていた。それは、繰り返しになるが、不登校とは誰にとっても受け容れがたい出来事だと私が頭から決め込んでいたためである。そのような経験談の一例として、ここでは「登校拒否を考える会」の創立メンバーである奥地圭子の経験を簡単に紹介しておこう（奥地 1989）。

奥地には三人子どもがおり、全員が不登校を経験している。始まりは、一番上の子どもが小学三年生になったころから朝になると腹痛や頭痛を訴えるようになったことである。いくつかの病院に連れて行ったが、診断結果はいつも違った。そうして病院めぐりをしている間、子どもは「しばらく元気に学校へ行きつづけたかと思うと、また調子が悪くなり休むということ」を繰り返し、奥地は励ましたり叱ったりしながら登校させ続けた。そして、子どももできる限り登校しようと努力したが、小学五年生の時についに限界に達した。運動会の後、学校から帰宅するなり玄関のところに座り込んで一歩も動けなくなり、さらには食べ物を一切受けつけなくなってしまったのである。どう工夫しても子どもは食べ物を口にせず、奥地は「迷いと混乱で目の前がまっ暗の日々」を過ごした。

数ヵ月後、のちに「登校拒否を考える会」および「東京シューレ」の活動の支え手となる児童精神科医の渡辺位と出会い、子どもの身体症状は和らいでいった。だが、それでも学校に行かなければ「世の中でもやっていけない人間になるのではないか」という疑問や不安を拭うことはできなかった。渡辺の勤務する病院内で開かれていた親の会への参加を通じて奥地は徐々に子どもを受け容れていったが、学校信仰から解き放たれるにはさらなる時間を要したようだ。

Aさんの「やっぱり来たか」という言葉は、こうした奥地の経験とはかなり隔たったもののように聞こえる。もちろん不登校児の親といってもその経験が一様であるはずはないのだが、彼女のあっけらかんとした口調にどう答えればよいのか、その時の私には分からなかった。では、こうしたAさんの言葉の背景には一体何があるのだろうか。

4　不登校に対する抵抗感の希薄さとその背景

4-1　ＰＴＡ役員としての活動と親の会への参加

まず、ＡさんがＰＴＡの役員として積極的に学校と関わっていたことが挙げられるだろう。

＊：そういう親の会に行く前には、学校に行けなくなっちゃったＢちゃんにびっくりして、受け入れられなかったとか、そういう反応はなかった。

Ａ：あたしそれがあんまりないんだよね。だから、ＰＴＡをやってたのが逆に良かったというか。ＰＴＡで、学校って何なのよっていうのがあたしにもあったのね。

Aさんは「もともと」「子どものことに」「関心は結構あった」し、「保母さん」や「小学校の先生」といった職業にも関心があったという。また、BさんとCさんが幼かった頃、当時住んでいたマンションの母親仲間と一緒に自主保育をやっていたこともあるそうだ。その延長線上でPTAにも参加したが、その活動を通じてAさんの中に教師や学校に対する違和感が蓄積されていったようだ。実際に教師と衝突したこともあり、そのためAさんには最初から教師を頼ろうという気持ちはなかった。

＊：Aさん自身が学校何か変だなって。

A：そう。その頃思ってたの。自分の時は思ってなかったんだけど。あたしはどっちかっていうと学校好きな子だったのね。でも、子どもの学校見て、えーっていうのがあったから、その分すんなり入ったんだよね。

＊：ふーん。学校のどんな部分がえー？って。

A：もう、だって、もう自分が大事なのよ、先生たちは。子どもより。それを感じた。自分の地位とかさ、そっちが大事なんだなーっていうのが、（強調しながら）ひしひしといっぱい伝わってきたから。うん。

＊：へー。で、それで、PTAやってなおさら、

A：うん。なおさら。うん、やってなかったら、ほんと、もうちょっと普通のお母さんやってたら違ったかもねー。もっと先生ーって（すがるような）感じになってたかもね。全然なんなかったからね。先生、あ、そう、みたいな感じ（笑）

さらに、Cさんと「同じ学年に不登校の人がいて」「結構そういう話を聞いたりしてた」こともあって、Aさんはそれほどの抵抗感もなくBさんの状態を受け容れられたようである。むしろ学校に行けないことを認められなかったのは、Bさん本人の方だった。彼女はあるエピソードを語ってくれた。

＊：実際に（学校に）行けなくなって、ま、行かないっていう話になって、その時の、お母さんの対応ってどんな感じだったの？

B：（・・）母親は、一番覚えてるのが、何かで、それは多分学校に行かなくなってた時じゃなくてもっと前なのかもしれないけど、何か、あー行きたくないって言ったら、行かなければ？って一回言われたことがあって。それすごい衝撃的な（笑）えー！みたいな（二人笑）。これ冗談なんだけどなー、みたいなのは一回あったけど。その後はあんまりそういうことは触れない。触れないっていうか、行きなさいとも言われてないし。

冗談半分でBさんが口にした学校に「行きたくない」という言葉に対して、Aさんは「行かなければ？」と答えた。これには「行きたくない」と言ったBさんの方が面食らってしまった。[6] Bさんはその時の状況をほとんど忘れてしまったそうだが、それでもなおこの言葉が記憶に残っていることからは、その「衝撃」がどれほどのものであったか推察される。このエピソードか

らは、Aさんがもともと学校信仰にそれほど囚われていなかったことがうかがえる。

ただし、学校信仰とまではいかなくとも、やはりAさんにも登校を当然視する部分はあった。だから、Bさんの担任教師と話をしたときに「ずーっと行かないで大きくなる子もいるんですよ」と言われて、とても「びっくり」したという。その教師の言葉に落胆したり絶望したりすることはなかったが、「そういうことってどうやって想像していいのか」は分からなかったそうだ。

このように、不登校に対する抵抗感が希薄だったとはいえ、Aさんは最初から心穏やかに日々を過ごしていたわけではない。不安や心細さもあったのだろう。そうした感情を和らげる助けになったのが、親の会の存在だった。Aさんが親の会に参加するようになったのはBさんが学校に行き渋り始めてからすぐの頃で、PTAの仲間から親の会に参加している知人を紹介されたことがきっかけだった。当時のことを、Aさんは次のように語っている。

＊：Aさん、その、親の会に何を求めて、行ってたの？最初のうちは。

A：最初のうちはこの不安をどうしたらいいの、みたいな。これでいいの？みたいな。大丈夫？みたいな。（略）何か通じないじゃん、分からない人にはなかなか。（・・）いいのよねー、学校なんて、休んでて大丈夫よっていくら言われてもさ、休んでない人に言われてもさ、んー？とかって思うでしょ？　でも、お互いに休んでる子どうしだと、（すがるような調子で強めに）大丈夫よね？みたいな確かめ合うみたいなさ（笑）そんな感じかな。

自助グループの最大の機能は「同じ体験を持つ人」が集い、「気持ち」や「情報」、「考え方」を「わかちあう」ところにあるが（岡 1999）、やはりAさんにとってもそうした場は必要不可欠だった。同じく学校に通えない子どもたちを持つ親たちとのつながりを通じて、Aさんは学校を休んでいても「大丈夫」なのだということを確認し合い、安心感を得ていったのである。

4-2 〝自分の嫌なことはやりたくない〟という価値観

Aさんの不登校に対する抵抗感の希薄さには、以上のような経験だけではなく、やはり彼女の個人的資質が深く関わっているように思われる。つまり〝自分の嫌なことはやりたくない〟というAさんの徹底した態度である。これこそが私を終始驚かせていたものであり、またAさん独自の物語を成立させているものであろう。ここでは、Cさんの語った葛藤と関連させてこの点を見ていきたい。

Cさんが学校に通えなくなったのはBさんから遅れることおよそ半年、中学校に入学してすぐのことだった。Aさんによれば「学校から帰ってきたらもうね、倒れこむようにベッドに寝ちゃうみたいな」感じで、「疲れ方が半端」ではなかったという。それを見てAさんは「あやしい」、つまりはCさんも学校に「行けなくなりそう」だと感じていた。その予感は的中し、やがてCさんは登校しようにも「朝起きれなく」なり、長期的に欠席するようになった。では、当時のことをCさん自身はどう振り返っているのだろうか。

　Cさんは中学校に入学してから卓球部に入部したが、その練習は非常に厳しく、間もなく精神的・体力的に限界に達してしまった。それでも「まじめ」だったCさんは退部することもできず、学校を欠席することなどなおさらできなかった。先に学校に行かないで生活していた妹に対して「行かなくていいんだ、ずるいなー」と感じていたが、それでも学校を休むことは「悪いこと」だという思いも一方であった。それで、Cさんは何とか学校に通い続けたのである。

　その頃にCさんが「Bみたいになりたくないって言った一言」が、Aさんの記憶には今でも「忘れられない」ものとして刻まれているそうだが、この一言からはCさんの苦しんでいる様が伝わってくる。そうやって苦しみながら登校していたCさんに対して、行きたくなければ無理をして行くことはない、とAさんは言った。おそらく、その時点でAさんが親の会に参加し始めてからある程度時間が経過しており、彼女の中ではCさんを受け容れる準備ができていたのだろう。だが、それゆえにCさんはBさんとは違った意味で苦しんだのではないか、とAさんは振り返っている。

A：あたしもだから結果的には、Bとはじたばたはしたんだよね。ね？　でも、Cの時はもう、あんまりしなかった。（Cさんが）一人でじたばたしてたっていうかさ（笑）そういう意味ではちょっとかわいそうって言えばかわいそうだけど。

　そこで、Cさん本人に対して「学校に行かなければならない」と葛藤している自分に向かって「嫌だったら行かなくてもいいのよ」と言う母親に反発を感じたことはなかったか、と尋ねてみた。すると、彼は当時の複雑な思いの一端をのぞかせた。

C：だから、言葉になってさ、ちゃんとした理由はなくてもさ、学校って行くもんでしょ？ていうか、行くでしょ？普通。だから、それーは、よく分かってたよ。だって僕もそうだったもん。（・）でも、他方で行かない方の理由の方が言葉になってしまったんだよ。嫌だったら行かなくてもいいのよって。（略））うん、（反発は）あったよ。（・・）それは（納得と反発の）両方だよ。

「理由」があったから学校に行っていたわけではない。「理由」があろうがなかろうが、学校に行くのは「普通」のことだから登校していたのだ、とCさんは語る。しかし、学校に行きたくないという思いが頭をもたげてきたとき、学校に行かない方の

「理由」だけが明確になってしまった。学校に行かないのは自分がそうしたくないからだ、という極めてシンプルな「理由」に、Cさんは「納得」してしまったのである。

だが、それでCさんの苦悩に決着がついたわけではなかった。自分が学校に行かない（行けない）という状況から目を背けるかのように、Cさんは一日のほとんどの時間をテレビゲームに費やした（Aさん曰く「Cはゲームに救われた」）。それでも学校に行けないことをめぐって浮かんでくる様々な問いがCさんを悩ませたが、それは次々に別のものへと「すりかわって」いった。たとえば、自分はなぜ学校に行けないのかという問いは、「そもそも学校って何だよ」という問いに「すりかわった」。自分自身への問いかけを学校に対するそれへと変換することで、葛藤を緩和しようとしたのだろう。そうして問題が「すりかわって」いくうちに中学校を卒業する時期を迎え、定義上不登校ではなくなったことによって、Cさんは徐々に精神的安定を取り戻していったようだ。

また、Bさんも今でこそ〝自分の嫌なことはやりたくない〟と考えているようだが、[7]学校に通えなくなった当初は違った。「死にたい」という思いに苛まれて「壁に頭ぶつけたり」、さらにはAさんの前で包丁をふりかざしたりすることもあった。だが、それに対するAさんの反応は、私にとっては驚くべきものだった。

B：（・・）一回あたしが、死のうと思ってー（・）（笑）台所で包丁持って。でも、その時多分四年生とか子どもだったから、死に方を知らないから、何かお腹に刺そうと思ったのかよく覚えてないんだけど（笑）何か包丁を持って、死ぬ！みたいなことを母親に言ったら、何か、あーでも、それは止められない、みたいなことを言われて。で、その時は余計にかーっとなったりとかするんだけど、結局刺さずじまい。それは覚えてる。（・・・）

＊：死のうと思う、包丁持つっていうのもすごいけど、止められないって言う母親もすごいよね（笑）

B：うん、そんな言葉だったかは覚えてないけど、何か、やめて！とか叫んだりとかそういう感じではなかった気がする。

包丁を自分のお腹に突きたてようとする娘を目の前に、それは「止められない」と言う母親。まさに想像を絶する情景である。だが、そうして驚く反面、Aさんなら言いかねないと妙に納得しているところが私の中にはあった。自分のやりたくないことはやらなければいいし、反対に自分のやりたいことなら誰にも止める権利はないというAさんの徹底した態度に対して、ただ感服するしかないような、そんな感覚を覚えていたのである。

しかしその一方で、こういう母親だからこそ精神的に追い込まれる側面があったのではないか、という疑問が頭から離れなかった。そこで、このことを再度Cさんに問いかけてみると、彼は次のように答えた。

＊：親がさ、かえってね、親が行かなくってもいいのよって言ってくれちゃっただけに、きつかった、みたいな、そういう感覚はあった？（略）
C：比較はできないけど、そういうふうに言われなかったら、僕がそういうふうに問うこともなかっただろうっていうのはあるよね。学校に行かなくていい、他方では行かなくちゃっていう矛盾に置かれることはなかったと思う。わかんないけど、多分。

それは「いい」とか「悪い」とかいう基準で測ることのできないものだ、とCさんは語る。ところが、その時の私にはそうした基準でAさんたちのことを理解しようとしているところがあった。Aさんたちの語る〝自分の嫌なことはやりたくない〟という感覚を、共感的に理解することが非常に難しかったのである。だが、こうした私の感覚はCさんにも一部共通しているようだ。このことは、次のやりとりからうかがえる。

C：（学校に行きたくなければ行かなければいいということを）気楽に言いやがってとかっていうのがさー、分かんないんだと思うよ、多分。そのさ、皆に合わせて行ってる、行かなくちゃいけないと思ってる、そういうのが当たり前のことだと思ってる。っていうのは、分かんないんだと思った。あの人には、そういう考え方がないんだよ。うん。（・・・・・）
＊：それを分からせようという努力はあったの？
C：分からせてどうするんだよ（笑）（略）だって、分からせるったって分かんないよ（笑）
＊：だってさ、分からない人には分からせたいじゃん。自分が何言ってるか伝えたいじゃん。
C：いや（・）分かんない人には分かんないんだよ（笑）
＊：そういう感覚なんだ（笑）
C：でも、何か、そうだと思ったけどなー、僕は。そう思いませんか？／／＊：そう？／／石川さんは彼女を見てそういうふうに思いませんか？
＊：思いますよ（笑）
C：でしょ？うん。分かんないんだよ、それが。分かんないんだよ。

このように語りながらも、Cさんは母親であるAさんに対して強い確執を抱いているわけではなさそうだった。しかし、「分かんないんだよ」という言葉の繰り返しには、苛立ち、やりきれなさといったような感情が滲み出ているようにも感じられたのである。

4-3　不登校をめぐる社会的状況

ここまで、PTAでの活動、親の会への参加、Aさん自身の価値観を、不登校に対する抵抗感の希薄さを形成するものとして見てきたが、Aさん個人を取り巻く社会的状況もまた深く関わっていると考えられる。

　Aさんはこと親の会に関しては「ラッキーだった」と繰り返しているが、これは比較的早いうちに参加の機会を得たことだけにはとどまらない。何よりも重要なのは、Aさんたちが不登校を経験したのが一九九〇年代半ばだったことである。それはちょうど、一九八〇年代まで主流だった〝不登校は病気であり、一部の特別な子どもに起こる〟という見方に対し、不登校児の親たちから〝病んでいるのは子どもではなく学校だ〟という抗議がなされた後、一九九〇年代初頭の文部省の認識転換を経て、〝不登校には学校のあり方も深く関わっており、どの子どもにも起こりうる〟というものへと移り変わっていった時期と重なっている。つまり、Aさんが親の会に関わり始めた時には、以前と比べて不登校を受容しやすい環境が整いつつあったと考えられるのである。

　こうした環境は、一九八〇年代半ばから本格化した不登校運動の成果でもある。先ほど紹介した奥地圭子を中心とする「登校拒否を考える会」はそうした運動の拠点だが、N市の親の会は一時期その全国ネットワークに属しており、Aさんが関わり始めた頃には積極的な活動を行っていたようだ。まず、N市内には親の会が三つもあったため、Aさんはその中から自分と相性のよいところを選ぶことができた（実際に合わないところもあったという）。また、彼女が参加する少し前、N市では不登校児や情緒障害児を「矯正」するための施設を建設する計画が進んでいた。だが、それに対してN市内の親の会は一丸となって反対活動を行い、建設を阻止するということがあったそうだ。そうしたこともあって、当時のN市の親の会では学校に「行かなくても大丈夫よっていう空気がすごい濃かった」そうだ。

　こうしたことからは、N市内の親の会には「登校拒否を考える会」による運動の理念が一定程度浸透していたことが予想される。このことも、Aさんにとっては「ラッキー」だったのではないか。というのも、〝自分の嫌なことはやりたくない〟という彼女のモットーは、それらの理念と共鳴するものだからである[8]。そのため、Aさんの眼には親の会が自分の価値観を裏づけてくれるような場に映ったのではないだろうか。冒頭の語りに即して述べれば、Aさんがまだ学生の頃から感じていた「皆と同じ道」を歩まされることへの抵抗感、言い換えれば〝自分の嫌なこと〟を強制されることへの疑問、これを主張することの許される場を手に入れたとも考えられるのだ。

　つまり、Aさんにとって親の会は、学校信仰から解き放たれて新たな価値を模索するためにあるのではない。もともと自分が持っていた価値観に沿って生きていくために必要な場なのである。だからこそ、Aさんは子どもの不登校が一応の〝解決〟を見た今でもなお、親の会に関わり続けているのかもしれない。そして、このように考えれば、Aさんの物語において〝自分自

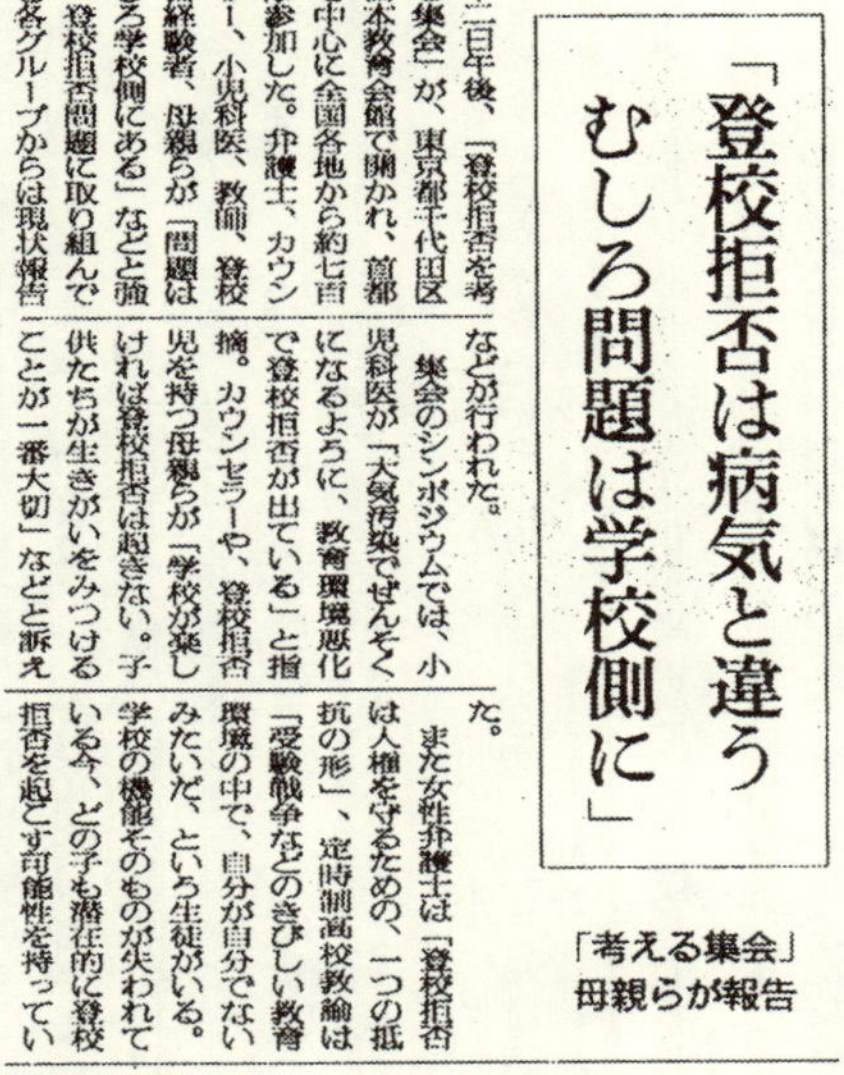

「登校拒否は病気と違う　むしろ問題は学校側に」

「考える集会」母親らが報告

十二日午後、「登校拒否を考える集会」が、東京都千代田区の日本教育会館で開かれ、首都圏を中心に全国各地から約七百人が参加した。弁護士、カウンセラー、小児科医、教師、登校拒否経験者、母親らが「問題はむしろ学校側にある」などと強調、登校拒否問題に取り組んでいる各グループからは現状報告などが行われた。

集会のシンポジウムでは、小児科医が「大気汚染でぜんそくになるように、教育環境悪化で登校拒否が出ている」と指摘。カウンセラーや、登校拒否児を持つ母親らが「学校が楽しければ登校拒否は起きない。子供たちが生きがいをみつけることが一番大切」などと訴えた。

また女性弁護士は「登校拒否は人権を守るための、一つの抵抗の形」、定時制高校教諭は「受験戦争などのきびしい教育環境の中で、自分が自分でないみたいだ、という生徒がいる。学校の機能そのものが失われている今、どの子も潜在的に登校拒否を起こす可能性を持ってい

「登校拒否は病気と違う……」（『朝日新聞』昭和63年11月13日付）

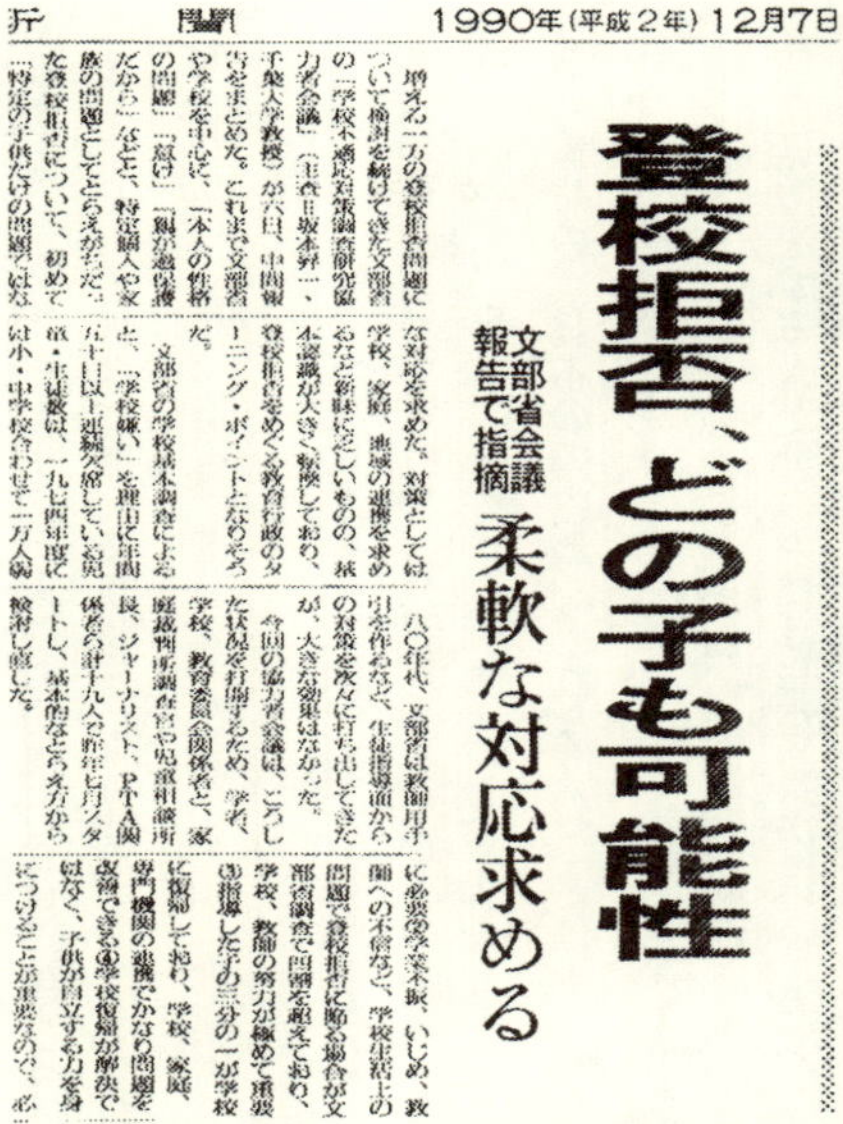

1990年（平成2年）12月7日

登校拒否、どの子も可能性

文部省会議報告で指摘　柔軟な対応求める

増える一方の登校拒否問題について検討を続けてきた文部省の「学校不適応対策調査研究協力者会議」（主査＝坂本昇一・千葉大学教授）が六日、中間報告をまとめた。これまで文部省や学校を中心に、「本人の性格の問題」「怠け」「親が過保護だから」などと、特定個人や家庭の問題としてとらえがちだった登校拒否について、初めて「特定の子供だけの問題ではな

な対応を求めた。対策としては学校、家庭、地域の連携を求めるなど新味に乏しいものの、基本認識が大きく転換しており、登校拒否をめぐる教育行政のターニング・ポイントとなりそうだ。

文部省の学校基本調査によると、「学校嫌い」を理由に年間五十日以上連続欠席している児童・生徒数は、一九七四年度には小・中学校合わせて一万人弱

八〇年代、文部省は教師用手引を作るなど、生徒指導面からの対策を次々に打ち出してきたが、大きな効果はなかった。

今回の協力者会議は、こうした状況を打開するため、学者、学校、教育委員会関係者と、家庭裁判所調査官や児童相談所長、ジャーナリスト、PTA関係者ら計十九人で昨年七月スタートし、基本的なとらえ方から検討し直した。

に必要な学業不振、いじめ、教師への不信など、学校生活上の問題で登校拒否に陥る場合が文部省調査で四割を超えており、学校、教師の努力が極めて重要③指導した子の三分の一が学校に復帰しており、学校、家庭、専門機関の連携でかなり問題を改善できる④学校復帰が解決ではなく、子供が自立する力を身につけることが重要なので、必

「登校拒否、どの子も可能性」（『朝日新聞』平成2年12月7日付）

身の生き方の追求〟というテーマが前面に出てくることにも納得がいく。「あたしの方がおもしろがっちゃった」というAさんの言葉は、こうした不登校をめぐる社会的状況の産物としても解釈しうるのである。

5　〝まとまらない〟という形の家族のつながり

さて、Aさん一家の中で最後に会ったのがDさんである。正直なところ、私はそれまでAさんたちが〝家族〟であることをあまり実感できていなかった。明確すぎるほどに〝自分は自分、親子であっても他人は他人〟という線引きがなされていることを感じたからである。そうした線引きはDさんも行っており、また〝自分の嫌なことはやりたくない〟という価値観を共有していることもうかがえた。しかし、私はDさんに会って、初めてAさん一家の家族としてのまとまりのようなものを感じたのである。最後にDさんへのインタビューから、このことについて述べたい。

子どもたちが学校に通えなくなった頃のDさんは仕事が非常に忙しく、そのことに関わっている余裕はほとんどなかった。子どものことはAさんにまかせきりになってしまい、Aさんによれば「否定もせず肯定もせずみたいな」Dさんの態度に怒りを覚えることもあったそうだ。だが、Dさんがそういう態度だったのは単に仕事の忙しさのためだけではなさそうだ。以下の

語りからうかがえるように、Aさん同様不登校に対する抵抗があまりなく、それほど重大な問題として捉えていなかったためであろう。

＊：（子どもが学校に通わなくなって）これは大変だーとか、そういう感じって。

D：いやー、それは大変だとはあんまり思わなくて。んーと、その当時の、日本の国内ね、それなりのことは少しありましたでしょ？まあ、あーそうなんだーっていうぐらいで。じゃあ、生きていけないのかとかね、大変かっていうと、まあ、変な見方をする人が世の中にはまだいっぱいいるだろうなっていうのは、ちょっとそういうのは心配してたんだけど。まあ、別にね、学校に行かなくても死ぬわけじゃないし。（・・・・）ひとり立ちできるまでは一緒に暮らしていけばいいだろうし。まあ、ひとり立ちって今度は何がひとり立ちなのかあるんだけど。まあ、こちらが元気なうちは働いて、あのー、まあ、それなりに生きていければいいし。で、そのー、お父さんもリストラで首切られたら、田舎に引っ越してね、どっかお金かからないところで住もうかーとかそんな話したことあるし。それはそうだよねーって。まあ、別に同じ場所にずっとね、あのー、生活費が高いところで住んでる必要はないんでー（笑）もし、ほんとに暮らすのが大変だったら、どっか別のとこ行って住めばいいじゃーんって。海に行くと魚タダだよねーとかね、山行けば山菜がタダだよねーとか（笑）生活費かかんないでしょー？って。そんな感じです。

このように楽観的とも形容しうる見方をしていたものの、だからといってDさんが子どもたちのことを完全に放っておいたというのでもない。気遣うべきところはきちんと気遣っていたようだ。たとえば、帰省の折には両親（つまりBさん・Cさんの祖父母）に「二人の気持ちをね、変に傷つけちゃいけないから」「いわゆる学校の話題であるとか、入学の話題であるとか、まあそこらへんはあまり言わないようにしてね」と言い含めていたという。つまり、〝自分は自分、親子であっても他人は他人〟という態度は全くの放任とは違うし、ましてや無関心であることを意味しないのである。

いったんAさんの話に戻ろう。Aさんによれば、学校に通わなくなってから数年の間は、三人で「べったり」くっついて生活をしていたという。家に閉じこもっている子どもたちを外に連れ出したり、親の会に一緒に参加したり、彼らと相性の良さそうな居場所を探したりするなど、Aさんは子どもに対してかなり積極的に働きかけていたようだ。不登校児の親子関係については親による抱え込みや過干渉が問題にされることがあり、一歩間違えば、Aさんもそうなったのかもしれない。しかし、〝自分の嫌なことはやりたくない〟とか〝自分は自分、親子であっても他人は他人〟といった彼らなりのスタイルが、関心を持ちながらも関与しすぎない（あるいは、関与しながらも関心を持ちすぎない）というバランスのとれた関わりを可能にしたように思えるのである。

では、Dさんは子どもたちとの関わりについてどのように考えているのだろうか。

＊：すごい、ちょっと言葉悪いんですけど、別に無関心とかってそういうことでは。

D：そういうことでもないですよねー。うん。そういうことではないねー。

＊：どういう感じの関わり方だったのかっていうのが、

D：あー。（・・・・）まあ、関わらないって意図したわけでもないけども（・）うーん（・）関わってその、押しつけみたいになっても、まあ、困るだろうし。だから、選択肢がそれしかないような、言い方をしちゃってもよろしくないし。いいんじゃないの？皆生きたいように生きればー的な感じだったかな。そうすっと何か、うーん、そうね。堅苦しい話してもしゃーないなーって思うし。僕は堅苦しい話とか、そういうの苦手だし。

Dさんが「堅苦しい話」をしなかったのは、決して子どものことに無関心だったからではない。ただ、そういうことが「苦手」だったのである。また、私が「親として、これだけはやってほしいとか、これだけはやめてほしいとか、ここは望んでる」といったことはないかと訊いたところ、Dさんは「そういう質問が一番苦手」と苦笑いした。そして、仮に「親として」子どもに何かを求めてしまったら、逆に子どもからも「親として」何かを求められることになる。そういうのは「嫌いだから、嫌いなことは人にも言えない」とDさんは続けた。

これを聞いて、それでも心配のあまり口を出してしまうのが親心というものではないか、という思いが私の頭をかすめた。しかし以下の語りからは、このような「親心」といったものが、Dさん（たち）がよしとする関係性のあり方とは相容れないものであることが分かる。

D：長男だから何かしなきゃいけないとか、女の子だからこうでなきゃいけないとか、そういうのもあんまりないし。父親だからどうのこうのもないし、母親だからどうのこうのとか。そういうことも、そういった考え方は（Aさんも子どもたちも）多分嫌いだと思う。まあ、僕もそういうのはあんまし好きじゃない。

この語りからうかがえるのは、この家族が「長男」や「父親」などの規範的な役割には縛られない彼らなりのやり方で関係を築いてきた、ということである。確かに、彼らの話を個別に聞いている限りはまとまりに欠ける家族という印象を受ける。だが、Dさんに会って家族全員が〝自分の嫌なことはやりたくない〟といった価値観を共有していることが分かったとき、バラバラだったジグソーパズルのピースが収まるべきところに収まったようなイメージが浮かんだ。先ほど少し触れたように、Aさんは長らくDさんの一見無関心とも思える態度に腹を立てていたというが、最近では、変に口を出されるよりも放っておかれた方がましだったのかもしれない、と思うようになったそうである。たとえば、仮にDさんが〝家族同士は何でも理解し合わなければならない〟といった価値観の持ち主であったとしたら、BさんとCさんは安心して家にいることなどできなかっただろう。言ってみれば、Aさん一家はバラバラでいるという形でつながりを保ってきたのかもしれない。

6　おわりに——親の会のモデル・ストーリーの抑圧性を超えて

以上、調査者である私の戸惑いと驚きを出発点に、家族の語りを交えながらAさんの経験を辿ってきた。しかし、Aさんと顔を合わせるたびにインタビューでは聞くことのなかった話が積み重なっていくにつれ、以上のように再構成した物語からは、あるものが決定的に抜け落ちていることが分かってきた。その「あるもの」とは、Aさんの葛藤である。

先ほど、自分のお腹を包丁で刺そうとしたBさんに、Aさんが「それは止められない」と言ったというエピソードを聞き、感服してしまったと書いた。だが、今ではそうした自分の感想がとても浅薄に感じられる。インタビューから数ヵ月後に書き上げた草稿を見てもらった後、彼女からこの件について聞く機会があった。その時の話はまず「この時のことは覚えていない」というところから始まり、さらに驚かされてしまった。だが、その理由を聞いて、なお不思議に思う部分がありながらも私は納得していた。「あまりにショックが大きくて忘れてしまったのかもしれない」し、「忘れた」というよりむしろ「思い出したくない」と表現するのが適切だと思う、とAさんは語ったのである。これを聞いたとき、包丁をふりかざすBさんを目の前にしたAさんの胸中には、私の想像を遥かに超える思いが渦巻いていたことに気づかされた。しかし、エピソードの強烈さや、自分とはかけ離れた考えを持つAさんへの驚きに囚われ、私はそうした彼女の思いを想像することさえできなかったのである。

繰り返し述べているとおり、私に当惑と驚きをもたらしたのは、不登校とは乗り越えるべき「問題」のはずだという暗黙裡の想定である。このことにはインタビューを終えてから比較的早い段階で気づいていたが、同時にそれが彼女の経験してきた様々な葛藤に対する感受性を鈍らせていたことを認識したのは、この時だったと思う。ここに〝何よりも必要なのは内なる学校信仰の発見と克服だ〟というモデル・ストーリーの抑圧的側面が見出される。つまり、このストーリーでは親の学校信仰が根源的な問題とされるため、それをめぐって生じる葛藤がクローズアップされ、それ以外のものは見過ごされてしまうのだ。私はこれに照らしてAさんの経験を理解しようとしていたために、もとから学校信仰が希薄だった彼女の葛藤や苦痛といったものに目を向けることができなかったのである。

もちろん、学校信仰だけではなく様々なことが親たちを悩ませているのだろう。しかし、それに限って考えてみても、親自身に内在する学校信仰だけが彼らの葛藤の源泉となるのではない。それは社会全体に広く行き渡っており、不登校を「問題」とみなす周囲のまなざしによっても葛藤は喚起されうるし、さらに子どももまた学校信仰に囚われ苦しんでいることはBさん・Cさんの語りから明白である。そうしてもがいているわが子の姿を目の当たりにすること自体が、親にとっては辛く苦しい経験となるだろう。

実際Aさんも、インタビューの際にそうした経験を語っていた。Bさんは学校を休みがちになった頃、毎晩「強迫的なくらい、何回もね、明日の時間割を調べて、何回も何回も確かめて」から床に就き、それでも朝になると体調不良を訴え欠席するということを繰り返したそうだ。そんな娘が本当に「かわいそう」で、何とかしてあげたいとAさんも一緒になって苦しんだという。また、Bさんも自分が「死にたいとかどうのとかって言ってるときに、母親も一緒に泣いてた」ことを憶えており、「母親も悩んでるんだろうなっていうのは分かってたというか、感じてた」と語っている。

にもかかわらず、私はこうした語りに十分に耳を傾けることなくインタビューを進め、文章化の際にもそこを素通りしていた。そうして出来上がったのが、本稿において提示した物語である。当然のことながら、今この時点でインタビューを行えばまた違う話の展開になるだろうし、たとえ本稿で取り上げたのと同じインタビューであっても、その再構成の仕方はずいぶん変わってくるだろう。しかし、今回はあえて再インタビューを行わず、物語の大筋も最初に作り上げたまま出来る限り手を加えないようにした。それは、親の会のモデル・ストーリーが不登校児の親たちの多様で個別的な経験が聞き届けられるのを阻んでいるということを、Aさんの葛藤を看過してしまったことへの反省を込めて指摘しておきたかったからである。

加えて、インタビューもその解釈も調査対象者との関係性や保有する知識、社会的状況などに応じて変転していくものなのだから、その時々のことを問い返しつつ物語を構成し、それを受けとめた上で書き換え作業を続けていく必要があると考えた。そうすることで、上記のような親の会のモデル・ストーリーの抑圧性とはまた別の論点を提出することが可能になるはずだ。最後に、現時点で見えてきたことを簡単に述べて本稿を締めくくりたい。

Aさんの経験には一九九〇年代という時代が深く関わっていることは既に述べたが、それは〝学校に問題があるのならば、学校に行かないという選択があってもいい〟という、もう一つのモデル・ストーリーが生まれた時代でもあった。学校に通わないことを自らの「生き方」として語る子ども、またそれを積極的に認める親たちが注目を浴び、「明るい不登校」などと称された。どちらかと言えばAさんの経験はこちらに近いかもしれない。だが、〝学校に問題があるのならば、学校に行かないという選択があってもいい〟というストーリーで語られる経験と、〝何よりも必要なのは内なる学校信仰の発見と克服だ〟というストーリーで語られるそれとは、全く異なるものなのだろうか。両者が表象しているのは、今目の前にいる子どもを受け容れ、寄り添っていこうとする親たちの経験であり、異なるのはその語られ方なのではないか。しかし、私が見過ごしてしまったAさんの葛藤、言ってみれば「明るい不登校」の「明るくない」部分が抜け落ちることで、同時にこのことも見えにくくなってしまった可能性があるように思う。

二〇〇〇年代に入ってからは、さらに〝不登校を認めることは子どもの苦しみを放置することになりかねず、また将来の不利益にもつながりうる〟との新たなストーリーが現れている。[9] その背景には、不登校のその後の形の一つとして「ひきこもり」が注目されたことにより、「明るい不登校」の陰に「明るくない不登校」が隠されていくことへの問題意識が高まったことや、不登校経験者を対象とした追跡調査（現代教育研究会 2003）から不登校児の進路が明らかにされたことなどがある。しかし、「将来のリスク」という観点から不登校を問題化することは、これまで多くの親たちが経験してきたことを無にすることにつながるのではないか。本稿を踏まえた上でAさんの語りを再解釈することは、親の会のモデル・ストーリーの抑圧性という論点を超え、さらなる議論の可能性を開くことになるだろう。

注

1 不登校の語られ方の変遷については本章コラム、および朝倉（1995）、工藤（2003）などを参照。

2 登校拒否を考える会編（1987）、奥地圭子（1989）、石川憲彦ほか編（1995）、東京シューレ父母会編（1997）、『笑う不登校』編集委員会編（1999）を主に参照した。ただし、これらは「東京シューレ」（一九八五年に親の会の草分けである「登校拒否を考える会」のメンバーが設立したフリースクール）に関わる親たちの手によるものばかりであり、参照した資料がごく一部に限られていることを断っておきたい。

3 Aさんと知り合ったのと同じ会で出会った一九五〇年生まれの女性へのインタビューから（二〇〇四年十月実施）。彼女も娘と息子の不登校を経験しており、Aさんと同じく子どもたちが親元を離れた後も不登校や「ひきこもり」に関わり続けている。

4 二〇〇四年一〇～一二月にAさん・Bさん・Cさん・Dさんの順で一時間半～三時間程度話を聞いた。Bさん・DさんはAさんを通じて協力を依頼し、Cさんとは以前から面識があったので直接お願いをした。Aさんには生い立ちから現在に至るまでの経緯、親の会での活動経歴、家族との関係を中心に話を聞いた。そして、Bさん・Cさんには不登校が始まった時期について重点的に聞き、特にAさんとの関係については詳しく語ってもらった。Dさんには家族との関係のほか、普段の生活ぶりについても聞かせてもらった。

5　文部科学省による学校基本調査では「何らかの心理的、情緒的、身体的、あるいは社会的要因・背景により、児童生徒が登校しないあるいはしたくともできない状況にあること（ただし、病気や経済的な理由によるものを除く）」を不登校と定義しており、三十日以上の欠席者がこれに該当する。

6　このほか、学校に行かなくなった理由なども曖昧だという。骨折して出かけるのが大変になったこと、クラスメイトとの感覚のずれ、集団行動への苦手意識など、いくつかの「原因」を挙げてはくれたが、それでもBさんは「分かんない」「忘れた」と繰り返していた。

7　たとえば、私が「ひきこもり」に対する意見を求めた時のBさんの答えは、「働かないと親が死んだら、その人どうやって生きていくのか、みたいなのはあるけど、そうなったらそうなったで、生きたければ何とか手段を探すだろうし。生きたくなければ、そのまま死んでく。それはそれでいいんじゃないかなーと思うけど」というものだった。

8　「東京シューレ」では、「自由であること」すなわち「自分に由って、感じ、考え、判断し、行動する」こと、「自己の内面から出てくる要求」に従うことをその理念とし、他者からの強制を排した居場所の実現を目指している（東京シューレ編 2000）。

9　不登校問題に関する調査研究協力者会議（2003）はその嚆矢である。

参考文献

朝倉景樹 1995『登校拒否のエスノグラフィー』彩流社

不登校問題に関する調査研究協力者会議 2003『今後の不登校への対応の在り方について（報告）』文部科学省（http：//www.mext.go.jp/b_menu/public/2003/03041134.htm）

現代教育研究会 2003「不登校に関する実態調査（平成五年度不登校生徒追跡調査）」

石川憲彦ほか編 1995『親たちが語る登校拒否——１０８人のノンフィクション』世織書房

工藤宏司 2003「社会問題としての『不登校』現象」『人間科学論集』32/33：21-55

松本訓枝 2004「母親たちの家族再構築の試み——『不登校』児の親の会を手がかりにして」『家族社会学研究』16(1)：32-40

岡知史 1999『セルフヘルプグループ——わかちあい・ひとりだち・ときはなち』星和書店

奥地圭子 1989『登校拒否は病気じゃない——私の体験的登校拒否論』教育史料出版会

登校拒否を考える会編 1987『学校に行かない子どもたち——登校拒否新しい生き方の発見』教育史料出版会

東京シューレ父母会編 1997『父親が語る登校拒否（増補新版）』現代企画室

東京シューレ編 2000『フリースクールとはなにか—子どもが創る・子どもと創る』教育史料出版会

『笑う不登校』編集委員会編 1999『笑う不登校——こどもと楽しむそれぞれの日々』教育史料出版会

山田潤 1998「学校に『行かない』子どもたち——親の会が問いかけていること」佐伯胖ほか編『岩波現代講座現代の教育4　いじめと不登校』岩波書店：187-208.

12 書く実践と自己のリテラシー

『ふだんぎ』という空間の成立

小林多寿子

1 〈自己のテクノロジー〉の視点

手紙を書く、日記を記す。このような書く行為はわたしたちにとってとても身近な日常的な実践である。今日、自分のしたこと、出会った人、食べたもの、感じたこと、その日の出来事や気持ち、ときに遠い思い出や家族の話、このような日常の経験を日記や手紙、ブログやメールなどさまざまな形態でわたしたちは自在に書きあらわしている。自己の経験を私的に書くのにときにためらいや抑制があったとしても、書くことができるかどうかという力を自ら問うことは、いま、あまりないかもしれない。しかし自己の経験を書く実践は、多様な形態それぞれにおいてその実践が日常化するにいたる歴史があり、また書く力そのものが問われたことがあった。[1]

「書くこと writing/écriture」と自己の関係に注目したフーコーは、〈自己のテクノロジー〉というとらえかたを提起して、古代西洋世界における自己への関心や認識を検討している。[2]〈自己のテクノロジー〉とは、どのように自己への関心や自己の形成がなされたのか、その技術と方法に着目する視点である。フーコーがとくに着目したのは「書くこと」と自己への配慮との関係であった。〈自己のテクノロジー〉として具体的にあげられる書くことは、たとえば手紙を書くこと、あるいは自分自身についてメモをとること、記録をつくることである。これらの書く行為は、書簡の往復から日記へ、そしてアウグスティヌスの『告白』のような宗教的な自己開示と自伝的な記述へとつながっていく。『告白』が書かれた四世紀ころには、自己とは、書き記されるべき何かであり、書く活動の主題あるいは客体（主体）であるという認識は定着していたという。[3]

〈自己のテクノロジー〉は、ギリシア・ローマ時代を端緒とし

column

「ふだん記」運動と自分史

「ふだん記」運動は一九六八年に八王子で橋本義夫がはじめた「庶民の文章運動」として知られている。自分の「人生」を書くことをひろめ、一九八〇年代の自分史ブームへの前段階となった文章運動である。

橋本義夫は、『ふだんぎ』八号（一九六九）で初めて「ふだん記」運動という言葉で自らの活動を呼んでいる。しかし一九七三年以前は、『ふだんぎ』に書くことを周囲の人にすすめていく活動であることは自認していたが、「ふだん記」運動という言葉で自分たちの活動を積極的に語ってはいなかった。最初から確固とした「書く運動」、文章運動としてはじめたのではなく、助走期間そして試行錯誤を経て「ふだん記」スタイルは一九七三年に定まった。『ふだんぎ』三〇号（一九七三年七月）がちょうど「ふだん記」運動確立の時期である。

「ふだん記」運動は、一九七七年に神奈川県愛甲郡に地方グループが誕生して後、次々と各地に地方グループができ、全国へひろがっていったが、マスメディアでとりあげられたことが全国化の促進に作用した。マスメディアで知られるようになったのは歴史学者の色川大吉がはたした役割が大きい。色川が一九七四年に『中央公論』で発表した「現代の常民――橋本義夫論」と翌七五年に出した『ある昭和史』で「ふだん記」運動を詳細に論じたことで、「ふだん記」運動が八王子のローカル世界から全国へ及んでいくきっかけとなった。『ふだんぎ』への寄稿者は毎号百名を超え、一九七六年には朝日新聞「ひと」欄で橋本義夫が紹介され、テレビ番組の出演や全国紙でとりあげられることが多くなった。橋本はこの間を「普及期」としているが、一九八五年八月に橋本が亡くなるまでが「ふだん記」運動のもっとも隆盛した時期であった。

色川の著作は、自分史という概念を創出し、「ふだん記」を自分史に連結させるものとなった。自分史は『ある昭和史』の副題「自分史の試み」ではじめて使われた言葉である。この本のなかで色川は自らの自分史と橋本義夫のライフヒストリーを昭和前半史と交差させて描いた。歴史学者の提起した「自分史」は全体史に対峙する個人史に照準する概念である。自己の人生のなかに歴史との結節点を自ら認識するという歴史的な観点が強く、自伝というよりも歴史的な視点で個人の歴史をあらわすものであった。色川が一九五〇年代に困民党研究の史料を探して訪ねて以来の知己であった橋本義夫のライフヒストリーを紹介し、あわせて『ふだんぎ』から生まれた初期の作品を紹介したことが「ふだん記」を自分史につなげる結果となった。

いまひとつ、「ふだん記」運動が自分史ブームを先取りしていたのは自費出版による個人本の作成が積極的に勧められたことにある。一九六〇年代後半から『ふだんぎ』に書きはじめた人たちは、書くだけでなく自分の本を作ることも奨励された。その結果、ふだん記本、ふだん記新書というシリーズでこれまでに約五百冊の本が出されている。「ふだん記」運動は、個人が自らの文章を本の形にして作品とするやりかたを定着させた点で、八〇年代後半からの自分史の先駆けともなった。

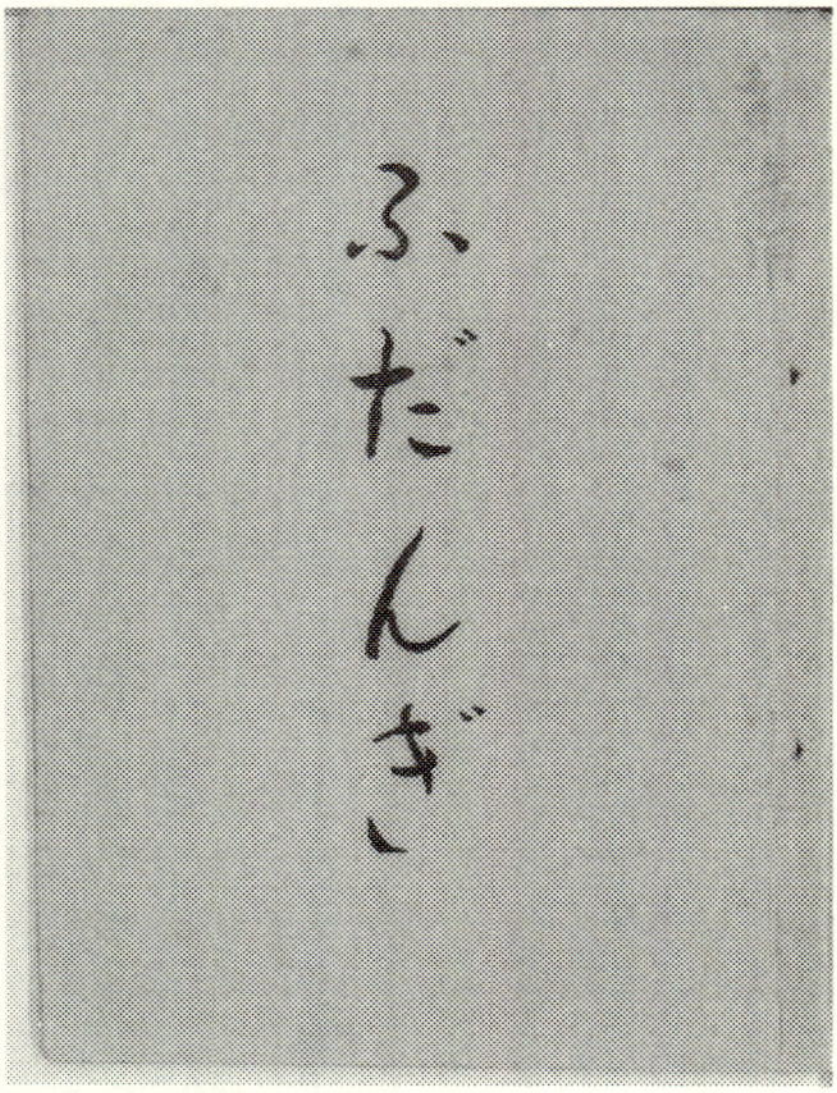

『ふだんぎ』表紙

て現代まで続く、自己の理解のためにもちいる技術や自己を構成する方法である。フーコーは、古代西洋世界だけではなく近代から今日までも射程に入れて〈自己のテクノロジー〉の歴史的系譜をみていくことを構想していた。この観点からみれば、浅野智彦が検討しているように今日の自分史も現代社会特有の〈自己のテクノロジー〉としてとらえられる。[4] そしてこれからとりあげる「ふだん記」もまた〈自己のテクノロジー〉の視点からみることができるだろう。

フーコーが引用しているマルクス・アウレリウスの書簡は二世紀に書かれたものであるが、その書簡を読むと、一九六〇年代から刊行された『ふだんぎ』に載るさまざまな「ふだん記」を読んだときと驚くほど同じような読後感をもつ。[5] アウレリウスの書簡は師フロントに宛てた手紙であるが、自分の感じたこと、自分の食べたもの、自分の健康のこと、そのような自分自身のことに気を配る日常生活を記したものである。生活や気分や読書の細部に注意がはらわれ、日常の細部が書かれたものである。自分自身のことに気を配る細部が述べられるが、この細部が重要であるとフーコーは指摘している。

日常生活を書く、個人的な経験を記すという点で「ふだん記」として書かれるものと相通じるものである。「ふだん記」もまた「ふだん」という名のとおり、日常の細部が書かれたものであり、日常の個人的な経験が記されたものである。「ふだん記」はまた手紙も多く含む。フーコーのいう〈自己のテクノロジー〉の観点からみると、「ふだん記」は自己の理解のためにもちいる技術や自己を構成する技法としてみることができるだろう。

本稿では、〈自己のテクノロジー〉の観点にヒントを得て、一九五〇年代から六〇年代にかけて自己の経験を書く「ふだん記」がどのようにはじまったのか、その空間の成立をあとづけることで、書く実践と自己の経験の表現をめぐる問題を探りたい。「ふだん記」運動という形態のなかで書くことによって自己を構成する技法を身につけることがどのようにすすめられたのか。そのさまをとらえ、〈自己〉を書くことをめぐるターニングポイントが一九六〇年代にあったことをあきらかにしよう。

2　リテラシーの問題

「「ふだん記」がなかったら、考えてみても人生がだいぶ違うものになっていたとおもいます。ありがたいこと、求めたのでなくてさせていただいたっていう。私のようなものを必要とし、ありがたいことで、とってもかけがえのない経験をさせていただきましたね。そのおかげで先生にいろんなことを教えていただきました[6]。」（大野弘子の語り）

大野弘子は、一九六八年一月に創刊された『ふだんぎ』に「星布尼の墓」という題で、ある秋の一日、八王子の寺に江戸後期の女流詩人であった榎本星布の墓を訪ねたことを書いている。これは、五百字ほどの短い紀行文のような文章であるが、このあと隔月で刊行が続いていく『ふだんぎ』に欠かさず書いていった最初の文章であった。

この『ふだんぎ』は、柿色の表紙に手書きで『ふだんぎ』と記された、ガリ版印刷のわずか三五頁の薄い冊子である。だが、『ふだんぎ』の主導者である橋本義夫（1902-1985）は、そのつつましやかな体裁とは不釣り合いなほど壮大な「発刊のことば」を巻頭に記している。すこし長いが、引用してみよう。ここには書く実践やリテラシー論などの観点から橋本義夫の「書く思想」[7]と『ふだんぎ』について考えることのできるさまざまなキーワードが含まれている。

「人類の勝利の大きな原因の一つはみんなが言語をもつことであった。

だがその勝利を一層決定的なものにしたのは、文字とその組み合せによる文章をもつことであった。然し、この文字、文章も、長い長い間は、直接には一部の特権者や、そのための文章職人等のものであり、上意下達的存在であった。

とに角、言語と文字は人類社会を今日の如く大きく発展させた。更に其の能率を高めるためには、『言語が万人のものである如く、文字も又万人のものでなければならぬ』と信じる。これが我々の道である。然し、世の多くの発表機関は今だに過去の習慣の中に沈み、（あとから理屈をならべているが）門を閉ざしている。文字が万人のためであるには発表機関も又門が開いていなければならない。

我々は、我々に開かれた発表機関を各地、各方面で持つ必要がある。殊に末端にこうゆう機関がある事が万人に機会を与へる上に極めて必要である。我々の課題は必要なそれを作ることだ。『人類文化の発展の公道にあるという。その旗の下にある機関とは云へ、お目にかけるものは何とささやかなことよ。それがよい。それが底辺を満たすことだから。だがこの目標はあやまっておらず、その勝利は必至である。

言語も、文章も、共に習慣、つまりくりかえしの技術である。ささやかなこの印刷物にもられた文は、何十何百回とこれからくりかえすだらう。くりかえしとつみあげの一歩である。

多くの仕事はこうしたものの上に築かれるのだらう。我々の一九六八年はここから始まる。」（一九六八年一月一五日発行 原文のまま）

「発刊のことば」に書かれていることは、一九六〇年代まで続いたリテラシー状況についての橋本のとらえ方である。私たちは、文字を知り文字を書けるという意味での読み書き能力は身につけたが、文章を自在に書く力は得られていないのではないかと問題提起している。文を書くのは「一部の特権者」や「文章職人」で、文字を知ってもだれでもが書ける状態ではないのではないか。それは開かれた「発表機関」がないことの問題でもある。この現状のなかで私たちは必要な「発表機関」をつくることにしよう、そして文を書けるようにするためには繰り返しと積み上げが必要であり、継続して書くための場をつくろうと述べ、文章運動に取り組む必要性を唱えている。[8]

この巻頭言には橋本の「書く思想」に裏打ちされたリテラシー認識が示されているが、その特徴として三つの点を指摘できる。

一つは、リテラシーを〈読むリテラシー〉と〈書くリテラシー〉に分けてとらえたうえで、〈読むリテラシー〉と〈書くリテラシー〉の不均衡を問題視していることである。リテラシーとは文字を読み書くことができるという読み書き能力であり、識字という言葉も使われる。たんに識字という観点では教育の普及で読むことも書くこともできて、読み書き能力に不自由のない日常生活を送っている。しかし橋本は、日常では〈読むリテラシー〉は発揮されていても〈書くリテラシー〉はかならずしもそうではないのではないかと問いかけた。[9]

二つめは、この〈読むリテラシー〉と〈書くリテラシー〉の不均衡状態はリテラシーの階級性に由来するという認識である。文章を書くのは「一部の特権者」や「文章職人」に専有されており、彼らから「底辺」へ上意下達されるものとなっている。あるいは、「読む方は自由でも、これを書く方はさまざまな障害があって自由ではない」という。「障害」とは、「学者という文字職人のギルド」やインテリと「自負した人びと」の存在により、ふつうの人びとが書くための「発表機関」から排除されている。そして書く人の階級性の問題が〈書くリテラシー〉を高めることの妨げになっていることである。

さらに三つめには、「発表機関」は作り出すことが可能であるという認識である。〈書くリテラシー〉は繰り返し表現することによって高められるが、そのための媒体として書いたものを表現する「発表機関」のあることが重要である。既存の「発表機関」は知識階級に専有された排他的なものであるが、新たに自分たちで「発表機関」を作り出すことができる。「発表機関」というメディアは創出可能なものであり、その創出によって〈書くリテラシー〉の不均衡な状態が是正されるのではないかという認識を示している。

橋本義夫は、戦前期には八王子で書店を営み、読書の普及に努めた。しかし、一九五〇年代以降は、〈読むリテラシー〉と〈書くリテラシー〉の不均衡を指摘し、〈書くリテラシー〉が劣っていることの問題と「万人《みんな》」が書くことの重要性を力説する。そしてたんに書く力だけでなく、「発表」という言葉によって、書いたものを他者にどれほど伝達できるのかという表現できる力を得ることも考えていた。『ふだんぎ』は、橋本がこのようなリテラシー認識のうえに立ってはじめた文章運動の中核となるメディアであった。

橋本の主導した「ふだん記」運動[10]は、現在にいたるまで三〇年以上にわたって続き、百号以上の『ふだんぎ』、二〇以上の地方グループが出す「ふだん記」を集めた定期刊行文集、五百冊近い個人本という作品を生み出してきた。その成果は、橋本の意図した〈書くリテラシー〉向上の所産としてみることができる。しかしそこに書かれた膨大な個人的経験をみるなら、たんに〈書くリテラシー〉が高まったというだけでなく、〈自己のテクノロジー〉が確立され、自己の日常や自己の人生について自在に書きあらわすことのできる力の高まりがみてとれる。この力は、自己の経験を表現する力という意味での〈自己のリテラシー〉としてとらえるなら、〈書くリテラシー〉を高めるための書く実践の推進が結果として〈自己のリテラシー〉を得ることを招来したさまが認められる。そこで現代社会へいたる変化を念頭において、『ふだんぎ』空間の成立の状況と書く実践のありようをみたい。

3 『ふだんぎ』空間が生まれる

『ふだんぎ』以前

一九六八年に創刊された『ふだんぎ』には一九五〇年代からの前史があった。[11]『ふだんぎ』の刊行とそれにつづく「ふだん記」運動は唐突に生まれたのではなく、一〇年の助走期間のなかで用意されたものであった。

一九五八年、橋本は周囲の人たちに書くことをすすめ、回覧ノートを作り、『ふだんぎ』と命名した。その回覧ノートのはじめに「ふだんぎ」という言葉を解説している。

「「ふだんぎ」は生活そのもの」であること、そして「「ふだんぎ」といったのは、着物ばかりでなく、生活のすべてのシンボルをいいます」として、「ふだんぎ」の生活をよくし、「ふだんぎ」でつきあい、「ふだんぎ」で話し、「ふだんぎ」でものを書こうと呼びかけている。そしてノートを廻す人たちのグループに「ふだんぎの会」と名づけ、六箇条の「『ふだんぎ』のきめ」というルールも記している。[12]

この回覧ノートの狙いは、ひとつには書くことを「習慣」にするためのきっかけを作ることにあったが、いまひとつ、書いた人同士の交流も意図していたことがつぎのように記されている。

「普段世の中にあまり出ない人達、此の人達をめぐる家の人たちも加えて、楽しい、生き生きとした集まりをしたい。それには「ふだんぎ」であつまり、何でも考へ、しゃべり、書き、色々やって行きたい。そういう気持が、おなかの底にありました。」(『多摩婦人文集』1967:91)

一九五八年に記された趣旨には、後の『ふだんぎ』の継続的刊行に通じる基本的な路線があらわされており、この趣旨を具体的に実現するのに一〇年かかった。しかも一九六七年には沈滞しがちなノートの回覧に区切りをつけるために「十周年記念」という副題をつけて『多摩婦人文集』第一集として刊行した。これで小さな試みが終わってもしかたがないと橋本はおもっていた。だから、後書きには「第一集は私が発行をはじめ編集は責任を負うたが、第二集以降はみなさん自身がなされるであろう。これで私の仕事は終った」(八九頁)と記した。一九六七年十一月末にはその出版記念会を市内の寺で催した。その会は『ふだんぎ』前身時代が終わるときであったが、同時に、意図せずして新たな『ふだんぎ』を招聘するきっかけとなった。

大野弘子は、『多摩婦人文集』についてつぎのように語っている。

＊：『多摩婦人文集』は読んだ、見たことはおありだったんですか?

大野：最終のだけは見たんです。その前は回覧だったんですね、ノートの。先生は回覧ノートならみんなが書くだろうって、そのメンバーはわりあいインテリが多かった、回覧ならいやでも書くだろうとおもわれたんじゃないかと想像ですけど。

＊：ノートを回覧していたってことはご存じだったんですか?

大野：いえいえ、後になって。

＊：回覧ノートを書かれていた方は『ふだんぎ』には参加されなかった?

大野：関山さん。その関山さんってお料理の先生で、古賀さんと私はお料理習いにいってたんです。やっぱり文才のある方でしたからね。そういう方も四、五人ですからね、そのころ文を書くということがいかに大変だったかっていうことがわかりますね。

ですから、次の時代になると、私たちがいるわけですから、また違ってきます、私たちが載ったっていうので、これならなんとかって、もうこれでやめようとおもったらしいんですよ。

『多摩婦人文集』出版記念会で、最後になるかもしれないって、でも希望もってらっしゃいました。だれかやる人いますかっていうので、四宮さんが名乗りを上げて、それで私といっしょに。半分はあきらめかけてらした。

『多摩婦人文集』は、回覧ノートに書いていた女性たちの文章を活字印刷し冊子にしたものである。「十周年記念」としてまとめ終わろうとしていた。しかし大野弘子はその会に出席したことで橋本義夫と出会い、そして『ふだんぎ』に関わることになる。

「不思議とご縁はあったんですよね。先生とはね。…PTAを通じて四宮さんと知り合い、そのあと、『ふだんぎ』の前身の『多摩婦人文集』の発表記念会を市内のお寺でなさったときに、四宮さんと私が呼ばれて、「もうやめようとおもう」、書いていてご存じとおもいますけど、先生、おやめになろうとおもって、「なんでもよければ私もします」って四宮さんっていう方は積極的な方ですから。それで一緒に行って、それならやっぱり一緒にしなきゃまずいかなとおもって。私はなんでも引っ張られるほうですから、人の後からなんでもついて行くようにしていく、まったく四宮さんとは正反対でしたから。」

『ふだんぎ』へ

「発表機関がほしい、ガリ版でもいいから。」

橋本義夫のこの言葉に四宮さつきがガリ版を切ることを申し出た。大野弘子らとともに印刷製本をして翌六八年一月二七日に『ふだんぎ』が創刊された。一九七〇年十二月発行の十七号までガリ版刷りの『ふだんぎ』が続き、十八号以降、印刷所での活字製本となった。十七号までの『ふだんぎ』の手書き時代の三年間は、初期「ふだん記」運動の草創期であって、書く実践が運動の形態へ確立されていく最初の段階である。一九五八年から六七年までの回覧ノート『ふだんぎ』が一九六八年から書く実践をうながす機関誌へと発展していった。

『多摩婦人文集』には五人の女性の文章と「招待席」として四人の女性の短文、巻末に橋本義夫によるエッセイと友人の母親の追悼文が載っている。五人の女性は、『ふだんぎ』創刊号にも文章を載せており、回覧ノート時代の主要な書き手たちがそのまま『ふだんぎ』の書き手へ移行した。そこから『多摩婦人文集』から『ふだんぎ』への連続性がわかる。

一九七〇年までのガリ版時代の『ふだんぎ』の書き手の特徴は、八王子在住者が多数を占めることと女性の書き手がいつも半数を超えていることにあった（次頁、表A・表B参照）。書き手のなかに八王子在住者が占める割合は、当初は八割以上あった。しだいに五割台へ降下していくが、『ふだんぎ』と八王子在住者の割合の高さは切り離すことはできない。『ふだんぎ』空間は、その核となる人たちが八王子の徒歩圏あるいは自転車圏に住む世界として成立していた。

表A　だれが書いたのか——『ふだんぎ』17号までの書き手

号数	発行年月日	総頁数	書き手総数	性別人数比[女:男(:不明)]	女性率%
1	1968/1/15	35頁	15人	14：1	93.3
2	1968/2/15	40頁	16人	13：3	81.3
3	1968/5/15	60頁	26人	13：12：1	50
4	1968/7/15	57頁	29人	16：12：1	55.2
5	1968/9/15	63頁	24人	13：11	54.2
6	1968/11/15	70頁	27人	14：13	51.9
7	1969/1/15	60頁	26人	15：11	57.7
8	1969/3/15	76頁	38人	24：14	63.2
9	1969/5/15	76頁	35人	18：17	51.4
10	1969/7/15	84頁	38人	22：16	57.9
11	1969/9/15	74頁	36人	21：15	58.3
12	1969/12/25	99頁	45人	28：17	62.2
13	1970/2/20	88頁	51人	32：19	62.7
14	1970/4	108頁	68人	40：28	58.8
15	1970/7/1	120頁	64人	37：27	57.8
16	1970/9/15	122頁	69人	38：31	55.1
17	1970/12/15	130頁	67人	41：26	61.2

表B　だれが書いたのか——書き手の地域性

『ふだんぎ』(号)	執筆者人数	執筆者の居住地	八王子在住者率
1号	15人	八王子13、多摩地域1、北海道1	86.7%
4号	28人	八王子24、多摩地域1、東京23区1、北海道2	85.7%
6号	59人	八王子47、多摩地域3、東京23区3、北海道4、 静岡県1、京都府1	79.7%
8号-12号	85人 (執筆者総数)	八王子市66、多摩地域6、東京23区5、神奈川県2、 北海道3、静岡県1、福島県1、オーストラリア1	77.6%
16号	88人 (住所総数)	八王子市48、多摩地域6、東京23区11、神奈川県5、 埼玉県2、北海道3、福島県3、静岡県1、大阪府1、 広島県1、香川県1、愛媛県1、鹿児島県3、記載なし2	54.5%

『ふだんぎ』は、一貫して個人の経験を書くことが第一義的な重要性をもった場であり、〈書くリテラシー〉の向上をはかることで書く人の階級性の打破をめざす場でもあった。とりわけ一九五〇年代から六〇年代に橋本が問題視したのはジェンダーによるリテラシーの差異である。『ふだんぎ』には女性の書き手が多い（表A）。それはリテラシーの不均衡が女性により強くあらわれているという橋本の認識によって、とくに女性が書くことがうながされたことによる。もちろん知と距離のある男性の書き手も励まされた。学歴の高い女性も学歴の低い男性もいずれも知の中心になれない。学歴と「ふだん記」という関係でみると、そのような知の中心になれない人たちが書くことをうながされていた。

4　『ふだんぎ』に書くということ

『ふだんぎ』をめぐる人びとはどのようにして自己の経験を書く力をつけ、表現していったのかをあきらかにしたい。そこで、「ふだん記」運動の主導者であった橋本義夫の「書く思想」を念頭におきながら、初期の『ふだんぎ』に関わった人たちは、どのような人たちでなにを書いたのか、とくに女性たちがなにを書き、彼女たちの経験をいかに語っているか、日常における書く実践がどのようなものであったのかを検討しよう。

『ふだんぎ』にはだれが書いたのか。創刊号では、橋本以外はすべて女性の執筆者である。先述のとおり、十五人中の五人は『多摩婦人文集』の主要執筆者で、ほかにゲストとして短文を寄せた人が三人あった。結局、六割の人は『多摩婦人文集』で書いた人たちであり、『ふだんぎ』から初めて加わったのは五人の女性たちであった。創刊号の『ふだんぎ』は『多摩婦人文集』を引き継いだ女性たちの書き手によって出発した。

書いた人たちは『ふだんぎ』に書く以前からなんらかの個人的関係をもっていた。それは、たとえば親族関係や地域社会のさまざまな人間関係である。橋本義夫の弟の妻がおり、橋本義夫の息子の妻がいた。また戦前は橋本義夫の書店の顧客であり、戦後は地元で主宰する料理教室の先生と生徒の関係もあった。子どもの通う学校のＰＴＡで保護者同士として知り合った人もある。父親が橋本と友人関係にあった人もある。

『ふだんぎ』にはなにが書かれたのか。もっとも多いのが近い過去の個人的経験である。日常生活のなかの個人的出来事である。それもとても細かい、ささやかなことがらである。たとえば、創刊号には十五人の文章が載っているが、表C（次頁）で示されるとおり、うち九人は、外国旅行中の出来事、知人の展覧会を見に行ったこと、新宿駅で知人と待ち合わせて会えなかったこと、団地の忘年会、子どもの成長を感じた出来事など、直近におこった出来事を中心とした個人的経験を書いている。そのなかにはテレビ番組をきっかけに思い出した過去の出来事

表C『ふだんぎ』創刊号の内容——なにが書かれたのか

『ふだんぎ』創刊号（1968年1月15日発行）、筆者15人うち女14人男1人、総頁数35頁
◎：『多摩婦人文集』主要執筆者、○：『多摩婦人文集』ゲスト執筆者

◎	関山花子	パリ旅行中に、ある店でナディーヌという名の7、8歳の女の子が客である筆者に近づいたことで父親になぐられるのを目撃して考えさせられた話
	古賀幸栄	「二つの報告」と題し、一つは「大人のままごと」という題で、関山の料理教室で習った料理を自宅で大野、四宮、秋間らと実習したときの話、二つめは「[文集を読む]と題して『多摩婦人文集』の感想、とくに関山花子の文章について「先生」（料理教室の先生）の文として読んだ感想を書いている。
	秋間二三子	「子供の成長」というテーマで、長男が近所の子供の勉強をみてほしいと頼まれ、引き受けた理由を話したとき、成長を感じて嬉しかった話
○	藤本きぬ子	「いよがすり」という題で、テレビで「二十四の瞳」をみたときに、松山の道後温泉商店街でいよがすりを求めた壺井栄の話を思い出し、道後温泉の近くに4年住み、松山を離れるとき手織りのいよがすりを買い求めたことを思い出した話
	法水きみえ	市営団地の居住者で忘年会をする話
◎	橋本譜佐	三越で開かれた知人の展覧会へ行った話
	大野弘子	江戸後期の女流俳人・星布の墓を訪ねた話
○	四宮さつき	新宿の京王線切符売り場で友人と待ち合わせして、別々の売り場で待ち、会えなかったのに、帰りの電車で一緒になった話
	黒沢敬子	短い詩
	長谷川常子	「苦悩」と題して、毎日が落ち着かない心の内を書く
◎	平井マリ	盆栽名人の知人宅を訪れた話
○	田中紀子	【手紙】『多摩婦人文集』の感想を寄せた「私信を編者が勝手にのせました」
◎	須田静子	【手紙】「私信流用、御了承を乞う」
	橋本みどり	【手紙】札幌からたよりを載せる
◎	オカト・マタ（橋本義夫のペンネーム）	「三年前の旧稿」を掲載。在日１５年になるアメリカ人Hを描写し、「個人をよく見ればその社会全体をのぞくことも出来る筈だ」と結論している。

を書いて、過去の比重が高い書き方もある。その他、編者である橋本が載せた三通の私信、詩が一人、内面の苦悩を書いた人が一人、橋本義夫はペンネームで三年前に書いたエッセイを載せている。

『ふだんぎ』創刊号に文章が載っている人たちのなかで大野弘子と橋本緑へのインタビューをおこなった。とくに創刊以来、「ふだん記」運動の中心にいた大野に焦点を絞り、その語りから、『ふだんぎ』の書き手の具体的な書く実践を知り、初期の『ふだんぎ』のありようをみてみたい。

書く実践——大野弘子の場合

大野弘子は八王子で生まれ育ち、現在も在住する七〇代の女性である。一九六七年に橋本義夫と出会い、『ふだんぎ』を製作し発刊していくことにたずさわり、創刊号以来、四〇年近くにわたって「ふだん記」を書き続けてきた。大野がおこなってきた「ふだん記」を書く実践を大野とのインタビュー、そして大野の書いたものからとらえてみる。『ふだんぎ』空間の成立時に中核にいて、当時を直接に経験し記憶する数少ない人である。

大野は、八王子駅に近い繁華街で生まれ育ったが、戦前、同じ繁華街にあった、橋本義夫が開いていた揺籃社という書店のことをつぎのように覚えている。

「先生が書店をしていたときにはまだ子どもでしたから、時代がわかりますけどね、五〇円銀貨をもっていくのが嬉しくてね、まだ本を買うまではいかなかったとおもいます。いい便箋と封筒を売っていたんですよ。先生の書店は、他の本屋さんとは構えからして違いましたね、あの当時。石造りで建物、入り口が。そして高級そうな本が並んでいて、それと便箋封筒が他のお店にはない、高品質のものがあったんです。それで行った覚えがあって、まさかそのご主人と私が将来そうなるとは夢にもおもわなかったです。違う本屋だなあとおもった、りっぱなお店でしたよね。」

橋本との実質的な交流関係が出来るのは一九六七年秋からである。そして、「私は、橋本先生にお会いしてなかったら、きっと違った人生を送ったとおもいますね」と語るほど、大きな影響を受けた出会いであった。

大野は、創刊号以来、『ふだんぎ』に毎号書き続けた。なにを書いたのか。表D（次頁）は、一九六八年から一九七一年までの四年間の『ふだんぎ』に書いた内容の概略である。頻出するテーマは、日常の家庭生活における最近の出来事である。家族の行動や性格、『ふだんぎ』の友人知人の髪型と人柄、亡くなった人の思い出や思い出のなかの人物描写もある。他者を観察し描くことに卓抜している。しだいに子ども時代の思い出を書く文章が増えていく。このような書かれた内容から、家族との関わりのなかで、そして自宅周辺の近隣世界や八王子各所に

表D　『ふだんぎ』に書いたこと——大野弘子の場合

1968年		
1	江戸後期の女流俳人星布の墓を訪れた話	[日常の紀行文]
2	夜、犬の散歩で灯火のついた家々の前を通るときに思ったこと	[現在の日常描写]
3	春について思ったことのエッセイ	[現在の季節考]
4	『ふだんぎ』仲間をある家に案内したときの彼女を描く	[人物描写]
5	昨夏もらい息子が丹精して飼ったオナガが逃げた話	[家族の出来事]
6	庭の欅を切って駐車場にすればといった青年に心中怒った話	[日常の思い]
1969年		
7	義母の妹の命日に思い出を書く	[他者の思い出]
8	『若き日の自画像』を読んだ読書感想文	[読書感想文]
9	３年前の夏、土地を貸し自動車修理販売を始めた二人の青年のその後の話	[日常の出来事]
10	保育園時代、仲良し友だちがあっという間に亡くなり、バナナを食べたことがもとで亡くなったと聞いた話	[思い出5-6歳]
11	『ふだんぎ』に関わる女性11人の髪型の観察と人物評	[人物描写]
12	休日の午前、中学生の息子と父のやりとりの描写	[家族の日常]
1970年		
13	暮れに夫が風邪を引いた話	[家庭の日常]
14	弟に子どもが生まれた電話を受けて祝電を打つ話	[家庭の日常]
15	ネズミが電線を切った話	[家庭の日常]
16	夫が同じ本を二度買ってきた話	[家族の日常]
17	『ふだんぎ』に関わる女性９人の髪型と人物評	[人物描写]
1971年		
18	大工頭領が建具屋と大学生に原稿用紙をあげ書くようになった話	[日常の出来事]
19	夫の誕生日の前後の出来事でケーキを買いに行く話	[家族の日常]
20	橋本義夫との出会いと創刊号発行の思い出、家の新築の際、	[『ふだんぎ』の思い出]
21	隣の家の女性が亡くなって３ヶ月たち、その思い出話	[日常の出来事]
22	テレビを見ていて市内に住む実母からの手紙をもらわなかったことを思い出し母からの手紙が一通でもあったらと思った話	[日常の出来事と思い出]

住む親戚や知人との関わりのなかで、自己と交わる他者との関係によって自己の日常が構成されていることが描かれている。

大野はどのように日々の書く実践をおこなっているのか。彼女は『ふだんぎ』を書いただけでなく、短歌を詠み、日記をつけている。三種類の書く実践を日常的におこなっている。一九七二年に出した本のなかで具体的に日常のなかでどのように書いているのかが書かれており、そのようすを知ることができる。日中の雑事のあいだに浮かんだ書くネタをメモすることもあるが、原稿用紙に向かうのは夜分の「私の時間」である。

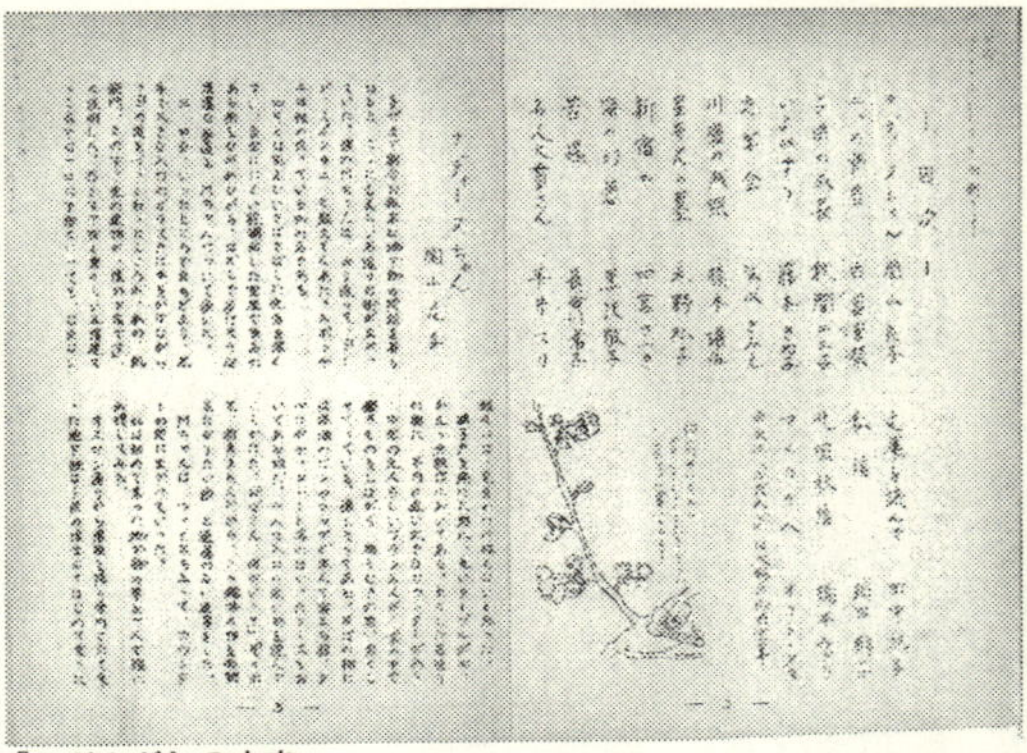
『ふだんぎ』の本文

「いくらいい材料やヒントが浮かんでも、まとめるということはなかなかたいへんです。…私の場合、主人は小さな郵便局の局長なので、職場が家庭ととなり合わせにあります。おかげで、種々雑多の用が私にもかぶさってきます。ですから、仕事の予定をたてて、やりくりして時間をつくり出しますが、時によると、その時間もいつになったら自分のものになるかわかりません。雑事の間に浮かんだものをメモしたり、時には頭のすみに入れておいてあとでまとめます。

主人の帰りのおそい時、子どもたちがそれぞれの部屋へ引き上げた時が、私の時間です。裁縫箱や家計簿とならんで書きかけのノートや原稿用紙の入った箱がおいてあります。そしてたいへん勝手な私は、文章を書きながら、主人の帰りのおそからんことを願う事もあります。」(大野 1972:87)

その後、三〇年以上経たいまも書く実践はあまり変化していない。いまも毎日のように日記をつけ、短歌を詠み、そして「ふだん記」を書いている。日記は「ふだん記」を書くのに参考になることはないという。しかし、「書くことによって楽になる」と日記を書くことの効用を指摘している。

「ぼつぼつ、日記はつけていましたけれど、いいかげんなものでした、自分勝手なものです。ただ、書くことによって楽になりますけどね。」

短歌は、結婚後、義母からの影響で、『ふだんぎ』に関わる以前からはじめたものがいまも続いており、歌集も何冊か出している。

「片方はいわゆる詩みたいなものですからね。片方は文。ただまとめる点においては短歌の経験はすごくよかったとおもいます。」

大野は自分の本も出している。その本『丘のなかの町にて』(1972)は四〇代前半という若い時期にまとめた自分史的な作品である。五章構成で、各章は「追分の大野家」「横山町の飯塚」「家庭」「友」「おりおり」と題して、婚家と生家そのそれぞれの歴史を両親やその先代、先々代にさかのぼって書き、自分たちの結婚や日常生活、短歌の同人グループや『ふだんぎ』の人びとのエピソードや描写、その他エッセイをまとめている。

「書き下ろし。いわゆる。そのときはほんとに四宮さんと先生がよくしてくださって、文を出すと矢のように返ってくるんですね。ほめてくださるから、いい気持ちになって書いちゃう。」

その後、多くの「ふだん記」を書いてきたが、二冊目の本にまとめるつもりはないという。本を出すことはエネルギーとタイミングを必要とすることで、大変なことであるからだ。しかし、「ふだん記」はこれからも書き続けていくという。

このように「ふだん記」を書く実践とは、日常の小さな出来事を細やかに綴り、ときに遠い過去の経験を書くことである。大野の書く実践は、一九六〇年代から七〇年代にかけて『ふだんぎ』に関わったことで、日記と短歌に加え、「ふだん記」を書くことが生涯にわたる書く実践となった。そのなかで自己の経験を多様に書きあらわす力は「生涯にわたる自己への配慮」としても発揮されることになった。

5 『ふだんぎ』空間——書くことをうながす技法

このような日常の実践のなかで「ふだん記」は書かれている。大野は日記、短歌、そして「ふだん記」という三種類の様式のあいだで書き分けながら、書く実践をおこなっている。日記や短歌は日常の経験や思いを書きあらわす実践としてすでに文化的に定着している。日記は明治期の博文館日記発売以来の大衆化の経緯があり、[13] 短歌は個人的に詠まれるほかに、同門のなかで歌会が定期的に開かれ、たがいの歌の披露と主宰者による講評、歌集にまとめていくというプロセスがひろく定式化されている。しかし「ふだん記」という日常の自己の経験を短文で書くこと、それが印刷され他者に読まれること、そして遠い過去や家族のストーリーをまとめ本を書くことはそれまでにないまったく新たな書く行為であった。一九六〇年代から七〇年代にかけてどのように「ふだん記」として自己の経験を書くことがうながされ、いかに「ふだん記」を書くことが日常の生活様式のなかに入り、『ふだんぎ』という空間が成り立っていったのか。橋本義夫が試みた書くことをうながす技法をいくつかあげてみたい。リテラシー獲得との関係で注目されるのは、どのようにしたら個人的な経験を書くことをうながしえたのかということである。

書くことの働きかけ

橋本義夫は周囲の人たちにたえず書くことを勧め続けた。ありとあらゆるところで書くことを勧めている。その熱烈な勧めは、印刷された文章として『ふだんぎ』の各号や『ふだん記本』、個人本のなかで活字となって残っている。さらに日常生活のなかでささやかな思いついたことを書き記すことの勧め方は、つぎのような橋本緑の語りから知ることができる。[14]

「いろんなことを記録するといいよとかね。私がめずらしがって思いつくことなんでも口にだしていうほうですから、富士山がここからみえてきれいねとかね。あら、柿がこんな冬なのにぶらさがっているわだとか。そういうのがね、私も北海道ですからね、あぁ地方出の人ってこういうことに感激するのかと。父親はあらためてね、東京人とばかりつきあっているせいか、私のいうことがおもしろかったみたいですね。だから、そういうのを率直に書いて残しておくとあとで読むとおもしろいよ、なんていってくれたんですね。」

書くことの勧めは、直接会ったときに受けたが、その勧め方は、面と向かって諭すのではなく、通りすがりに耳元でささやくようなさりげないものであった。

「それで初めて会ったときっていうのもそういうようなことで、私はぼーっとしていて、いろんなことを口からでまかせをいっていると、そんなこと書くといいねぇだとかね。そばを通り過ぎる、通り過ぎざまっていうんですか、目と目とを合わせるんじゃなくて、緑さんの感覚でなかなかいいよとかって、通り過ぎざまにいうんですよね。

そうするとなんとなく面と向かっていわれるよりもそうかなとおもってみたり。その受けとめ方ってなかなかおもしろいなっておもいましたね。面と向かってこうこうこうだよって筋道たてていわれるよりも、あぁおもしろいことというねっていっていうようなね。私はおもしろいことといってるんだって気づかされるっていうか、インパクトが強かったっていうかね。

父と、私の父と同じような感覚はもたなかったですけれどもね。だからうまいぐあいに人を褒めるでもないけれども、一点なんとか主義っていうのか、この人にもこういういいところがあるんだよって気づかさせてくれるっていうか、それがあるんだなっておもいましたよね。

それで、「ふだん記」で出した本を『つん留め』とか『小っちゃな八百屋』だとか送ってきてくれたのをみると、あぁやっぱりそういうふうに、一人の人に、その人よかれじゃないけれど、その人にいいところがあってそれを引き出して、あぁこういうふうにして本まで書かせることになるんだなあとおもいましたね。」

理解と共感

大野弘子の場合は、母について書いたことを橋本義夫が理解してくれた言葉がさらに書くことをうながしたという。母について書いたことが受けとめられ、共感のある言葉が返ってきたことがもっとも意義のあることであった。橋本による理解や評価は書くことを促進する鍵となった。

「私の母が、大勢きょうだい、百姓家で六、七人きょうだいの一番末だったんですけど、早く父親が亡くなって、一番上の兄のお嫁さんがあんまりうまくいかないで母と。女学校卒業すると、すぐ母は東京に奉公みたいに、見習いに出されたんですけど、そのことを書いた時に、先生が「大野さんのお母さんは苦労なさいましたね」っておっしゃってくださいましたので、私はその一言がほんとに嬉しかったですね。そういうことをちゃんと汲み取ってくださって、他の人が誰もいわないことです、それはすごく嬉しかったです。あぁ母はこの一言で報われたなぁとおもいましたねぇ。」

「大野さんのお母さんは苦労なさいましたね」という言葉は、自分の大切な人を認めてもらったと受けとめられた。自己の思いをあらわしたことが理解され、「その一言がほんとうに嬉しかったですね」という。「その一言」は理解、共感、承認を意味するもっとも重要なフィードバックとなり、そしてつぎに書き続ける原動力となった。

手紙を書くこと・載せること

橋本緑は、一九六〇年代に橋本義夫の子息と結婚したときに、義父として出会った。『ふだんぎ』の創刊当時は札幌に住んでおり、孫の近況を知らせるために義父に手紙を送った。その一つが『ふだんぎ』創刊号に載せられている。橋本義夫は、「万人の文としてはまず手紙である」(橋本 1960:14) として〈書くリテラシー〉を高めるためには手紙を書くことを強く勧めている。そして手紙も「ふだん記」として『ふだんぎ』に積極的に載せている。

「だんだん『ふだんぎ』が出る頃になって、まああまり原稿も集まらなかったせいもあるでしょうけどね。私がたまたま子育ての段階で、うちの子はこうしてます、あぁしてますっていう、雪国ですから、雪の中でこうして遊んでいる、あぁして遊んでいると知らせると、それを毎日の記録として義父がおもしろがって載っけてくれていたんですね。」

橋本緑は、義父への手紙が『ふだんぎ』に載せられたことで『ふだんぎ』との最初の関わりができた。しかし橋本緑自身が「ふだん記」に深く関わるのは、一九八〇年代終わりに八王子に移り住み、『ふだんぎ』創刊から三〇年を経て一九九八年に大野弘子らとともに新たに「ふだん記雲の碑グループ」を立ち上げてからになる。そしていまも書き続けている。

自己の経験を書くことをうながすことに作用した橋本義夫の技法を三つあげてみたい。

一つめは、親密な働きかけをおこなうことである。「ふだん記」のような文章が書かれるためには、個人的な出来事や自己の経験へ配慮を向け、それらの経験が書くに値すると認識されることが必要である。「ふだん」という日常を重視して〈書くリテラシー〉を身につけるために書くことを勧めた橋本は、たとえば『みんなの文章』や『ふだん記について――万人《みんな》の文章』など多種多様な冊子や本を作り配布して、繰り返し強力に書くことをうながしたが、同時に身近な人たちにも会うごとに口頭でも書くことを誘いかけた。書く内容は、「身近な事から」としてつぎのように述べている。

「万人の文は、天下国家とか、世界の大勢といったことはどうでもよい。それよりも先づ地方のこと、土地のこと、身のまわりのこと、家のこと、友のこと、学校のこと、思い出、手紙、冠婚葬祭、追悼、近親者や親しかった人たちの小伝、その他旅行記といったものを書くのがいい。」(1960/1968:25)

「身近な事から」と小見出しがついているが、その「身近な事」を書くことの勧めを直接会った人におこなうとき、たとえば通りすがりにささやくように声をかけ、さりげなく言葉かけをして働きかけたこともまた橋本の技法であった。

二つめには、他者からの応答がはたす役割を考慮することである。書く実践は一度書くだけで終わるのではなく、積み上げ方式が説かれ、たえず書いていくことが勧められた。書き続けていくためには、いま書いたものが次に書く動機づけとして作用する必要がある。そのためには、書いた内容が理解されたと伝わること、なんらかの共感が示されることが重要である。共感を得ることで、書いた内容は受容され肯定されたものとなり、自己の経験の表現が批准されたことになる。そのことがさらにつぎに書く動機を生成していく。

三つめは、手紙を重視することである。手紙を書くことは日常的にもっとも実践の容易なものとして奨励された。そして手紙を私信にとどめず公にもした。橋本は自分の受けとった手紙を『ふだんぎ』によく載せた。元来、手紙は、一対一で要件や儀礼的あいさつを個人的に伝達するもので、ふつう公にすることを前提としていない。しかし、橋本は手紙も個人の日常が記された「ふだん記」に相当するもので、読まれるべきものであるとみなしていた。

手紙は、応答という点においても重要な役割をはたしていた。橋本は読んだ感想を書き手に送ることを強く訴えた。『ふだんぎ』に載った文章の感想を記した手紙をもらうことは、書いたものが読まれ、承認された証である。他者からの応答がさらにつぎに書くことをうながした。このコミュニケーションのために手紙が重要であったが、なかでも橋本義夫という師からの手紙が最重要であった。

『ふだんぎ』は、自己の経験を書くことが勧められ、書く行為が共同的に実践された場である。『ふだんぎ』空間は、八王子在住者の割合が高い地元密着性を基盤にして、たがいの親密な関係性のうえに成り立った。そして書き手／読み手が手紙でもコミュニケーションをとりながら共に書く〈書く共同体〉が構築されていった。[15]

大野弘子は、「書くことと私」（大野『丘のなかの町にて』1972）と題した文のなかで、つぎのように書いている。

「『ふだんぎ』は隔月に機関誌が出ます。そして読んだあとは、必ず感想文（てがみ）のやりとりをすることになっています。自分の文を読んでもらう、それは自分を認めてもらうことです。名もない庶民にとって、それはぜいたくともいえるたのしさであり、生甲斐です。

それがまして学歴も地位も年令も何の制約もないのですから、おまけに、文章を読めばその人に直接会わなくてもその人がわかります。それによって心が通じ合うのです。理解し合い励まし合って、また書く意欲がわいてきます。」（1972:86）

「私にとって、短歌は珠のようなものであり、香りであり、文章は、それより現実性が強く、自己の自由の表現だと思います。」（1972:86）

大野は、『ふだんぎ』空間という〈書く共同体〉のなかで「自己の自由の表現」をできるリテラシーを獲得していった。

6　『ふだんぎ』空間と自己のリテラシー

一九六〇年代の『ふだんぎ』成立期における書く実践のありかたをみてきた。どのように「発表機関」が作りだされたのか、そのさまがわかった。しかし「発表機関」を作りだしただけで、〈書くリテラシー〉が得られたわけではなかった。書くことは読む行為と不可分の関係にあるが、書かれたものは読まれることによって承認が得られることが必要である。『ふだんぎ』は「発表機関」であると同時に読まれるための役割をはたしてきた。さらに書くためには書いたものが理解されるあるいは評価されること、それが書き手に伝わることが必要である。承認が得られ、理解や評価が書き手にフィードバックされたとき、さらに書くことが可能になる。書くことは相互行為的なコミュニケーションなのである。「ふだん記」は個人的な経験が書かれたものであるが、経験の表現が理解され評価され、書いた人に戻っていく循環のコミュニケーション・システムが成り立ったからこそ長期にわたる「ふだん記」運動の展開が可能となった。

『ふだんぎ』空間は、八王子の生活世界を基盤としており、とくに初期のころは直接のコミュニケーションをとることが容易であった。だが、橋本義夫は、徒歩圏の世界にあっても〈話し言葉〉のコミュニケーションだけではなく、読むものと書くもの同士の手紙による〈書き言葉〉のコミュニケーションもうながした。だから、書き手のなかに占める八王子在住者率が下がっても、手紙によるコミュニケーションが機能し続けていったのが『ふだんぎ』空間であった。そのなかで、重要なのは、〈話し言葉〉であれ〈書き言葉〉であれ、読者の理解や評価が書き手に伝わることであった。そして『ふだんぎ』空間という、おたがいが「ふだん記」を書く同士、読み合う同士となり、手紙でコミュニケーションをとる〈書く共同体〉が構築されていた。

一九六〇年代に橋本義夫が〈書くリテラシー〉の不十分な状況を訴えて取り組んだ「ふだん記」運動は、現代社会にいたる新たな変化を先取りしていたのではないかと考える。とくにつぎの二つの点をあげたい。

ひとつは、戦後のリテラシーの変容をめぐる問いである。〈書くリテラシー〉の階級性、すなわち文章を書き、本を出版する力が知識階級に限定されていた状況は六〇年代から七〇年代にかけて大きく転換したのではないか。この転換は、だれでも書き出版できる一九八〇年代の自分史ブーム、さらに近年のインターネット上の日記や自分史の氾濫という自己表現のリテラシーの飛躍へすすむ過渡的なステップを示しているのではないかということである。

いまひとつは、「ふだん記」運動は個人的経験を書く力を養った実践であり、〈書くリテラシー〉を獲得していくことをめざしたが、そのことは結果として「自己表現力としてのリテラシー」を高めたということである。つまり、リテラシーは、橋本の認識のとおり、読み書き能力としてだけではなく、「書く綴ることで自己の経験を表現する力」としてとらえたい。自己の経験を書く力、すなわち「自己表現力としてのリテラシー」は、自己を読みとり、自己を語り、自己を書き、自己を表現する力としての「自己のリテラシー」としてとらえられる。この種のリテラシーが一九六〇年代から七〇年代にかけて「ふだん記」運動のなかで現在に先駆けて養成が試みられたのではないか。

さらに現在において多様に自己を物語るリテラシーが駆使されている状況に先駆けて主題化されていたのではなかっただろうか。自己を書くことをめぐるターニングポイントのひとつが六〇年代の『ふだんぎ』空間のなかにみいだされる。

注

1　小林 1998b。

2　Foucault 1988:16-49／フーコー 1999:15-64

3　Foucault1988:27／フーコー 1999:33

4　浅野智彦 2002:39-49

5　Foucault1988:28-29／フーコー 1999:34-35

6　大野弘子の語りは二回おこなったインタビューで語られたものである（二〇〇四年四月一〇日、二〇〇五年五月九日実施）。なお本稿での個人名はすべて「ふだん記」における筆名をもちいている。

7　橋本義夫の「書く思想」については、小林 1998a参照。

8　橋本義夫は「万人の文章」等さまざまな文章のなかでリテラシーの問題を繰り返し提起している。本稿ではつぎの資料に依って引用している。橋本 1960/1968増補再版、橋本 1960/1970改訂三版。

9　リテラシー論のなかで、読むリテラシーと書くリテラシーが切り離され、読むリテラシーを得ることが書くリテラシーに先行したことは、近代ヨーロッパにおけるリテラシーでも指摘されている。森田 2001:59-77、森田 2005。

10　一九六八年創刊の『ふだんぎ』は、一九七〇年代半ばから「ふだん記」運動で発行される中心的機関誌として知られるようになるが、文章運動としての変遷は、一九六八年から一九七六年までのⅠ期、一九七七年から一九八五年までのⅡ期、一九八五年から現在にいたるⅢ期という、三つの時期に分けてその発展状況をとらえることができる。とくに最初のⅠ期は、『ふだんぎ』空間が文章運動へ立ち上がっていく時期で、書くことの実践が運動として展開されていく時期であり、初期「ふだん記」運動は運動論的にも注目される。橋本義夫は一九六八年から一〇年は「社会的実験」をおこなったとして「実験期」と呼んでいる。

　なお、『ふだんぎ』と「ふだん記」という言葉について、『ふだんぎ』は文集形式の機関誌をさし、「ふだん記」は書かれた文章をさす。ちなみに、一九六八年一一月刊行の『ふだんぎ』6号の「編集後記」において、橋本義夫は「「みんなの文章」を略称愛称して「ふだん記」としたらどうだろう」と提案し、「ふだん記」という言葉が初めて登場している。「ふだんぎ」という言葉が冊子のタイトルとして先行し、「ふだん記」という言葉は『ふだんぎ』に書かれた文章をさす言葉として遅れて提唱された。

11　橋本義夫は、終戦直後から八王子で地方文化運動に取り組みはじめ、一九四八年に地方文化研究会をつくり、八王子を中心とした地方史に関する文章を書きはじめる。子息の橋本鋼二氏によると、一九五二年頃から商工日々新聞等の地元新聞にエッセイを書きはじめ、五六年頃から投稿は急増し、その数が一五年間に二一〇〇編以上にのぼるという。

12　雲の碑会編 1967:90。

13　日記については、小林 2000:73-83参照。

14　橋本緑へのインタビューは三回おこなっている（二〇〇四年二月二三日、二〇〇四年三月二二日、二〇〇四年七月三〇日）。本稿でもちいた「ふだん記」資料には、橋本鋼二氏が管理する橋本義夫記念資料庫から提供を受けたものが含まれている。ご協力に深謝いたします。

また本研究の一部は科学研究費補助金による調査にもとづいている。［小林多寿子2005『「ふだん記」運動の展開過程と戦後のリテラシーの変容に関する実証的研究』（平成一五～一六年度科学研究費補助金基盤研究(c)(2)研究成果報告書）参照。

15 〈書く共同体〉とは、読書の歴史を論じたシャルチエの「読者共同体」に倣って、書く行為を共同で実践する「解釈共同体」を指している。「ふだん記」運動では、とくに手紙の往来によって独特の〈書く共同体〉が生成されたととらえている。シャルチエ1996。

引用参考文献

浅野智彦2002「〈自己のテクノロジー〉としての自分史」『現代社会理論研究』現代社会理論研究会、12号、三九—四九頁

ロジェ・シャルチエ1996『書物の秩序』長谷川輝夫訳、筑摩書房

Michel Foucault 1988"Technologies of the self" Ed. L・H・Martin, H・Gutman & P・H・Hutton, *Technologies of the Self: A Seminar with Michel Foucault*, The University of Massachusetts Press, pp16-49［ミシェル・フーコー1999「自己のテクノロジー」M・フーコー他『自己のテクノロジー――フーコー・セミナーの記録』田村俶・雲和子訳、岩波書店、一五—六四頁］

アンソニー・ギデンズ2005『モダニティと自己アイデンティティ――後期近代における自己と社会』秋吉美都・安藤太郎・筒井淳也訳、ハーベスト社

橋本義夫1960/1968増補再版『みんなの文章――万人文章論』

橋本義夫1960/1970改訂三版『ふだん記について――万人の文章』

小林多寿子1998a「書く実践と書く共同体の生成――初期「ふだん記」運動の場合」『生活学論叢』日本生活学会、第3号五九—七〇頁

小林多寿子1998b「自己をつづる文化――日記と自分史の誕生」石川実・井上忠司編『生活文化を学ぶ人のために』世界思想社、二〇九—二二八頁

小林多寿子2000「自己のメディアとしての日記――近代日記の成立」『現代のエスプリ――日記コミュニケーション』至文堂、No.391、七三—八三頁

雲の碑会編1967『多摩婦人文集1――十周年記念』

森田伸子2001「近代教育と読み書きの思想」『近代教育フォーラム』10号、五七—七七頁、近代教育思想史研究会

森田伸子2005『文字の経験――読むことと書くことの思想史』勁草書房

大野弘子1972『丘のなかの町にて』

執筆者紹介

桜井　厚（さくらい　あつし）
立教大学社会学部教授。ライフヒストリー／ライフストーリー研究。著書に『インタビューの社会学』（せりか書房）、『境界文化のライフストーリー』（せりか書房）

好井裕明（よしい　ひろあき）
筑波大学大学院人文社会科学研究科教授。差別の社会学、エスノメソドロジー、映画の社会学。著書に『「あたりまえ」を疑う社会学』（光文社新書）など。「日常的な差別や排除の解読」と「映画やドキュメンタリーに見られる“啓発する力”の解読」を少しずつ進めていきたい。

佐々木てる（ささき　てる）
筑波大学人文社会科学研究科技術職員。社会学（博士）。主な専門は生活史研究、ネーション・エスニシティ問題、国際社会学。著作『在日コリアンに権利としての日本国籍を』（監修／明石書店）

酒井アルベルト（さかい　あるべると）
マドリード・コンプルテンセ大学情報学部卒業、静岡大学情報学研究科修士課程終了を経て、現在は千葉大学社会文化科学研究科博士課程在学中。主な関心領域はメディア研究、国際移動、マイノリティ問題。

青山陽子（あおやま　ようこ）
東京大学大学院医学系研究科健康社会学専攻客員研究員。医療社会学・福祉社会学。精神障害者、ハンセン病元患者、薬害HIV当事者などスティグマをもつ病いと社会との関係について研究。

仲田周子（なかだ　しゅうこ）
日本女子大学大学院人間社会研究科博士課程。専攻は社会学。ライフストーリーを通して、日系ペルー人の強制収容経験とアイデンティティとの関係を描きだすことに取り組んでいる。

倉石一郎（くらいし　いちろう）
東京外国語大学外国語学部助教授。マイノリティ問題、ナラティヴとライフの社会学。『マイノリティ教育の社会学：同和教育･在日朝鮮人教育研究の視座から』（平成15-17年度文部科学省科学研究費補助金（若手研究B）研究成果物）など。

塚田　守（つかだ　まもる）
椙山女学園大学教授。教育社会学、ライルヒストリー研究、日米比較研究。著書に『受験体制と教師のライフコース』（多賀出版）、翻訳『私たちの中にある物語』（ミネルヴァ書房）など。

土屋葉（つちや　よう)
愛知大学文学部講師。家族社会学。著書に『障害者家族を生きる』(勁草書房)、共著に『セクシュアリティの障害学』（明石書店）。現在、障害をもつ親とその子どもたちの経験を描き出すための聞きとりをすすめている。

飯野由里子（いいの　ゆりこ）
博士課程修了後、現在は東京大学先端科学技術研究センターで、視覚障害研究員の支援を行っている。専門は女性学・ジェンダー論。研究テーマは、日本のレズビアン運動で「語られてきたこと」の再検討。

石川　良子（いしかわ　りょうこ）
東京都立大学大学院社会科学研究科社会学専攻博士課程在籍。「ひきこもり」の当事者が対人関係を取り戻した後、どのようなプロセスを経て社会との接点を得ていくのか明らかにすることを目指している。

小林多寿子（こばやし　たずこ）
日本女子大学人間社会学部教授。専攻は社会学、ライフストーリー論。自己の経験と表現の関係を研究テーマとしている。著書に『物語られる「人生」――自分史を書くということ』（学陽書房）。

戦後世相の経験史

2006年5月31日　第1刷発行

編　者　桜井　厚
発行者　佐伯　治
発行所　株式会社せりか書房
　　　　東京都千代田区猿楽町2-2-5　興新ビル303
　　　　電話 03-3291-4676　振替 00150-6-143601
印　刷　信毎書籍印刷株式会社
装　幀　工藤強勝

ISBN4-7967-0273-3